W0228482

Philipp Laage

VOM GLÜCK ZU REISEN

Wo liegt das Paradies?
Bin ich ein echter Abenteurer?
Warum ist der Strand auf
Instagram immer schöner?
Ein Reisehandbuch.

REISEDEPESCHEN

Originalausgabe
Erste Auflage, März 2019, Berlin

Alle Rechte vorbehalten
© 2019 Reisedepeschen Verlag, M. Hillmer & J. Klaus GbR, Berlin

ISBN 978-3-96348-004-1

Gestaltung, Herstellung sowie die Karten und Illustrationen lagen in
den Händen von Johannes Klaus. Das Lektorat übernahm Katharina
Wulffius. Druck und Bindung nahm Friedrich Pustet in Regensburg vor.
Gedruckt wurde auf Fly 05, FSC zertifiziert, hergestellt in Deutschland
aus nachhaltiger Waldwirtschaft.

Die Deutsche Nationalbibliothek verzeichnet diese Publikation in der
Deutschen Nationalbibliografie; detaillierte bibliografische Daten sind
im Internet über http://dnb.dnb.de abrufbar.

reisedepeschen.de

Für Entdecker.

Inhalt

Vorwort

Das Reisen war noch nie so voller Widersprüche. Wir suchen die letzten authentischen Orte, um sie für alle Welt zu inszenieren. Die Sehnsucht nach Schönheit produziert zunehmend Unschönes, weil zu viele Menschen sie teilen müssen – Lärm, Müll, Kommerz. Wir wollen die größten Individualisten sein, aber prüfen skeptisch, wie all die anderen unser Hotel im Internet bewertet haben. Das Abenteuer lässt sich überall vorbuchen. Alles ist möglich, aber die Zeit reicht nie. *Fear of missing out* – die Angst, immer etwas zu verpassen. Das Reisen ist so einfach und rasant geworden, aber die Gedanken bleiben langsam.

Man könnte meinen, zum Reisen wäre alles gesagt. Aber das stimmt nicht. Erst recht nicht in diesen Zeiten. Die Ferne rückt näher, die Welt scheint zu schrumpfen, doch sie kommt uns trotzdem immer unübersichtlicher vor. Die großen Fragen stellen sich neu oder anders: Warum hierhin und nicht dorthin? Was zeichnet eine Reise wirklich aus? Welche Sehenswürdigkeiten kann man sich besser sparen? An welchem Ort wartet das Paradies? Wer ist ein echter Abenteurer? Wo ist es noch ursprünglich? Und warum sieht der Strand auf Instagram immer schöner aus als in Wirklichkeit?

Denn eines hat sich nicht verändert: die sagenhafte Energie des Reisens, eine Kraft, die das eigene Leben, wenn man will, einmal durchschüttelt und neu auf die Füße stellt. Nie hörte man von einem, der sagte, er habe seine Zeit mit Reisen vergeudet. Reisen als universelles Bedürfnis des Menschen, als Freiheitsversprechen, romantische Idealwelt, als Abkehr von der Alltäglichkeit des Lebens, als Versuch sich selbst zu finden oder ein anderer zu werden – aber auch als Milliardengeschäft und ultimatives Statussymbol. Wir schultern riesige Erwartungen ans Reisen und brechen auf mit weichen Knien.

Urlaub, Tourismus, Reisen: Wenig ist so stark mit positiven Assoziationen aufgeladen. Wird davon erzählt, war meist alles schön, aufregend und spannend. Was meist fehlt in den Berichten: die Reibung, das Scheitern, Scham und Tragik. Reisen ist toll, jeder mag es und fast jeder macht es. Was gibt es da groß zu berichten, außer dem ewig gleichen Geschwurbel von Schönheit und Exotik? Reiseunternehmen und Influencer zeigen uns Traumbilder, denen wir nachjagen, obwohl wir spüren, dass sie *fake* sind. Doch Reisen ist viel mehr als diese Wohlfühlwelt aus hohlen Kulissen. Es bedrängt uns mit dem Wesentlichen, weil wir ganz auf uns selbst zurückgeworfen sind. Was ist anzufangen mit der Zeit, die wir haben, bis wir sterben? Und wie sieht es aus, das gute Leben? Wie könnte es gelingen?

Konventionelle Reiseführer erklären, wohin man fahren soll. Dieses Reisehandbuch will nachspüren, wie man das Unterwegssein grundsätzlich anstellen könnte – und warum. Ein

Buch für jeden Ort und viele Gemütslagen: für brennende Euphorie, lethargischen Schwermut, nagende Zweifel, tiefe Verbundenheit. Für rastlose Einsteiger, die noch einiges vorhaben, und für Könner, die schon viel kennen, aber genau wissen, dass sie niemals satt sein werden, niemals fertig mit dieser wundervollen, erstaunlichen, bestürzenden Welt. Es geht nicht darum, Länder abzuhaken. Was zählt, ist die innere Einstellung.

Die Welt ist entdeckt? Mag sein. Aber das ist zweitrangig. Wichtiger ist doch, wie wir die Welt entdecken – und schlussendlich: die Welt ins uns. Denn das eine ist, was dort draußen vor unseren Augen passiert, und das andere, was dadurch mit uns geschieht. Beides lässt sich nicht voneinander trennen. Denn eine Reise ist immer beides zugleich: Bildung und Herzensbildung.

In diesem Buch steht nicht die eine Wahrheit über das Reisen. Es sind meine Erfahrungen und Einsichten, und jeder möge sich davon mitnehmen, was ihm wertvoll erscheint. Ich schreibe mit der Brille eines wohlhabenden Mitteleuropäers. Es ist die einzige, die ich habe, und ich will aufrichtig sein bei einer so persönlichen Angelegenheit wie dem Reisen. Meiner Perspektive sind blinde Flecken und Unzulänglichkeiten geschuldet, die ich versucht habe, zu reflektieren. Wo mir das nicht gelungen ist, tut es mir leid.

Beginnen wir nun die Reise, von Deutschland nach Paris, Beirut und Dakar, in die Ortler Alpen und in den Großen Kaukasus, zu finnischen Seen und in den Regenwald des Kongobeckens, auf Schienen durch Europa und zu Fuß auf den heiligen Berg Japans.

Es gibt viel zu erzählen.

Fuck you, Bucket List

Wohin soll's denn gehen? Ein Vorschlag: Der Atomeisbrecher *50 Let Pobedy* fährt Urlauber zum Nordpol. Das Schiff gehört der russischen Regierung und wird im Sommer für Expeditionskreuzfahrten verchartert. Wenn es Eis bricht, um den Seeweg freizumachen, werden etwa 200 Gramm Uran am Tag verbraucht. Zwei jeweils 160 Tonnen schwere Reaktoren treiben abwechselnd die Turbinen an, die erzeugte Wärme erbringt eine Leistung von 75 000 PS. Die Außenhaut des Schiffes misst fast einen halben Meter, sie hält drei Meter dickem Packeis mühelos stand. Kurs 90° Nord. Nach 1260 zurückgelegten Seemeilen treten die maximal 124 Passagiere aufs Eis, um in der frostigen Einöde mit Sekt oder Wodka anzustoßen. Manche steigen auch in das zwei Grad kalte Wasser des arktischen Ozeans. In der Standard-Doppelkabine ab Murmansk kostet die Kreuzfahrt inklusive Flug 27 990 Euro.

Der verstorbene Schriftsteller Roger Willemsen nahm an einer solchen Schiffsreise teil. In seinem Buch *Die Enden der Welt* erzählte er, am Nordpol angekommen habe der Kapitän pflichtgemäß von der Verwirklichung eines Traumes gesprochen. Doch er selbst habe gedacht: »Wir haben ein Schiff bestiegen und sind angekommen.« Am Nordpol ist man heutzutage nicht weniger Tourist als auf Norderney oder an einem norditalienischen See.

Auf der touristischen Landkarte gibt es praktisch keine weißen Flecken mehr. Europa ist gänzlich erschlossen, trotz kaum bereister Staaten wie Weißrussland, die letzte handfeste Diktatur des Kontinents. Doch auch Minsk hat die visumfreie Einreise ausgeweitet, um Touristen ins Land zu locken.

Die polaren Weiten im Norden Kanadas mögen Niemandsland sein, doch der amerikanische Doppelkontinent lässt sich von Anchorage bis Ushuaia in einer Tour bereisen. Die Panamericana ist lediglich am sogenannten Darien Gap zwischen Panama und Kolumbien unterbrochen, wo mehr noch als ausgedehnte Sumpfgebiete kriminelle Guerilla-Gruppen das Fortkommen behindern.

Auch Afrika ist weitgehend erschlossen. Auf der Überlandfahrt von Kairo nach Kapstadt müssen Touristen nur das Bürgerkriegsgebiet im Südsudan überfliegen. Das zentrale Kongobecken, seit Joseph Conrads *Herz der Finsternis* bekannt und berüchtigt, ist heute per Flugzeug erreichbar, auch wenn die Airline wahrscheinlich auf der Schwarzen Liste der EU-Kommission steht.[1] In der Demokratischen Republik Kongo, dem bitterarmen Unruhestaat, bieten einheimische Reiseagenturen Flussreisen auf dem Kongo an, von Kisangani nach Kinshasa in zwanzig Tagen. Auch kommerzielle Wüstentouren in entlegene

---

1 — Die *EU Air Safety List* enthält alle Fluggesellschaften, die wegen mangelnder Sicherheitsstandards keine Betriebserlaubnis in der Europäischen Union haben.

Gebiete der Sahara finden sich in Reisekatalogen, allerdings besteht in einigen Gegenden das Risiko, von einer islamistischen Terrorgruppe entführt zu werden. Wo sich Lebensgefahr in diesen Tagen nicht vermeiden lässt, liegt das nicht mehr an extremer Natur, sondern an Fanatikern und machthungrigen Ideologen, die sich bereichern und der Welt mit Gewalt ihre Wahrheit aufzwingen wollen.

In Asien führen organisierte Reisen nicht nur durch Japan, China und Indonesien, sondern auch nach Pakistan und Papua-Neuguinea. Nach Phuket fliegen Urlauber so selbstverständlich wie nach Mallorca. Iran heißt das neue Trendziel, Saudi-Arabien will ein Touristenvisum einführen. Afghanistan verbinden viele Menschen mit Krieg, Terror und den Taliban. Doch manch eine Auslandskorrespondentin kann erklären, wie man von Kirgisistan über die Grenze in den Wakhan-Korridor gelangt, um dort sein Zelt inmitten der Berge aufzuschlagen. Anfang der 1970er Jahre galt das Land den Hippies auf ihrem Weg nach Indien als orientalische Oase. In Kabul spazierten afghanische Frauen in Röcken durch die Straßen. Diese Zeiten kommen hoffentlich irgendwann wieder. Solange kann man sich an einer Besteigung des Mount Everest versuchen. Bis zu 60 000 Dollar kostet die Expedition bei einer kommerziellen Reiseagentur, all inclusive auf den höchsten Berg der Erde. Urlaub in der Todeszone, auch wenn Flaschensauerstoff die Lebensgefahr verringert.

Kreuzfahrtschiffe von Reedereien wie Hapag-Lloyd Cruises, Hurtigruten und Ponant fahren ihre Passagiere in die Arktis und Antarktis, durch Nordwestpassage und Südsee und den Amazonas hinauf. Alpinspezialisten haben den Kilimandscharo im Angebot, aber auch Chimborazo und Aconcagua, Pik Lenin und Cho Oyu.[2] Die Massenveranstalter machen den Großteil ihres Geschäfts zwar mit Pauschalurlaub in Spanien, Italien, Griechenland und der Türkei, doch sie bringen ihre Gäste auf geführten Rundreisen auch nach Nord- und Südamerika, Afrika, Australien, Fernost und Südostasien. Fast kein Land der Erde wird nicht organisiert bereist. Diamir Erlebnisreisen zum Beispiel hat Tschad, Gabun und Angola im Programm. Die Weltmeere sind zugänglich, Steppen und Wüsten, der Dschungel und das ewige Eis der höchsten Gipfel. Weiße Flecken existieren nur noch in der imaginären Welt, in Traumbildern und Tagträumen, als skizzenhafte Glücksschablonen, die darauf warten, in leuchtenden Farben ausgemalt zu werden. Alles ist entdeckt, doch die Sehnsucht bleibt. Deshalb müssen wir immer wieder aufbrechen. Die Vielfalt an Zielen hat die Entscheidung eher noch erschwert: Wohin reisen?

Diese Frage und alle praktischen Überlegungen, die damit zusammenhängen, erfüllen uns mit glühender Vorfreude. Euphorisch tippen wir die Reizworte unserer Sehnsucht bei Google ein, prüfen Flugrouten, vergleichen Hotelpreise, buchen Ausflüge. Die längste Zeit war das nicht so.

Wer vor 300 Jahren reiste, lange bevor es so etwas wie Tourismus gab, der tat dies als Gesandter, Händler, Missionar, Soldat, Entdecker, Forscher oder Pilger. Marschierend, zu Pferd oder per Kutsche. Man war Wochen unterwegs und entbehrte

---

2 — Der Vulkan Chimborazo in den Anden ist der höchste Berg Ecuadors. Der Aconcagua in Argentinien ist der höchste Berg außerhalb Asiens und zählt zu den *Seven Summits*. Der Pik Lenin liegt im Pamir-Gebirge auf der Grenze von Kirgisistan und Tadschikistan und gilt als leichter Siebentausender. Der Cho Oyu in Nepal gilt als leichtester Achttausender.

jeden Komfort. Entlang der Wege lauerten Krankheiten und Räuber. Kein vergnüglicher Selbstzweck war das Reisen, sondern notwendiges Übel, gefährliche Pflicht. Die Grand Tour durch Europa nach Italien etablierte sich Ende des 17. Jahrhundert für die Söhne der Aristokraten, im späten 18. Jahrhundert auch für andere Sprösslinge der besseren Gesellschaft. Die jungen Adligen widmeten sich zum ersten Mal dem Schönen. Sie suchten das Pittoreske: Sie malten, was sie sahen.

Doch es sind vor allem die großen Entdecker und ihre Abenteuer, die uns begeistern: der Marokkaner Ibn Battuta, der im 14. Jahrhundert die islamische Welt von Mali über Mekka und Mesopotamien bis zur Seidenstraße erkundete, die Hadsch unternahm und bis nach China kam;[3] der Venezianer Marco Polo, der im Mittelalter ebenfalls den fernen Osten erreichte; der deutsche Forschungsreisende und Universalgelehrte Alexander von Humboldt, der 400 Jahre später durch seine Erkenntnisse einen neuen Blick auf die Natur und Amerika ermöglichte; der britische Spion T. E. Lawrence, der als »Lawrence von Arabien« das Osmanische Reich bekämpfte. Diese Persönlichkeiten reisten keineswegs in dem Modus, den wir heute mit dem Wort Freizeit umschreiben. Sie hatten höhere, ernstere Absichten. Gefahrenreich waren ihre Unternehmungen, stets bedroht durch Gesetzlosigkeit und irgendein Fieber, das nicht mehr sinken wird. Aus heutiger Sicht: Wahnsinn.

Oft heißt es, Thomas Cook habe das moderne Reisen erfunden. Der Baptistenprediger und Abstinenzler organisierte 1841 die erste Pauschalreise. Mit der Bahn ging es vom englischen

---

3 — Historiker bemängeln, Ibn Battuta habe sich den Großteil seiner Erzählungen nur ausgedacht.

Leicester ins nur zehn Meilen entfernte Loughborough. Die 570 Teilnehmer zahlten den festen Preis von einem Schilling. An Sightseeing war Cook nicht interessiert, er wollte seine Gästeschar vom Alkohol entwöhnen. Doch eine folgenreiche Idee war geboren, die sich rasch in Großbritannien und Europa verbreitete. 1861 organisierte Cook die erste All-inclusive-Reise nach Paris, damals allerdings noch ohne Bändchen am Handgelenk. Industrialisierung, der Ausbau des Eisenbahnnetzes und der Dampfschifffahrt, wachsender Wohlstand: Diese Faktoren ermöglichten die Anfänge des modernen Reisens. Im Deutschen Reich wurde 1863 das erste Reisebüro in Breslau gegründet, zur Eröffnung des Suezkanals 1869 bot es eine Gesellschaftsreise nach Ägypten an. 1864 hatte Cook in Großbritannien schon mehr als eine Million Menschen auf Reisen geschickt. Im gleichen Jahr lud der Hotelier Johannes Badrutt seine englischen Sommergäste für einige Wochen im Winter nach St. Moritz ein und schloss mit ihnen eine Wette ab: Sollte es ihnen in der klaren Schweizer Bergluft tatsächlich nicht besser gefallen als im nebligen London, so würde er ihnen alle Reisekosten erstatten. Es war die Erfindung des Wintertourismus. Lustreisen auf Dampfschiffen kamen um 1900 in Mode. Reisen waren nun kein Privileg des Adels mehr, vor allem reiste das Bürgertum. Zwischen den Weltkriegen reisten die Menschen weiter, nun auch höhere Angestellte und Arbeiter. Wer seine Heimat eine Weile verließ, suchte nicht mehr unbedingt Bildung; Erholung war ein legitimer Grund geworden. Man fuhr als Sommerfrischler in die deutschen Heilbäder und Kurorte. Die Natur bildete, im Geist der Romantik, die heile Gegenwelt zum städtischen Alltag.

Noch vor wenigen Jahrzehnten war es keineswegs normal, dass jemand an die Algarve oder nach Rhodos flog – oder gar nach Marokko, New York oder Bali. Der Massentourismus mit Charterflügen und Cluburlaub, Skiarenen und Airport-Lounges, Safari und Themenkreuzfahrten, internationalem Reisepass und Rollkoffer – diese Form der kollektiven Freizeitbeschäftigung ist historisch ein noch recht junges Phänomen. Ihr Aufstieg begann nach dem Ende des Zweiten Weltkriegs.

Der englische Wirtschaftshistoriker Eric Hobsbawm nannte die 1950er und 1960er Jahre das »Goldene Zeitalter des Kapitalismus«: In den westlichen Industrienationen kam eine breite Mittelschicht zu Wohlstand. Normalverdiener konnten sich ein Auto und Haushaltselektronik leisten, in den meisten Wohnungen standen bald Kühlschrank und Fernseher. Die zivile Luftfahrt expandierte. In Deutschland sorgte das Wirtschaftswunder für Vollbeschäftigung und Fortschrittsglauben. Die Schriftsteller Eckhart Nickel und Christian Kracht schreiben, es habe sich um eine Zeit gehandelt, »in der Luftkissenboote, enge Badehosen aus Frottee und die Corporate Identity der Fluglinie Pan Am den Weg in eine optimistisch erwartete und euphorisch moderne Zukunft deuteten.« Sehr bald ging es nicht mehr darum, ob jemand reise – sondern wohin.

Die Deutschen fingen an, sich die weite Welt anzuschauen, und diese fremde Welt lag hinter dem Brenner: Sehnsuchtsziel Italien. Andächtig hörten sie die »Capri-Fischer«, doch misstrauisch fragten sie sich, was jenseits der Passkontrolle auf sie warten würde. »Sie hatten Angst aufzufallen, sie zerschnitten die Spaghetti mit der Schere und waren im Grunde noch stolz darauf«, schreibt der Journalist Georg Diez. »Die

Fremde musste kleingemacht werden, damit sie zu Hause auf den Balkon passte.« Das Baden im Meer diente keiner medizinischen Therapie mehr, sondern dem subjektiven Wohlbefinden. Nach dem Krieg gab es eine kollektive Hinwendung zur Sonne: die Entdeckung des Mittelmeers. Die Hochphase des Tourismus begann, der Aufbau einer Jahrhundertindustrie, das touristische Zeitalter. Hans Magnus Enzensberger beschreibt es so: »Das neue Menschenrecht, sich von der eignen Zivilisation in der Ferne zu befreien, nahm die harmlosen Züge der Urlaubsreise an.«

Der Versandhändler Josef Neckermann eröffnete 1963 die Ära günstiger Pauschalreisen in Deutschland mit einem sechsseitigen Prospekt im DIN-A5-Format. Darin fanden sich organisierte Flugreisen nach Mallorca, Tunesien, Dalmatien, Montenegro, an die Costa del Sol und ans Schwarze Meer zum vorher festgelegten Preis. Weil Neckermann Hotelzimmer in großer Stückzahl einkaufte und Charterflüge auflegte, konnte er Preise anbieten, die 40 Prozent unter dem Marktdurchschnitt lagen. Die Broschüren wurden als Beilage zu den Versandhauskatalogen von Neckermann an Millionen Haushalte verschickt. Im ersten Geschäftsjahr transportierte der Unternehmer 18 000 Reisende und machte acht Millionen Mark Umsatz. Anfang 1971 wurde der millionste Fluggast begrüßt. Mitte der 1960er Jahre internationalisierte sich der Tourismus in Europa, computerbasierte Buchungssysteme setzten sich durch. In Spanien dankte Franco ab. Das Land sollte zum Auslandsreiseziel Nummer eins aufsteigen, auch wenn in Ibiza-Stadt noch bettelnde Kinder die ersten Urlauber bedrängten, was heute kaum mehr vorstellbar ist. Die Deutschen ließen sich nun zu

Hotels fliegen, in denen sie die Sprache nicht verstanden, wo sie nicht einmal essen konnten, wann sie wollten – und nannten es Urlaub.

Im Lauf der Jahrzehnte entstanden durch Übernahmen, Umbenennungen und Neugründungen die heute dominierenden Reiseveranstalter TUI, Thomas Cook, DER Touristik, FTI, Alltours, Schauinsland und AIDA Cruises. Heute wird hierzulande etwa die Hälfte aller Urlaubsreisen mithilfe eines Reiseveranstalters organisiert. Der Umsatz dieser Unternehmen lag 2017 bei 33,7 Milliarden Euro. Und das sind nur die Zahlen für Deutschland. Nach Angaben der Welttourismusorganisation (UNWTO) wurden 2017 weltweit 1,323 Milliarden Auslandsreisen unternommen. Reisen als Megabusiness, das die Weltkonjunktur am Laufen hält. Enzensberger stellte fest: »[...] die Reise aus der Warenwelt ist ihrerseits zur Ware geworden.« Die Sprache hat sich angepasst: Man »macht« Sardinien, man »macht« Rio. Aus Mythen sind Produkte geworden. Und das Sortiment ist riesig. Wohin reisen?

In den Jahrzehnten bis zur Durchdringung des Alltags durch das Internet ließen sich passende Reiseziele anhand weniger typischer Faktoren bestimmen: Einkommen, Familiensituation, Bildungsstand, klassische Reisemotive wie Erholung, Aktivsein oder kulturelles Interesse. Mit kleinen Kindern machte man Urlaub in Deutschland. Wer Sonne und Strand wollte, flog ans Mittelmeer. Wer die Berge bevorzugte, fuhr in die Alpen. Der Bildungsbürger suchte Geschichte und Kultur in Attika oder Andalusien, Lebensart in Paris und Grandezza auf Capri, so ungefähr. Den Globetrotter zog es mit DER Touristik nach Amerika und Asien. Wer auf eigene Faust durch Vietnam oder Peru tingelte, war ein junger Backpacker. Die Gegenkultur zum organisierten Reisen gab es früh: erst die Hippies auf Zeit, dann Camper, Tramper und Interrailer. Diese Typologie der Reisenden war immer schon modellhaft. Heute ist sie überholt. Der junge Traveler der Gegenwart lässt sich kaum noch in eine Schublade packen. Unsere Eltern fuhren zwanzig Mal hintereinander in den gleichen Ferienort – es klingt verrückt.

Der Reisende von heute sei »multioptional«, sagt der Tourismusforscher Martin Lohmann, der die Urlaubsmotive der Deutschen jedes Jahr in einer aufwendigen Großbefragung untersucht. Der Tourist tauscht das Wochenende in Prag heute souverän gegen die Wanderung im Bayerischen Wald, den Badeurlaub am Roten Meer gegen die Städtereise nach Barcelona, die Mietwagentour durch Südfrankreich gegen die Kreuzfahrt auf der Ostsee, Mexiko gegen Nepal. Gepilgert wird nicht mehr bloß zu Ikonen und Kathedralen, sondern in die angesagten Viertel der Metropolen, an die Strände und zum Elvis-Grab. Alles ist möglich und vieles interessant. Die Reisemotive verschwimmen zunehmend. Baden, besichtigen, sich bewegen: In vielen Regionen ist all dies längst abwechselnd möglich. Auch das Budget markiert seltener Trennlinien. Mallorca geht mondän oder mit Bierkönig und Sangria. Eine Südafrika-Reise kann man ohne Flug für 1500 Euro oder 5000 Euro haben.

Nichts symbolisiert das Zeitalter, das wir heute durchreisen, besser als die Bucket List. Diese enthält alle Dinge, die wir einmal im Leben tun wollen, nicht nur Reisen. Aber natürlich vor allem Once-in-a-lifetime-trips. Aufregend und abwechslungsreich soll diese Liste sein. Etwas zweimal zu tun, könnte schon zu viel sein, denn die Zeit ist begrenzt – und die Liste noch lang.

Auf meiner Bucket List stehen unter anderem folgende Unternehmungen: Städtetrip nach Sankt Petersburg, Roadtrip durch Portugal, Wandern in den rumänischen Karpaten, Backpacking in Mexiko, Besteigung eines Siebentausenders in Zentralasien. Diese Reisen sind völlig unterschiedlich, doch sie alle lösen heftiges Fernweh aus, jede auf ihre eigene Art. Es ist auch erst einmal schön, vielseitige Wünsche zu haben. Aber die Bucket List hat zwei Haken, einen kleinen und einen großen.

Was wir glauben, unbedingt einmal tun zu müssen, ist eine diffuse Wunschvorstellung, die den Launen des Lebens ausgesetzt ist wie ein Segelschiff dem Seegang. Bedürfnisse verändern sich. Wenn ein Kind da ist, bekommt das Wattenmeer einen größeren Stellenwert als der Waikiki Beach, den man doch unbedingt einmal im Leben sehen wollte. Das ist völlig okay. Wer hat schon noch die gleichen Wünsche wie vor fünf oder gar zehn Jahren? Ich will meine Bucket List nicht als solche bezeichnen. Ich sage lieber »Liste der Reiseziele, die potenziell in Zukunft einmal in konkreten Lebenssituationen interessant sein könnten, soweit weitere Rahmenbedingungen erfüllt sind«. Genau, das klingt verdammt unsexy. Als hätte ich meine Lebensträume zusammengefaltet und zu zehn gebügelten Oxford-Hemden in den Schrank gelegt. Ich bin nur realistisch. Oft schaute ich über Jahre immer wieder auf ein Reiseziel auf meiner Liste, doch an einem lauen Frühjahrsabend hielt ich inne, warf kurz einen Blick aus dem Fenster, drückte auf »Entfernen« – und alles war gut.

Dass Wünsche flüchtig sind, ist kein Problem. Etwas anderes ist bedauerlicher. Die Bucket List, die Wunschliste fürs Leben, erinnert stark an den Warenkorb auf Amazon, der sich ewig neu bestücken und abarbeiten lässt. Mit mäßiger Befriedigung, wenn wir ehrlich sind. In weiten Teilen der Welt funktioniert Konsum noch ohne doppelten Boden und ironische Brüche, aber der Traveler aus dem liberalen Europa scheint schon einen Schritt weiter zu sein. Er ist zunehmend postmaterialistisch unterwegs. Statt Gegenständen sucht er große Momente, die eine Bedeutung haben.[4] Reiseblogger raten »Investiere in Erlebnisse, nicht in Dinge«, bevor sie ihre Jobs kündigen und Wohnungen aufgeben, um einmal um die Welt zu reisen. Sind das Wie und Warum nicht wichtiger geworden als Was und Wieviel? Die Bucket List lässt mich daran zweifeln.

Reisen sind die neuen, ultimativen Statussymbole – nicht mehr Konsumgüter wie Autos, Fernseher, iPhones, Kameras, Handtaschen und Schmuck. Früher hieß es: Mein Haus, mein Auto, mein Boot! Und heute? Mein Geschmack für Inneneinrichtung, mein High-End-Fahrrad, meine Reise. Ich reise, also bin ich. Traumhafte Fotos ferner Orte für die Follower auf Instagram sind die neue Währung des Glücks. Nichts taugt mittlerweile mehr zum Angeben als eine tolle Reise.

Eindruck schindet nicht mehr unbedingt, was teuer ist, aber weiterhin das Exklusive, zu dem nur wenige willens oder in der Lage sind. Viele Backpacker rechnen vor, mit wie wenig Geld sie wie lange gereist sind. Minimalismus als heiliger Gral. Die Rucksacktour durch Südostasien ringt niemandem

---

4 — Die Unternehmensberatung Boston Consulting kam zu dem Ergebnis, dass sich die Bedürfnisse der oberen Zehntausend gewandelt haben. »Erlebbarer Luxus« sei gefragt statt plakativer Statussymbole. Von »immateriellem Luxus« spricht auch der Veranstalter Airtours, der für seine Gäste ohne viel Aufhebens Urlaubsreisen für 20 000 Euro oder mehr einbucht. Die Nacht unterm Sternenhimmel im Elefanten-Camp ist wichtiger als goldene Wasserhähne und Kaviar zum Frühstück.

mehr ein Staunen ab. Zu Fuß durch die USA, auf dem Fahrrad nach Indien, Backpacking im Irak: Das sind die limitierten Sondermodelle des zeitgenössischen Reisens. Der kanadische Blogger Stephan Gollan reiste fünf Wochen durch den Jemen, mitten im Krieg. Irgendwer war immer schon länger, weiter, härter und abenteuerlicher unterwegs. *Get over it.*

Die Wahrheit ist: Dass man reist, bedeutet überhaupt nichts. Diese Tatsache sagt nichts darüber aus, wie cool und interessant man ist, wie klug und erfahren, neugierig und wissensdurstig, mitfühlend und verständnisvoll. Die Bucket List füttert die Illusion, dass wir nur das nächste Fähnchen auf die Weltkarte pinnen müssen, um ein noch herausragenderer Mensch zu werden. Sie füttert das Ego. Wohin reisen? Das ist nicht entscheidend. Unwichtig auch, wie teuer die Reise ist und wie viele Länder man besucht. Es kommt auf den Modus an, nicht auf die Masse an besuchten Orten. Macht die ganze Reiserei überhaupt Sinn? Ich bin mir sicher: Wenn man sich mit dem Wie mehr befasst als mit dem Wohin, dann erübrigt sich irgendwann das quälende Warum.

Hey, nichts gegen die Bucket List! Aber inspiriert uns diese Liste wirklich? Oder erzeugt sie das unbefriedigende Gefühl, dass das eigene Reisen (noch) nicht genügt und wir immer erst noch diesen oder jenen weiteren Ort sehen müssen, um endlich zufrieden zu sein? Bedauern wir beim Blick auf die Liste, was wir alles noch nicht gesehen haben und vielleicht niemals sehen werden? Oder schauen wir zuversichtlich, gelassen und dankbar auf die Möglichkeiten, die unser privilegiertes Leben uns bietet? Wollen wir Reiseziele nur sehen, um sie danach abhaken zu können? Oder geht es um mehr?

Was kostet die Welt?

Manches im Leben ist unbezahlbar, lehrt uns eine Werbung, doch für alles andere gibt es eine Kreditkarte. In Anlehnung an die Feststellung, dass der Mensch lieber im Taxi weint als in der U-Bahn, könnten wir sagen: Eine Malaria erleidet man besser im Fünf-Sterne-Hotel als in einer Bettwanzen-Absteige. Geld ist eine komplizierte Materie.[1] Seine Verfügbarkeit kann zu Fehlannahmen verleiten. Jemand denkt zum Beispiel, er wäre aufgrund individueller Persönlichkeitsmerkmale ein wagemutiger Globetrotter, dabei hat er einfach genug Geld, um regelmäßig Fernreisen zu unternehmen. Wer arm ist, kann nicht einfach nach London oder Singapur fliegen. Reisen zu können ist ein Privileg. Natürlich gibt es auch mittellose Backpacker, die durch Indien trampen. Doch mit wenig Geld reisen zu können, ist ebenfalls ein Privileg – der Herkunft, der Bildung, emotional. Westeuropäer leben in Laos von ein paar Euro wie Fürsten, aber man sieht kaum Laoten, die Hamburg, Heidelberg

---

1 — Wenn wir für einen Urlaub sparen, häufen wir das Geld mühsam an. Auf Reisen fließt es dann in kurzer Zeit in schicke Abendessen, Klamotten und Souvenirs.

oder Hiddensee besuchen. Die Rundreise durch den Mittleren Westen der USA wird ungleich schwerer für den, der kein Englisch spricht. Und wer ernste seelische Lasten trägt, hat vielleicht nicht die Kraft, voller Tatendrang ein Flugzeug zu besteigen. Trotzdem muss eine erfüllende Reise nicht teuer sein.

Wenn Menschen erzählen, sie hätten sich eine besonders tolle Reise gegönnt, meinen sie vielleicht eigentlich eine besonders teure Reise. Den Annehmlichkeiten einer Flugzeugkabine und eines Hotelzimmers ganz gleich welcher Größe sind natürliche Grenzen gesetzt, anders ist das scheinbar mit den Preisen, die für luxuriöse Transportmittel und Unterkünfte bezahlt werden. Ein Flug in der First-Class-Suite von Etihad Airways mit Privatdusche (»Ihre Drei-Zimmer-Suite über den Wolken«) kostet von Abu Dhabi nach New York mehr als 14 000 Euro. Nordamerika lässt sich im Privatjet Albert Ballin von Hapag-Lloyd, einem Airbus A319-CJ, ab 54 800 Euro erkunden. Das St. Regis Maldives Vommuli Resort warb mit einem »Live Exquisite Package«: vier Nächte in einer 1540 Quadratmeter großen Überwasser-Villa mit Infinity-Pool, Heimkino und Wellness-Center, sowie eine Nacht an Bord der Yacht Norma, Typ Azimut Flybridge 66. Kosten: ab 128 000 Euro. Das Hotel Emirates Palace in Abu Dhabi hatte vor einigen Jahren ein Wochenende für eine Million Dollar im Angebot, mit Erste-Klasse-Flügen, Privatchauffeur im Maybach und Schmuckgeschenken. Ein Deal für Menschen, die nicht mehr wissen, wofür sie ihr Geld ausgeben sollen. Urlaub für Milliardäre, Exzess pur.

Dekadenz ist ein Grund für kostspielige Reisen. Aber es gibt noch einen: Wer bestimmte Orte auf diesem Planeten sehen will, muss manchmal einfach einen hohen Preis zahlen. Für

Expeditionen, die eine aufwendige Logistik erfordern, fallen schnell viele tausend Euro an. Wer spart, riskiert sein Leben. Zu anderen Attraktionen ist der Zugang aus ökologischen Gründen stark limitiert und deshalb teuer: Wer die letzten Berggorillas der Erde sehen will, zahlt in Ruanda 1500 Dollar und in Uganda immer noch 600 Dollar.[2] Eine Stunde hält sich jede Besuchergruppe bei den Tieren auf, das macht also 25 bzw. zehn Dollar pro Minute. Da bückt man sich einmal, um die Schuhe zu binden, und hat den Gegenwert einer Übernachtung in Kigali verloren. Die Knappheit eines Gutes bestimmt dessen Preis. Ohne Ranger lassen sich die Menschenaffen unmöglich im dichten Bergwald aufspüren, man hat keine Wahl. Doch derart exklusive Sehenswürdigkeiten sind rund um den Globus selten, verglichen mit all den anderen Orten, die man sich anschauen kann.

Was die Welt kosten darf, gibt letztlich eine simple Einnahmen-Ausgaben-Rechnung vor. Reiseblogs sind vollgeschrieben mit Spartipps, diese Beiträge werden besonders oft angeklickt. Niemand will unnötigerweise zu viel Geld ausgeben. Dazu nur eine Grundregel, die für jedes Land gilt: Je eher man wie ein Einheimischer schläft, speist und sich fortbewegt, umso günstiger wird die Reise. Das Preisniveau ist in 90 Prozent aller Staaten niedriger als in Deutschland. Wenn Backpacker das Wort Geoarbitrage[3] aussprechen, funkeln ihre Augen. Auch in

2 — Die letzten rund 1000 vom Aussterben bedrohten Berggorillas (Gorilla beringei beringei) leben in zwei kleinen Gebieten in Ostafrika. Rund die Hälfte aller noch lebenden Tiere bewohnt die Regenwälder des Bwindi-Nationalparks in Uganda. Die anderen Gorillas finden sich in der Region der Virunga-Vulkane, die sich über die Grenzen dreier Länder hinweg erheben: In Uganda liegt der Mgahinga-Gorilla-Nationalpark, in Ruanda der Volcanoes-Nationalpark und im Kongo der Virunga-Nationalpark.

3 — Wer sein Geld in einem reichen Land verdient und es in einem armen Land ausgibt, profitiert von unterschiedlichen Lohnniveaus und Lebenshaltungskosten.

reichen Ländern wie Kanada, Norwegen und Neuseeland gilt die Regel. Die wenigsten Menschen dort gehen täglich zweimal auswärts essen. Eine Ferienwohnung ist meist preiswerter als ein Hotel, der Supermarkt immer günstiger als ein Restaurant. Über Touristenlokale wird zurecht viel geschimpft, weil sie dem unwissenden Gast mit Respektlosigkeit begegnen: überhöhte Preise für schwache Qualität, und zwar mit voller Absicht.[4]

Was bestimmt den Wert einer Reise? Verfügbares Budget und Ausgaben gegeneinander aufzurechnen, ist eine notwendige, aber wenig interessante Beschäftigung. Natürlich sind finanzielle Mittel nötig, um überhaupt aufbrechen zu können. Doch der persönliche Wert einer Reise hat nichts mit Geld zu tun. Das ist eine tröstliche Nachricht. Welche Maßeinheiten eignen sich dann?

Eine Grundregel der Volkswirtschaftslehre lautet: Die Kosten eines Gutes bestehen aus dem, was wir für den Erwerb des Gutes aufgeben. Zwei Arten von Kosten fallen auf einer Reise an: materielle und immaterielle. Wir geben dem Reisebüro, Veranstalter oder Hotel eine bestimmte Summe und erhalten dafür eine bestimmte Leistung. Eine Reise besteht aber aus weit mehr als touristischen Leistungen, die nach einer monetären Vergütung verlangen. Eine schöne Landschaft zu erkunden steht jedem offen, sofern sie nicht in einem kostenpflichtigen Nationalpark liegt. Und der Reisende verliert nicht nur Geld, wenn er in die Fremde aufbricht, sondern noch viel

4 — In einem Restaurant in der Nähe des Markusplatzes in Venedig mussten vier Japaner einmal für vier Steaks, frittierte Meeresfrüchte und Wasser rund 1100 Euro bezahlen. Der Bürgermeister der Stadt kündigte an, dem Fall auf den Grund zu gehen.

entscheidendere Dinge: Desinteresse, Bequemlichkeit, Vorurteile, Angst. Wichtiger als Geld sind für mich drei immaterielle Aufwendungen: Neugier, Anstrengung und Mut. In dieser Reihenfolge, mit absteigender Wichtigkeit. Sie gehören zu einer Reise wie Pass, Kreditkarte, Kulturbeutel und der passende Steckdosenadapter.

Aber reicht es denn nicht, sich einfach nur zu entspannen? Natürlich. Über einen solchen Urlaub lässt sich allerdings nicht viel mehr sagen als: Ich habe mich gut erholt. Oder eben nicht. Völlig in Ordnung. Erholung ist keine Sünde. Ich zum Beispiel finde es erholsam, wandern zu gehen, aktivitätenlose Trägheit versetzt mich nach zwanzig Minuten in Unruhe. Aber das ist nicht der Punkt. Urlauber können 7000 Kilometer fliegen, um in einem Hotel in der Dominikanischen Republik auf internationalem Service-Niveau unter karibischer Sonne ihrer Entspannung entgegen zu rösten. Weit gereist sind sie dann nicht – jedenfalls, wenn Reisen mehr sein soll als ein Ortswechsel.

Das führt gleich zur nächsten Frage: Wann bin ich ein Tourist und wann ein Reisender, ein echter Traveler? Die Touristenbeschimpfung ist so alt wie der Tourismus selbst, weiß der Soziologe Christoph Hennig. Er zitiert zum Beispiel Gerhart Hauptmann, der schon 1897 klagte: »Da strömen die Leute nach Italien, jeder Barbier und jeder Schlächter tut es: Die ganze träge Masse des deutschen Philistertums walzt sich über die Berge, jahraus jahrein, und als dieselbe träge Masse wieder zurück.« Oder Cary Grant in Hitchcocks *Über den Dächern von Nizza*: »Es steht in jedem Reiseführer, daß man sich nicht wie ein Tourist betragen soll.« Bei Bruce Chatwin ist nachzulesen: »Walking is a virtue, tourism is a deadly sin.« Laufen ist eine

Tugend, Tourismus eine Todsünde. Und bei G. K. Chesterton: »The traveler sees what he sees, the tourist sees what he has come to see.« Der Reisende sieht, was er sieht; der Tourist sieht das, was er sehen wollte. Die Liste der Vorwürfe ist lang: Touristen bleiben blind, weil sie kein Risiko eingehen. Sie lassen sich nicht auf fremde Länder ein, aber abzocken. Man selbst dagegen ist ein Reisender. Man macht alles besser. Touristen sind immer die anderen.

Vielen Backpackern geht es darum, *off the beaten path* unterwegs zu sein, abseits ausgetretener Pfade. Besuchermassen werden möglichst gemieden. Die laufen doch nur in die Touristenfallen! Wer so daherredet, will als originell und wagemutig wahrgenommen werden. Manchmal ist der weniger begangene Pfad aus gutem Grund weniger begangen. Und niemand käme auf die Idee, die chinesische Mauer oder die Pyramiden von Gizeh nicht zu besuchen, nur weil sich dort viele Urlauber aufhalten. Auch der Traveler stattet den bekannten Sehenswürdigkeiten eben doch einen Besuch ab. Trotzdem ist da der Drang, möglichst anders zu sein als die Masse. Die anderen Reisenden erinnern daran, dass man selbst gar kein so wagemutiger Entdecker ist.

Individuelle Besonderheit werde kollektiv organisiert, schreibt Hennig. Das passiere immer dann, wenn »Originalität zum sozialen Imperativ wird« – in unserer Gesellschaft also ständig. Der Begriff Massentourismus ist so positiv konnotiert wie das Wort Tiefkühlpizza. Tourist oder Reisender? Mit dieser Frage sollte man sich nicht aufhalten. Vermessen der Glaube, ein Thai oder Khmer würde einen Unterschied zwischen einem Backpacker oder einem Pauschalurlauber mit

Veranstalter-Booklet machen. Im Ausland ist man aus Sicht der Einheimischen praktisch immer ein Tourist. Diese Zuschreibung muss an keinem Ego kratzen. Ob Rollkoffer oder Rucksack – egal. Wichtig sind drei Dinge: Neugier, Anstrengung, Mut.

Der Reiseschriftsteller Andreas Altmann, der sich mit Sicherheit für einen Abenteurer hält, stellte fest: »Denn nur ein Einziges entscheidet über den Wert einer Reise und den Sinn des Fortgehens: die mitgenommene Neugier, der Wissensdurst, die Freude am Entdecken, der Hunger nach allem.« Früher habe auch er auf den »Neckermann-Vollpensionisten gespuckt« und den Backpacker als »wahren Matador des Reisens« gesehen. Längst habe er Abbitte geleistet.

Jedes Klischee hat einen wahren Kern. Selbstverständlich gibt es jene ignoranten Mitmenschen, die sich in griechischen oder tunesischen Ferienclubs abwerfen lassen, um dort den prekär beschäftigten Kellner anzublaffen, wenn das Bier nicht kalt ist. »Excuse me« und »Thank you« kommt diesen Zeitgenossen nicht über die Lippen. Ich halte es für legitim, in diesen Fällen nicht von Reisenden zu sprechen. Wer eine Woche auf Kreta oder Djerba verbringt, ohne einmal das Resort zu verlassen, macht Urlaub. *Fair enough.* Aber eine Reise ist etwas anderes.

Neugier ist weder riskant noch anstrengend. Sie kostet nur ein wenig Überwindung. In Berlin sprechen mich oft auswärtige Besucher auf der Straße an, mit teils eigentümlichen Fragen. Ich finde das immer erhellend. Woher sollen sie wissen, dass es sich nicht lohnt, am Mehringdamm in Kreuzberg zwei Stunden bei »Mustafa« für einen guten, aber zweifellos gewöhnlichen Gemüsekebap anzustehen? Der Imbiss steht eben im *Lonely*

Planet. Der Ortsfremde macht sich aus Sicht eines Einheimischen früher oder später sowieso zu einem rührenden Idioten, da muss er sich nicht schämen. Er sollte das positiv sehen. An einem fremden Ort die Welt neu zu entdecken, hat etwas von der Unbefangenheit eines Kindes. Als Kind hat man sich fürs Fragen nicht geschämt.

Neugier kann allerdings ermüdend sein, wenn sie auf viele Reize trifft. Und das ist schon im Alltag ziemlich oft der Fall. Wir verfolgen pausenlos News, Whatsapp, Instagram, Facebook, Twitter. Für Nahostpolitik interessieren wir uns und die Digitalisierung, aber auch für die Kochrezepte auf diesem schicken Blog, nur drei Klicks entfernt, und müsste man nicht mal die Garderobe aufwerten, mit Yoga anfangen, Bücher lesen, ins Theater gehen und den neuen Italiener ausprobieren, den ein Freund neulich wärmstens empfohlen hat? Meistens sagen wir alles ab. Gestresst, frustriert, überfordert. Da will man sich auf Reisen nicht zu viel vornehmen (höchstens noch die Bucket List). Oder sich ganz unvoreingenommen überraschen lassen.

Wer nicht mit der Geistesgröße eines Humboldt gesegnet ist, kann natürlich unmöglich wie ein riesiger Sensor herumlaufen und *alles* aufnehmen. So wenig, wie man ein ganzes Land sehen oder verstehen kann. Die Aufmerksamkeit lässt sich auf Dinge von persönlichem Interesse richten. Sehr dankbar ist Essen, das muss man sowieso jeden Tag. Ob Lamm-Tajine in Marokko, Pho-Suppe in Vietnam, Raupen in China oder Meerschweinchen in Ecuador: Die kulinarische Welt ist unerschöpflich.

Der Fokus der Neugier hängt immer davon ab, wer man ist, was einen geprägt hat. Im Ausland kaufe ich mir als Journalist, falls vorhanden, eine örtliche Zeitung auf Englisch. Was ist die Schlagzeile auf Seite eins, also ein wichtiges Thema im Land? Handelt es sich um ein Regierungs- oder Oppositionsblatt? Wird der Machthaber bejubelt oder kritisiert? Wie neutral ist ein Bericht formuliert? Oder ist alles Boulevard?

In einer Weltstadt gehe ich ins angesagteste Viertel, weil mich die Mode und die Menschen dort interessieren. Welcher Look ist angesagt? Gibt es internationale Coolness-Codes? Lässt sich die Gentrifizierung eines Quartiers am Stilbewusstsein seiner Bewohner festmachen? Welches Selbstverständnis zeigt sich in den Symbolen? Etabliert das Internet durch seine Vernetzung und Schnelligkeit einen globalen ästhetischen Standard und warum wäre der noch interessant? Ist der Konsum das universelle Bindeglied der Globalisierung?

Persönliche Gespräche sind immer aufschlussreich, wobei der Schwerpunkt auf dem Zuhören liegen sollte. Ehrliches Interesse öffnet fast jeden Menschen. Was freut ihn an diesem Tag? Was hat er heute noch zu tun? Was macht die Familie? Womit verbringt er die Zeit, wenn er nicht arbeiten muss? Wer ist sein Vorbild? Was ist ihm wichtig? Was lehnt er ab? Was sind seine Hoffnungen und Wünsche? Wovor hat er Angst? Welche Zukunft wünscht er sich?

Die Neugier kann sich auch nach innen richten. Wie fühlt es sich an, bestimmte Grenzen zu überschreiten – der Ausdauer, des Komforts, der Entbehrung? Auch der Entschleunigung und Langweile: Was passiert auf einer zwanzigstündigen Bahnfahrt mit mir? Welche Türen öffnen sich im Kopf?

Neugier fragt, lauscht, versucht zu verstehen. Sie kann sich auf Vergangenheit, Gegenwart und Zukunft richten und darauf, wie sie zusammenhängen; auf Städtebau und Architektur,

Schlösser, Burgen, Kathedralen, Zeugnisse vergangener Mächte; auf Gastronomie, Märkte und landestypische Speisen; auf Feste, Feiern und Folklore; auf Reichtum und Armut und das Leben der Mittelschicht, das sich in jedem Land anders darstellt; auf Natur und Landschaft, auf Berge, Täler, Flüsse, Pflanzen und Tiere; auf Sprachen und Umgangsformen; auf Milieus und Subkulturen, auf Traditionen und Trends; auf die Regeln zwischen Mann und Frau, Mann und Mann, Frau und Frau; auf das Gesicht des Staatsapparats. Oder einfach reizoffen loslaufen: Was fällt mir auf? Was geht mich an?

Nur ein Ratschlag zur Neugier: Sie hat es nicht ganz leicht ohne Kontext. Wissen ohne Erleben bleibt zwar eine leere Hülle. Aber Wissen kann eine Brille sein, mit der man klarer sieht. Niemand braucht heutzutage noch einen Reiseführer mit den wichtigsten Sehenswürdigkeiten, Hotelempfehlungen und Restauranttipps. Lieber ein Buch über Land und Leute mitnehmen, gerne auch Literarisches. Und: Persönliche Einordnung ist immer hilfreich in der Entropie der Fremde, egal ob durch einen Couchsurfing-Gastgeber oder Studiosus-Reiseleiter.

Neugier ist die wichtigste Zutat des Reisens, aber Neugier plus Anstrengung ist noch besser. Das englische Wort *travel* geht auf das französische Wort *travail* (Arbeit) zurück. Die Anstrengung vergrößert den Radius der Neugier. Es macht einen Unterschied, ob wir die Sehenswürdigkeiten einer Stadt aus dem Hop-on-hop-off-Touristenbus betrachten oder selbst durch die Straßen laufen, die Geräusche wahrnehmen, die Gerüche einatmen. Zu Fuß sehen wir am meisten. Wer auf einem Markt in die Töpfe schaut, lernt mehr über die kulinarische Vielfalt eines Landes als im Hotelrestaurant. Im langsamen und engen Minibus der Einheimischen erfahren wir mehr über den Alltag der Menschen als im Taxi oder klimatisierten Overlander. Und viele der schönsten Gegenden der Erde liegen nun einmal nicht direkt neben der Straße. Die meisten Reiseziele haben sich an die Komfortbedürfnisse der Touristen angepasst, mit Shuttlebussen und Seilbahnen, Rolltreppen und Klimaanlagen. Nur noch wenige Orte der Welt fordern uns körperlich heraus. Die Mondberge gehören dazu, und ich verzeihe ihnen alles.

Ruwenzori lautet ihr offizieller Name. Ein surreales Gebirge mit vergletscherten Gipfeln am Rande der immerfeuchten Tropen, das der Ostafrikanische Grabenbruch zwischen Uganda und dem Kongo aufgefaltet hat. Lange entzog es sich dem Blick der Europäer, und noch heute fahren viele einfach vorbei. Weil sie es nicht sehen. Fast immer verbergen Wolken die Berge. Der Afrikaforscher Henry Morgan Stanley glaubte 1876, eine bizarre Wolke von silberner Farbe zu betrachten, als er auf einen fernen Eispanzer des Ruwenzori schaute. Ptolemäus soll den Begriff Mondberge geprägt haben, als er 150 n. Chr. von schneebedeckten Gipfeln im Herzen Afrikas sprach. Er vermutete dort angeblich die Quellen des Nils. Die Menschen der Region, die Bakonjo, haben folgende Erklärung: Tagsüber sind die Berge stets verhüllt, nur nachts sieht man sie – bei Mondschein. Die Bakonjo glauben auch, auf den Gipfeln wohne das Götterpaar Ketasamba und Nyabibuya. Wenn es sich bewegt, heißt es, lösen sich die Felsen. Ins Ruwenzori vorzudringen, fühlt sich an wie die Reise in eine sagenhafte Urzeit. Im tropischen Bergwald der niederen Gefilde hocken in den Büschen gehörnte Chamäleons, die an prähistorische Echsen erinnern. Die Vegetation sprießt in sagenhaften Dimensionen, Lobelien und Senezien wachsen bis zu vier Meter hoch. Die Flechten an den Bäumen sehen aus wie Bärte schweigsamer Naturgeister. Würde ein Flugsaurier plötzlich aus dem Nebel hervor schießen, man wäre kaum überrascht. Um dieses verborgene Reich zu entdecken, das die Fantasie so beflügelt, muss man die Zivilisation und ihre Annehmlichkeiten verlassen.

Ein Trekking durch das Ruwenzori ist mühsam.[5] Viele Pfade und Steige gleichen Bächen. Immer wieder sinken die Gummistiefel bis zum Knöchel in den Schlamm ein. *Schwomp schwomp, schwomp schwomp,* das ist der Sound des Ruwenzori. Überall Plätschern, Gluckern und Tropfen. Die Wanderer übernachten in Hütten ohne Wasser und Strom. Lasttiere gibt es nicht, Träger aus dem nahen Dorf Kilembe schleppen die Ausrüstung. Sie bekommen vier bis fünf Dollar pro Tag plus Trinkgeld. Ohne sie bräuchte man überhaupt nicht aufbrechen. Drei Tagesmärsche sind es, bis die höchsten Gipfel auch nur in Sichtweite kommen. Die Route auf den 5109 Meter hohen Margherita Peak führt schließlich in pechschwarzer Nacht über zwei Gletscher und steile Felsen, die so glatt sind, als hätten die Götter sie mit Seife eingeschmiert. Das Ruwenzori ist ein wahrlich entrückter Fleck und einer der mystischsten Orte, an denen ich jemals war. Aber ich habe mich noch nie so sehr auf eine Dusche gefreut wie auf dem Rückweg.

Mut ist vielleicht die heikelste Zutat des Reisens. Schnell denkt man an Wagemut, Fahrlässigkeit und unnötige Gefahren.

---

5 — Erst recht wenn der Körper geschwächt ist. Mein Ruwenzori-Trekking begann damit, dass ich am Tag vor dem Aufbruch im Hostel einen Käfer von der Größe meines kleinen Fingernagels in meinen Nudeln fand. Ich ignorierte das und wurde nachts von Schwindel und Durchfall geweckt. Zum Erstaunen meiner Bergführer schleppte ich mich eine Woche durchs Gebirge praktisch ohne Kalorien aufzunehmen.

Was mutig ist, lässt sich nur selten objektiv bestimmen, oft hängt es von der eigenen Erfahrung ab. Für manchen Studienreisenden mag es mutig sein, sich bei der Tempel-Tour in Bangkok vom Reiseleiter und der Gruppe zu lösen, um auf eigene Faust über einen Markt zu stolpern. Andere werden nicht nervös, wenn der bolivianische Überlandbus auf dem Weg in die Yungas auf einer regendurchnässten Schlammpiste ohne Leitplanke enge Serpentinen hinabrutscht. Die Frau auf dem Nebensitz hat gerade erst ein paar Empanadas herausgeholt. Kein Grund zur Sorge, oder?

Wenn ich einem Libanesen von meiner ersten Nacht in Beirut erzählte, würde er wahrscheinlich lachen und sagen: Junge, ernsthaft? Und da hast du Nervenkitzel gehabt? Ehrliche Antwort: Ja, schon ein bisschen. Aber der Reihe nach.

Beirut gilt als »Paris des Nahen Ostens« und als die Party-Hauptstadt der Region. Das reicht mir, um in den Libanon zu reisen. Es ist 2013, ich habe die Reizworte von Schlagzeilen im Kopf: Hisbollah, Terror, Attentate. Der Libanon gilt als chronisches Pulverfass, dessen Lunte in der Vergangenheit mehrfach leichtfertig in Brand gesteckt wurde. Der Bürgerkrieg dauerte fünfzehn Jahre. Der Frieden war immer nur kurz zu Besuch in diesem kleinen Land am Mittelmeer. Jenseits der Grenze tobt nun seit zwei Jahren der Syrienkrieg. Der Konflikt könnte auch den Libanon destabilisieren, glauben Beobachter. Die Nachrichten in dieser Zeit lauten ungefähr so: Raketen schlagen in der Beeka-Ebene ein. Syrische Kampfflugzeuge fliegen Einsätze auf libanesischem Staatsgebiet. Durch eine Autobombe in einem schiitischen Vorort von Beirut kommen 24 Menschen ums Leben. In Tripoli zünden Attentäter vor sunnitischen Moscheen zwei Bomben, 29 Menschen sterben, 500 werden verletzt. Außenminister Westerwelle warnt vor einem »Flächenbrand« in der Region. Viele sagen: Da kann man gerade nicht hin! Stimmt nicht, wie ich bei Pegasus Airlines sehe.

Als ich den Flughafen von Beirut verlasse, weht milde Luft vom Mittelmeer herüber. Die kalte Strenge des deutschen Februars ist sofort weit weg. Ich feilsche mit dem Taxifahrer um den Preis für die Fahrt nach Hamra. In dem Stadtteil habe ich für eine Woche ein Zimmer in einem altehrwürdigen Hotel gebucht, sehr günstig, weil nur noch wenige Touristen kommen. Der Taxifahrer fährt durch die schiitischen Vororte Beiruts im Süden der Stadt. Wohnblöcke leuchten im fahlen Orange der Straßenlaternen, Stromkabel verbinden die Häuser, streunende Hunde, Palmen und Plakate, die Hassan Nasrallah zeigen, den Generalsekretär der Hisbollah, der Israel hasst und an der Seite des syrischen Diktators Assad kämpft. Die Hisbollah sitzt als politische Partei im libanesischen Parlament, doch ihre Miliz gilt der Europäischen Union als Terrororganisation. Nasrallah blickt also von einem Banner, und Beirut wirkt gleich sehr bedrohlich.

Wir erreichen den Norden Beiruts. Es ist Samstagnacht, die Hamra Street ist voller Menschen. Anders das Grand Hotel Beirut, meine Unterkunft. In der Lobby stehen nur Kopien hellenistischer Statuen und schwere Polstermöbel, die goldene Farbe auf dem Handlauf der raumgreifenden Treppe in den ersten Stock ist abgeblättert, im mitternächtlichen Dämmerlicht hinter der Rezeption wacht einsam ein adrett gekleideter Hotelier. Mein Kontakt in Beirut ist die Freundin eines Freundes aus Frankreich, die hier lebt. Ich kenne sie nicht, aber sie weiß, dass ich zu Besuch komme. Ich rufe sie zum Preis von drei Dollar pro Minute vom Concierge-Desk an, weil die SIM-Karte in meinem Handy nicht funktioniert. Das Gespräch geht durch. Ich soll zum Hawa Chicken in Furn el-Chebakk kommen, man werde mich dort einsammeln. Genau dies gebe ich dem Taxifahrer weiter: Hawa Chicken, Furn el-Chebakk. Wir fahren los, und ich hoffe, den Namen des Ortes richtig ausgesprochen zu haben, um nicht sonstwo zu enden.

Nach zwanzig Minuten lässt mich der Taxifahrer tatsächlich bei Hawa Chicken aussteigen. Es handelt sich um eine Fast-Food-Kette. Der Laden ist aber geschlossen und auf der Straße niemand zu sehen. Ein Kiosk hat noch geöffnet, ich bitte den Verkäufer um ein Telefonat, die Nummer der Freundin habe ich auf einem Zettel. Ich erfahre, dass ich beim falschen Hawa Chicken bin und soll der Straße nach Norden folgen. Das ist kein Partyviertel, denke ich. Aber was weiß ich schon? Gar nichts. Mein Herz schlägt rasch und heftig, als mir klar wird, dass ich an diesem Ort von nichts eine Ahnung habe.

Irgendwann taucht endlich ein weiterer Hawa Chicken auf. Nach ein paar Minuten halten zwei Autos neben mir. Junge Libanesen steigen aus – und die Französin. Einer, der Mahmoud heißt, reicht mir ein Bier und lächelt. Das ist der Wendepunkt. Die Anspannung meines Körpers, der die ganze Zeit zu einem ausgedehnten Sprint bereit gewesen ist, löst sich. Wir fahren zu einem Nachtclub, es ist jetzt fast zwei Uhr. Wir tanzen zu psychedelischer Trance-Musik inmitten verrückter Leute. Sie wirken alle nicht arm, aber auch nicht wie aus der Oberschicht. Eine junge Libanesin erklärt mir: »Lebanese people make party like there's no tomorrow.« Was für eine Phrase!

Dann überlege ich. Bürgerkrieg, der Einmarsch syrischer Truppen, Mordanschlag auf den Premierminister, Zedernrevolution, der Krieg im Nachbarland. Wahrscheinlich feiert Beirut wirklich, als ob es kein Morgen gäbe, weil die Zukunft im Libanon schon immer brüchig war.

Mit welchem Grundgefühl steht eigentlich ein junger Deutscher in Köln oder Chemnitz auf der Tanzfläche? Er hat den Aufstieg der Bundesrepublik zu einem der erfolgreichsten Länder der Welt geerbt, einen Wohlstand, den es festzuhalten gilt, aber vielleicht überkommt ihn in Zeiten dieser Fundamentalkrise eine Vorahnung, dass es damit einmal vorbei sein könnte, und er fragt sich, ob er diesen verdammten Gin Tonic für sieben Euro trinken oder lieber nach Hause gehen soll, um am Montag produktiv sein und endlich »privat vorsorgen« zu können. Die Problemlage in Beirut ist ein andere, das leuchtet sofort ein.

Die Morgendämmerung bringt den Regen. Der betrunkene Mahmoud fährt uns in seinem alten Kombi hinauf nach Hamra, die Reifen zerteilen die Pfützen auf den Straßen. In einer Imbissbude frühstücken wir Schawarma. Als es bereits hell ist, laufe ich zu Fuß zum Hotel. Durch das Fenster meines Zimmers im vierzehnten Stock schaue ich auf die schweren, grauen Wolken über dem Häusergewirr. Rechts im Bild schimmert blass das Mittelmeer im Dunst. Die aufgehende Sonne brennt die Feuchtigkeit aus den Straßen und lässt Dampf aufsteigen.

Die erste Nacht in Beirut werde ich nie vergessen. Meine Libanon-Reise kam mir damals ziemlich mutig vor. Heute sehe ich das anders, das macht die Erfahrung. Beirut ist eine ganz normale Großstadt, vielleicht ist sie etwas verrückter als andere Metropolen. Doch um eine objektive Bewertung geht es nicht, sondern um dieses Kribbeln, die Aufregung, eine Wachheit der gesamten Wahrnehmung. Mein Mut stellte alle Antennen auf Empfang. Ich hatte schon in der ersten Nacht einen besonderen Zugang zum Libanon gefunden, und das veränderte meinen Aufenthalt im Land. Ich hatte mich nicht angeschlichen, sondern gleich reingeworfen. »Life shrinks or expands in proportion to one's courage«, sagte die amerikanische Schriftstellerin Anaïs Nin. Das Leben schrumpft oder dehnt sich aus entsprechend dem eigenen Mut. Dieser Mut führt dazu, dass wir uns in Situationen begeben, die wir nicht einschätzen können. Was uns dann widerfährt, fordert uns heraus. Je mutiger wir sind, umso intensiver erleben wir. Wenn Anstrengung die Reichweite der Neugier vergrößert, dann ist es der Mut, der uns an die fantastischen Orte bringt, von deren Existenz wir nicht einmal wussten. Was kostet die Welt? Wir können sehr viel Geld ausgeben und doch wenig dadurch gewinnen. Wir können besonders wenig bezahlen und uns trotzdem üppig beschenken lassen. Aber niemand verleiht uns allein deswegen einen Orden, weil wir die Mango beim Straßenhändler von 40 auf 20 Cent herunterhandeln. Andersherum muss sich niemand schämen, der das Portemonnaie häufig und großzügig öffnet. Es kommt nicht darauf an, wie sehr die Reise das Konto erleichtert – sondern den Kopf und das Herz. Von Trägheit, verbohrtem Denken und vermeintlichen Gewissheiten. Von Verzagtheit und unbegründeten Sorgen. Was brauchen wir, abseits von etwas Geld und guten Absichten? Vergiss die Packliste mit Reisehandtuch, Ladekabeln und Kompressionssäcken. Neugier, Anstrengung und Mut sind das wichtigste Rüstzeug.

Traumurlaub im Hide-away

Ein Hotel kann der schönste Ort auf Erden sein. Oder zum Hassobjekt werden. Häufig braucht es eine perfekt eingespielte Organisation aller Mitarbeiter, um den Urlauber zufriedenzustellen, jedoch nur einen kleinen Makel, um ihn zu erzürnen. Je mehr Zeit der Gast in der Hotelanlage verbringt, umso mehr stechen Kleinigkeiten ins Auge, die sich im Lauf des Aufenthalts zu einem sogenannten »untragbaren Zustand« aufsummieren. Welche Petitessen eine Urlaubsreise ruinieren können, zeigt das Hotelbewertungsportal Holidaycheck besonders gut. Wer sich durch die Kommentare liest, glaubt sofort, dass von Torremolinos bis Thessaloniki quasi ausschließlich nachlässige, unfreundliche, ja bösartige Hoteliers ihr zynisches Regiment führen. Urlaub scheint ein Abwehrkampf zu sein.

»Sauberkeit unter aller Würde«, urteilt ein Gast, als hätte er nicht in einem Fünf-Sterne-Hotel in Antalya übernachtet, sondern im Mumbaier Slum von Dharavi. »Unter aller Sau« sei der Service gewesen, schreibt ein anderer Herr über die gleiche Unterkunft. Die Liste der Zumutungen lässt sich fortsetzen: Betten nicht bezogen, Schimmel und Kalkflecken, ein katastrophaler Zustand der Badarmaturen, heruntergekommene Zimmer, diebisches Reinigungspersonal (»Kosmetika gut verstecken!«), ungepflegter Garten, defekte Sonnenschirme, Stadtlärm, kein echter türkischer Kaffee, das Essen lieblos bis ungenießbar (»Hier wird man zum Vegetarier!«). Die Gesamturteile fallen entsprechend vernichtend aus: »reine Katastrophe«, »5 Sterne sind 4 Sterne zu viel«, »dann lieber Campingplatz«, »Sanierung oder Abriss«. Wonach hört sich das an? Nach einem Geisterhaus? Nach einem dystopischen Gemäuer, in dem die Schlacht am kläglichen Buffet an ein Gemälde von Hieronymus Bosch erinnert? Oder einfach nach einer verdammt traurigen Ferienabsteige in einer türkischen Touristenhochburg? Angesichts der harschen Urteile erstaunen am meisten die vielen wohlwollenden Bewertungen anderer Gäste zum gleichen Haus.

Ein Hotel sieht aus den zwei bis drei Blickwinkeln, die ein professioneller Fotograf für den Reisekatalog eingefangen hat, natürlich immer echt nett aus. So ist die Enttäuschung oft groß. Wird eine vom Reiseveranstalter versprochene Leistung nicht geliefert, zieht mancher Pauschalurlauber später vor Gericht. Bei erheblichen Mängeln kann er einen Teil des Reisepreises zurückfordern. Orientierung bieten Listen mit Urteilen wie die Kemptener Tabelle. Kein Animationsprogramm wegen zu weniger Gäste: minus 5 Prozent. Ein fehlender zweiter Pool: minus 10 Prozent. Eine defekte Klimaanlage auf Rhodos im Hochsommer: minus 20 Prozent. Und so weiter. Lächerlich kleinkariert, mag der erfahrene Weltenbummler denken, Hauptsache ein Bett ohne Wanzen. Wer aber »Reise« sagt und Hotelaufenthalt meint, für den stellt sich die Lage ernster dar. Ja, ein schlechtes Hotel hat das Potenzial, die Laune schwer zu trüben. Die Stimmung an einem heiteren Ausflugstag kann schnell kippen, wenn die zunächst charmant wirkende Dorfpension sich als zugige Kaschemme für schlecht gewaschene Lastwagenfahrer entpuppt. Und wer will die strapaziöse Rundreise durch Vietnam oder Kenia schon in einem Beach Resort beenden, das eine Baustelle mit Kakerlakenproblem ist? Wirklich niemand.

Ich möchte den Komfort als Maßstab nicht zu hoch hängen. Auf einer Hüttentour in den Zillertaler oder Stubaier Alpen genügt ein Matratzenlager. Die Erschöpfung nach einem Tag auf dem Berliner oder Stubaier Höhenweg ist erholsam genug. In wüstem Schneetreiben erlebte ich den Gipfel des Kilimandscharo, beim Abstieg stürzte ich und überdehnte mir das Innenband des Knies, es war eine Tortur – nichts erschien mir angenehmer als abends auf eine verdreckte Zeltplane niedersinken zu können. Nach einer Rucksacktour durch das südöstliche Afrika, von der später noch zu sprechen sein wird, kehrten meine damalige Freundin und ich in einer Unterkunft am Kipepeo Beach ein. Der Strand liegt etwas außerhalb von Daressalam. Die vergangenen zwei Nächte hatten wir sitzend in Überlandbussen verbracht, und in der Großstadt war der Strom ausgefallen. Also ans Meer. Wind, Salz auf der Haut. In der Hütte stand nur ein hölzernes Bett mit Moskitonetz, eine Ratte fraß sich nachts durch meinen Rucksack zu den Keksen durch, und dennoch war es perfekt. Je reicher dich der Tag auf Reisen beschenkt, umso spartanischer kann die Herberge sein.

Andersrum holt eine spektakuläre Unterkunft viel raus, wenn der Tag durchweg bescheiden war. Man stelle sich vor: ein liebevoll bewirtschaftetes Boutique-Hotel mit Seeblick,

ein Garten voller Bougainvilleen, feine Cocktails, laue Abend-
luft. Da verflüchtigen sich die Ärgernisse des Tages schnell: die
angebliche Abkürzung auf dem Weg zur Küste; die horrende
Rechnung in dem wirklich schlechten Restaurant gleich an der
Piazza, das man normalerweise, aber eben leider nicht heute,
sofort als Touristenfalle enttarnt hätte; der Kratzer im Lack des
Mietwagens; der feiste Taxifahrer mit seinem gezinkten Taxa-
meter; das ewige Warten auf den Bus; die Hitze, der Durst; der
Hunger, et cetera. Beim Blick aufs Wasser schreibt das Gehirn
die Erinnerungen schon um. Alles halb so schlimm.

Die Herberge ist ein Zufluchtsort in der Fremde, ob Motel
oder Grand Hotel. Sie ist ein Ort der Einkehr, die Seele braucht
sie oft mehr als der Körper. Hier kommen wir zur Ruhe, lassen Eindrücke sacken, machen unseren Frieden mit dem Tag.
Es geht nicht bloß um einen Platz zum Schlafen, sondern
um das Gefühl, noch Teil dieser Welt zu sein. Tagsüber mögen wir selbstgewiss unter Einheimischen im Café sitzen, in
Weltbürger-Pose. Doch wenn sich die Nacht über das Land legt
und der letzte Wein getrunken ist, kehren die Leute heim zu
ihren Familien. Die Straßen leeren sich. In die Schwärze ein-
samer Gassen dringt nun lediglich noch das Licht gut beheiz-
ter Stuben von Menschen, die hier ihre Heimat haben – anders
als wir. Wir sind nur Fremde, Schatten in der Nacht, die zu verschwinden drohen. Bis eine Tür sich öffnet. In der Herberge finden wir Gleichgesinnte, denen es genauso geht. Wir sind erlöst
von der Beklemmung, die ein Ort auslösen kann, an dem man
nur zu Besuch ist.

Das klingt rührselig. Viel zu melancholisch jedenfalls für die
Versprechen der Tourismusindustrie. Heimeligkeit, Geselligkeit,

eine Verortung seiner selbst in der Fremde – schön und gut. Doch Hotels und Ferienresorts sollen viel mehr sein: magische Sehnsuchtsorte der Glückseligkeit. Dieses Versprechen vermittelt das inflationär verwendete Etikett »Traumhotel«. In der gleichnamigen Fernsehserie reiste der Zuschauer im Geiste mit nach Bali, Malaysia oder Tobago. Auch »Das Traumschiff« fuhr in exotischen Gewässern, zu Inseln wie Barbados, Hawaii und Tahiti. An Bord kam es stets zum Drama, das sich jedes Mal auf wundersame Weise in einem Happy End auflöste. Traumhotels liegen nicht nur in der Ferne, sondern auch im Schwarzwald und an der Ostseeküste. Was ich mich frage: Wer träumt bitte von Hotels? Eher tauchen in Träumen doch Ruinen auf, alte Gemäuer, die sich langsam mit Wasser füllen, während man selbst im Keller feststeckt, oder das Haus der Kindheit, nur die Treppe ist merkwürdigerweise ganz woanders. Aber Hotels?

Das Traumhotel beschreibt einen eher fiktiven Ort, ein in der Vorstellung perfektes Ziel der Reise. Der Infinity-Pool vor der Villa am Ozean ist das ikonische Bild eines absoluten Sehnsuchtsortes, ein kollektiver Tagtraum. Deshalb wird es millionenfach in sozialen Netzwerken geteilt. Dort würde jeder gerne einmal im Wasser liegen, wenn der Preis für die Hotelnacht nur nicht so hoch wäre. Ohne Ozean funktioniert es auch: Der wohl berühmteste Infinity-Pool befindet sich auf dem schiffsförmigen Dach des Hotels Marina Bay Sands in Singapur. Mancher Gast übernachtet nur in dem Luxushotel, um sich einmal dabei fotografieren zu lassen, wie er aus dem Pool über das Lichtermeer der Stadt schaut. Das Alpen-Chalet mit Sauna und Kamin inmitten einer verschneiten Berglandschaft ist ein Sinnbild für Zweisamkeit und Romantik. In dieser Kulisse soll die perfekte

Beziehung mit einem Glas Rotwein vor dem prasselnden Feuer ihren Ausdruck finden. *#couplegoals*

Außergewöhnliche und hochpreisige Unterkünfte schmücken sich gerne mit dem Titel »Hide-away« oder »Hide-out«. Diese Begriffe verweisen auf paradiesische Verstecke, die den Gast von der eintönigen Hektik des Alltags abschirmen. Ob in einem Schweizer Bergtal, auf einer Privatinsel im Indischen Ozean oder in einem luxuriösen Zeltcamp in der Kalahari-Wüste: »Hide-aways« versprechen exklusiven Abstand zu jener Welt, die der Reisende sich eigentlich anschauen wollte. Und eine exotische Spiegelung des Glanzes, der dem eigenen Leben (hoffentlich) innewohnt.

Hotels sind nicht die einzigen Sehnsuchtsorte, aber sie sind am besten zu vermarkten und zu bepreisen. Ein Reiseveranstalter verkauft auf der Kykladen-Insel Santorin nicht den berühmten Sonnenuntergang, sondern eine weiß getünchte »Luxury Villa« mit Caldera-Blick für 350 Euro die Nacht. Das Naturschauspiel ist kostenlos, es braucht aber die Verknüpfung mit einem Produkt, um aus Sicht des Veranstalters zu einem »Urlaubstraum« zu werden.

Viele Reisende machen sich nichts aus schicken Hotels. Sie verzichten auf ein organisiertes Showprogramm für den »ganz besonderen Moment«, brauchen kein inszeniertes Candlelight-Dinner. Sie nehmen das so gesparte Geld, um länger oder häufiger reisen zu können. Aber auch ein Traveler, der niemals eine Pauschalreise buchen würde, hat seine Sehnsuchtsorte. Oft sind es schlichte, gar banale Bilder, die Fernweh auslösen: ein Lavendelfeld in der Provence, ein Hügel in der Toskana im Abendlicht, eine Geisha in den Straßen Kyotos. Der Reiseführer kann Wissenswertes über die Geschichte und kulturellen Gepflogenheiten eines Landes vermitteln, aber niemals, wie es sich anfühlen wird, wirklich dort zu sein. Bilder sind Versprechen auf diese Gefühle, Botschafter einer diffusen Sehnsucht. Der Schriftsteller Alain de Botton bemerkt in seinem Buch *Kunst des Reisens*, dass große Vorhaben (und sogar ein ganzes Leben) von den »allereinfachsten, fraglos hingenommenen Glücksbildern« beeinflusst werden könnten. Manchmal reiche das Foto einer sanft geneigten Palme in tropischer Brise.

Imaginäre Fluchtpunkte für die Seele hat der Mensch in der Natur schon immer entworfen. Der *locus amoenus,* der liebliche Ort, war schon in der Dichtung der Antike ein Hauptmotiv und Elysion in der griechischen Mythologie eine »Insel der Seligen«, wo ewiger Frühling herrschte. Die Sehnsuchtsorte dieser Tage liegen nicht mehr auf sonnenbeschienenen Lichtungen, nicht einmal mehr zwingend in der Natur, sondern auch in Metropolen und künstlichen Erlebniswelten. Mythos Los Angeles, Spaßfabrik Disneyland. In welcher Form auch immer, die Wirkung ist ähnlich: Sehnsuchtsorte wecken Fernweh, motivieren zum Aufbruch und verheißen idealisierte Lebensentwürfe. An den Sehnsuchtsorten dieser Welt können Touristen »der Wahrheit der Träume auf den Grund gehen«, schreibt Urlaubsforscher Christoph Hennig. »Der ›Überschuss‹ an Symbolen, der sich in den Träumen zeigt, drängt nach Darstellung.«

Wenn der Backpacker vom Inselparadies auf Lombok oder Koh Phangan fantasiert, ist das vom Prinzip her nichts anderes als der Wunsch des Pauschaltouristen, einmal vom Empire State Building über Manhattan zu schauen, weil er »noch niemals in New York« war. In beiden Fällen ist die Vorstellung,

wie das Traumziel konkret aussieht, eher vage. Beide Reise-
wünsche speisen sich mutmaßlich aus Hollywood-Filmen und
den Bildern anderer Reisender. Und beide Orte sind leere Kulissen für Projektionen, die wenig mit einer tropischen Insel in
Asien oder den Wolkenkratzern im Big Apple zu tun haben. Der
eine will vielleicht ein durchtrainierter, gebräunter und mit der
Lässigkeit des Glückspilzes ausgestatteter Frauentyp sein, der
andere endlich ein Weltmann.

Exotische Orte sind außerdem die perfekten Kulissen für
idealisierte Zweisamkeit. Beim Reisen schwingt immer auch
Sex, Leidenschaft, Beglückung und Liebe mit. Wer kennt nicht
dieses weltreisende Pärchen, das eng umschlungen mit dem
ewig gleichen Lächeln an thailändischen Traumstränden oder
vor einem norwegischen Bergsee posiert? Gesichter wie aus
einem Werbekatalog, zu wechselnden Hintergründen. Dieses
Pärchen hat immer schon den noch perfekteren Ort gefunden,
darum sind die zwei jetzt noch *crazier in love.* Man selbst denkt
nur: So sieht wahrscheinlich das beschissene Paradies aus.

Die Soziologin Eva Illouz hat die Beziehung zwischen Konsum und Romantik erforscht. Sie schreibt, Reisen sei die am
weitesten verbreitete und am stärksten kodifizierte visuelle
Vignette von Romantik. Eine etwas umständliche Beschreibung
für das, was das reisende Instagram-Pärchen verkörpert. Das
von der Werbung vermittelte Bild von Liebe sei die Erfahrung
eines intensiven Gefühls, uneingeschränkter Sinnlichkeit, so-
fortiger Belohnung und spontanen Vergnügens in einer hochgradig ästhetisierten Umgebung fernab des Alltags. Reisen ist
exakt diese romantische Utopie. Thomas Cook wirbt mit dem
Slogan: »Escape the everyday and fall in love again.«

Die Reise zu meinem Sehnsuchtsort in Südostafrika beginnt mit einer typischen Touristenabzocke. Das begreife ich damals aber noch nicht – weder die Bedeutung des Ortes, noch die Betrügerei. Wohin ich wirklich unterwegs bin, nicht im geografischen Sinne, verstehe ich erst Wochen nach der Reise. Dass man uns übers Ohr gehauen hat, erkennen wir schnell. Wir stehen nachts an einer Grenze und kommen nicht mehr weiter. Aber von vorne.

Unerbittlich ist der deutsche Winter damals, im Februar 2011, aber ich besitze ein Visum für Tansania und ein Flugticket nach Daressalam. Denn ich muss dich sehen. Du bist für ein Jahr Freiwilligenarbeit nach Ostafrika gegangen. Vier Monate haben wir uns nicht gesehen, das ist nicht einfach gewesen. Ruckelige Skype-Gespräche, ein komplett gegensätzlicher Alltag. Die Zukunft ist unklar, aber jetzt wollen wir zusammen reisen. Du bist verliebt in mich, ich bin es wahrscheinlich noch viel mehr in dich. Was kann es Schöneres geben?

Unsere Route sieht so aus: von Daressalam über Malawi und Sambia bis zu den Victoriafällen, von dort in Richtung Osten nach Simbabwe, und schließlich von Kariba zum Ausgangspunkt zurück. Wir reisen mit Rucksack, nutzen öffentliche Verkehrsmittel, buchen nichts im Voraus. Die erste Station ist der Lake Malawi, mindestens eine Tagesreise von Daressalam entfernt. Von einem deiner Bekannten haben wir die Empfehlung für eine Unterkunft in dem Fischerort Nkhata Bay bekommen: das Muyoka Village. Wir haben kaum eine Vorstellung von diesem Ort, keine Fotos der Herberge, nur Bilder im Kopf: Holzhütten auf Stelzen direkt am See, Ruhe, Abgeschiedenheit, verträumte Harmonie, ein kleines Paradies. An diesem Ort wollen

wir herunterfahren, entspannen. Bei dir ist drei Tage vor meiner Ankunft eine Malaria ausgebrochen. Im Krankenhaus haben sie dir eine Handvoll bunter Pillen gegeben, wir brechen trotzdem auf. Ich will dir zum ersten Mal nach der langen Trennung wieder richtig in die Augen schauen: Wie ist es gewesen, ohne den anderen? Ich will dich in den Armen halten und spüren, dass alles gut wird. Du empfindest vielleicht anders.

Wir haben bei dem Busunternehmen Mohamed Coach Line zwei Fahrscheine nach Mzuzu in Malawi gekauft. Von dort ist es nicht mehr weit zum See. Früh am Morgen fahren wir mit einem Motorradtaxi zum Busterminal von Ubungo im Osten Daressalams. Menschengewimmel, Marktschreier, dutzende Busse mit Schildern hinter der Frontscheibe (Mombasa, Mbeya, Moshi). Die Hitze macht uns etwas phlegmatisch. Man verstaut unsere Rucksäcke, wir nehmen Platz. Wie viele Stunden es sein werden, wissen wir nicht, das ist immer schwierig zu sagen in Afrika. Viele Stunden.

Der Bus schleppt sich durch den Stadtverkehr, es geht nach Westen ins Landesinnere. Der Tag ist jetzt voll da. Laut, grell, bunt. Immer wieder halten wir kurz in kleinen Ortschaften. Sofort umringen Frauen den Bus, die ihre Waren durchs offene Fenster verkaufen: Äpfel, Minibananen, Erdnüsse, Chips, Teigtaschen, Cola, Wasser, Sonnenbrillen, Uhren, Körbe, Sandalen. In Morogoro stoppt eine Polizistin den Bus, es gibt Probleme mit den Rädern. Der Fahrer macht sich auf die Suche nach Ersatz. Nach einer halben Stunde ist der Reifen gewechselt, das Fahrzeug offenbar wieder fahrtüchtig. Weiter nach Süden. Du liest, ich schlafe ein. Als ich aufwache, sehe ich zwei Elefanten am Straßenrand. Der Bus durchquert den Mikumi-Nationalpark.

Antilopen, Warzenschweine, Büffel und eine Giraffe ziehen vorbei. Das Land wird bergiger, Regenwolken ziehen auf. Je stärker der Tag dämmert, umso mehr Tropfen prasseln gegen die Scheibe. Kühle im Bus, zum ersten Mal. Viele Kurven jetzt, Serpentinen. Als es schon ganz dunkel ist, steigt eine alte Frau zu. Sie flucht und bedroht die anderen Fahrgäste – halb ernst, halb spaßend – mit einer Machete. Keiner nimmt Notiz von ihr, und so setzt sie sich hin.

Irgendwann ist die Fahrt zu Ende, alle Passagiere steigen aus. Aber wir sind nicht in Mzuzu, nicht einmal in Malawi. Was ist los? Der Busfahrer erklärt, dass dies die Endstation sei. Er fahre nicht über die Grenze. Man hat uns Tickets für eine Strecke verkauft, die es nicht gibt, zu einem überteuerten Preis. Da stehen wir nun in einer mondlosen Nacht im Süden Tansanias, in einem Dorf, das sie Kyela nennen. Bei Kerzenschein verhandelst du in einer Hütte mit einem Typ von Mohamed Coach Line, halb auf Englisch, halb auf Swahili. Männer mischen sich ein, ich verstehe sie nicht, aber du lässt dir nichts erzählen. Ich betrachte dein Gesicht im Lichtschein. Ich bin froh, mit dir hier zu sein. Wir bekommen ein paar Schilling zurück, ein Mann bringt uns in eine Herberge. Das Zimmer kostet 2,50 Euro pro Nacht. Dusche, Leuchtstoffröhre, ein sauberes Laken. Hier verbringen wir die erste Nacht unserer Reise.

Am nächsten Morgen fährt uns ein Mann zur Grenze. Soldaten ohne Aufgabe. Geldwechsler. »I have better rates than the bank«, sagt einer. »What's your advantage then?«, frage ich. Sie lachen. Einer bringt uns zu einem Taxi, das nach Karonga fährt. Wir quetschen uns auf die Rückbank. Die Straße ist rotbraun, feuchte Erde, gesäumt von Ziegelhütten. In Karonga müssen wir das Fahrzeug wechseln. Der Taxifahrer versucht, uns Geld abzunehmen, mit seltsamen Erklärungen. Ein Polizist schreitet ein, zu unseren Gunsten. Wir besteigen einen Minibus, der hier *Daladala* heißt. Der Wagen hat ein Loch im Boden, die Sitze sind aufgerissen. Draußen liegt Nebel über den Hügeln. Immer wieder halten wir in Dörfern, Menschen steigen aus, steigen zu, das Fahrzeug ist zu jeder Zeit überfüllt. Ein Mann hat einen Eimer voll Fische zwischen den Füßen, neben mir stillt eine Mutter ihr Kind, die Füße strampeln auf meinem Oberschenkel herum. Wir überfahren einen Affen. Es geht hoch in die Berge, ich bin langsam hungrig. Ein Mitreisender gibt mir ein Stück seiner Rübe. Nach sechs Stunden erreichen wir Mzuzu. Nur noch eine Taxifahrt bis Nkhata Bay.

Das Muyoka Village liegt südlich des Dorfes am Uferhang. Wir buchen drei Nächte und beziehen unsere Hütte. Das Fußende des Bettes zeigt hinaus zu einem kleinen Balkon, darunter der See. Fischer sind unterwegs, wir sehen sie in der Ferne, dahinter schwere Wolken. Wir setzen uns hin, schauen aufs Wasser. Wie schön es hier ist, finden wir beide. Als ich am nächsten Morgen erwache, prasselt Regen auf unsere Hütte, neben mir deine warme Haut. Ich halte die Augen geschlossen und ziehe Luft, so als könnte ich den Moment einatmen und für alle Zeiten im Tresor meiner wertvollsten Erinnerungen hinterlegen. Ich würde gerne noch ein wenig bleiben, bei dir, vielleicht sogar für immer.

Wir tun nicht viel am Lake Malawi, lassen die Tage so vorbeiziehen. Mal spazieren wir in den Ort oder fahren mit einem Kanu auf den See. Wir lesen, essen und schlafen. Am Tag der Abreise regnet es in Strömen. Wir steigen wieder in einen Bus, der uns fortbringen soll. Wir verlassen diesen Ort, von dem ich mir so viel versprochen habe, seltsam unbewegt.

Es wird eine großartige Reise. Wir fliegen mit einem motorisierten Drachenflieger über die Victoriafälle, sitzen beim Sonnenuntergang in den menschenleeren Ruinen von Great Zimbabwe. Am Lake Kariba laden uns zwei Einheimische in ihre Villa und zu einem Bootsausflug ein. Während wir Chicken Wings essen, stapft ein Flusspferd durch den Garten. Wir lächeln und staunen, nicht nur hier. Aber wir streiten uns auch heftig und schweigen darüber zu lange. Der Abschied ist versöhnlich. Doch es reicht nicht.

Einen Monat nach der Reise trennen wir uns. Ich werde ein Jahr Liebeskummer haben. Wie konnte es dazu kommen? Ist der See mit der romantischen Hütte nicht der perfekte Flecken Erde für uns gewesen? Hat die beschwerliche Anreise diesen Sehnsuchtsort nicht noch magischer gemacht? Das Wasser, die Wolken, die sanfte Melancholie der Regenzeit, die unser beider Grundgemüt so gut widergespiegelt hat. Wir zwei da draußen, gemeinsam ein Abenteuer erlebend. Wir haben nicht genug mitgenommen von diesem Ort. Nicht die Erinnerungen, die es gebraucht hätte, als die Sache mit uns auf der Kippe stand. Uns fehlten die Gespräche, das Verständnis. All die Fotos, die den Traum für uns einfangen sollten, haben nicht gereicht, um diese Leerstelle auszufüllen. *Paradise doesn't come easy.*

Mir fallen drei Gründe ein, warum die Wirklichkeit fast nie an die Versprechen eines Sehnsuchtsortes herankommt. Erstens: Der Reisende nimmt sich immer selbst mit. Seine Zweifel, Ängste und Unzulänglichkeiten trüben die Szenerie. Und manchmal auch sein Körper. Der Sonnenuntergang am Meer kann noch so reizend sein, doch wenn sich das Street Food vom Nachmittag vehement seinen Weg aus dem Körper sucht, wird auch er ungenießbar. Zweitens: An den schönsten Orten sind wir selten allein. Laute, nervige, stumpfe Reisende haben das Talent, jeden wundersamen Augenblick zu stören. Drittens: Die Naturschätze dieser Erde sind bedroht. Noch in die malerischste Südsee-Idylle schiebt sich irgendwann der Plastikmüll. Smog verdunkelt die Megastädte Asiens. Die Gletscher der Alpen schmelzen. Und kann der arbeitslose Fischer mal aus dem Bild gehen? Neben dem Traumhotel hat kürzlich jemand Abfälle ins Meer geleitet. Der Strand ist gesperrt, sorry.

Im Aussteigerfilm »The Beach« sagt der Student Richard, gespielt von Leonardo DiCaprio, ganz am Ende: »I still believe in paradise. But now I know it's not some place you can look for. Because it's not where you go. It's how you feel for a moment in your life when you're part of something.«

Nichts ist falsch an dem Fernweh, das Klischeebilder ferner Länder auslösen. Der britische Schriftsteller Dan Kieran ist der Meinung, dass die Suche nach einer ganz bestimmten Verlockung uns inspirieren kann, doch der eigentliche Zweck der Reise sich erst herausstellt, wenn wir uns haben verführen lassen und aufgebrochen sind. Schwierig wird es, wenn uns Sehnsuchtsorte ein Leben verheißen, in dem der Wein besser schmeckt, die Sonne heller scheint und die Menschen ausgelassener lachen. Dieser Anspruch muss enttäuschen. Dabei wäre es schade, wenn wir stets nur einem unerreichbaren Idealzustand entgegenreisen. Am Ende der Reise wartet kein Paradies. Manchmal sind es ein schmuckloses Zimmer, eine durchgelegene Matratze und Aspirin Forte. Oder ein wundes Herz.

Reisen macht (nicht) glücklich

Planung ist alles. Dieser Satz ist besonders falsch, wenn es ums Reisen geht. Der Deutsche ist zwar nicht überall dort, wo man ihn auf der Welt trifft, der fröhlichste Zeitgenosse, aber meist der am besten ausgerüstete. Rutschfeste Sohle, Bauchbeutel und je nach Wetterlage eine Multifunktionsjacke verhindern allerdings nicht diese Verspannung der Gesichtszüge, diese Abwehrhaltung in der Körpersprache und den barschen Ton in den Sätzen. Phänomene, die man häufig bei anderen Touristen beobachtet (und leider auch bei sich selbst). Heiterkeit und das viel beschworene »Urlaubsglück« wollen sich nicht einstellen. Da hilft manchmal kein Traumhotel oder Sehnsuchtsort.

»Deutschland packt die Koffer«, heißt es immer vor den Sommerferien, als wäre das ein gemeinschaftliches Hobby, und die Vorbereitung auf den Urlaub schon ein Teil des Erlebnisses, was sogar ein bisschen stimmt. An was man nicht alles denken muss! Der Körper produziert ungesundes Cortisol, Stresshormone. Wir wollen uns »die schönste Zeit des Jahres« nicht durch unzureichende Vorbereitung verderben. Das ist wie beim Heiraten, wenn die Nerven schon bei der Frage nach der passenden Tischdekoration blank liegen, weil es »um den wichtigsten Tag im Leben« geht: Die Erwartungshaltung erzeugt eine riskante Fallhöhe.

Vor einer Reise sind natürlich wichtige Dinge zu klären, bei denen sich Nachlässigkeit rächen kann: Welche Impfungen sollte ich haben? Reicht der Personalausweis oder brauche ich einen Reisepass? Benötige ich ein Visum vorab, muss ich also zu einer Botschaft oder einem Konsulat? Oder genügt eine Einreiseerlaubnis, wie sie die USA und Kanada für touristische Aufenthalte verlangen? Funktioniert meine Kreditkarte im Reiseland? Wieviel Bargeld sollte ich zum Wechseln aus der Heimat mitnehmen? Auf meine vielreisende Tante geht der Ratschlag zurück: »Pass und Bargeld brauchste, den Rest kannste dir kaufen.« Eine Reise sollte jedoch nicht am Flughafenschalter, im Krankenhaus oder bei Western Union enden.[1]

Bei der Reiseplanung ist es wie mit den meisten Dingen im Leben: Im Wesentlichen geht es darum, kapitale Fehler zu vermeiden. Von diesen gibt es aber gar nicht so viele. Trotzdem sind die Reisevorbereitungen offenbar ein unendliches Feld. In ihnen drückt sich Vorfreude aus, aber auch Kontrollzwang. In der Illusion, eine Reise schon von zu Hause aus optimieren zu können, stecken die Menschen wahnsinnig viel Zeit in bedeutungslose Detailfragen, ignorieren aber den Elefanten im Raum: die eigene Erwartungshaltung.

---

1 — Ein Mann verklagte einen Reiseveranstalter, weil dieser ihn angeblich nicht darauf hingewiesen hatte, dass man für die Einreise nach Marokko einen Reisepass benötigt. Die Fluggesellschaft hatte dem Mann am Flughafen die Beförderung verweigert, weil der Gast nur einen Personalausweis dabeihatte.

Wer aufbricht, sollte sich von dem Trugschluss verabschieden: Reisen macht auf jeden Fall glücklich. Das vermeintliche Ursache-Wirkung-Gesetz wird häufig aus durchsichtigen Motiven propagiert. Für die Tourismusbranche ist das Glücksversprechen des Reisens die Grundlage ihres milliardenschweren Geschäftsmodells. Man stellt in Aussicht, Träume zu verwirklichen. »Neckermann macht's möglich.« TUI, der weltgrößte Touristikkonzern, wirbt mit dem Slogan *Discover your Smile.* »Mit der TUI das eigene Lächeln zu entdecken, das ist unser Versprechen an die Urlauber für ihre schönste Zeit des Jahres«, erklärte der Veranstalter zur Einführung des Claims. Eine bemerkenswerte Aussage. Sie impliziert, dass der Mensch das ganze Jahr betrübt durch die Gegend läuft, ein defizitäres Wesen, das erst einen Urlaub braucht, um eine positive Gefühlsregung zu zeigen – am besten organisiert von der TUI.

Am erstaunlichsten daran ist: Wir glauben es sofort. Wenn die Werbung verheißt, die Wahl eines bestimmten Mineralwassers oder Make-ups verändere das Leben positiv, wird das zurecht als albern abgetan. Anders sieht das mit dem Reisen aus, dem ein lebensveränderndes Glückspotenzial ohne Weiteres zugesprochen wird, selbst von konsumkritischen Menschen.

Reisen bedeutet Glück, dieses Versprechen müssen die Veranstalter geben. Anderes zu behaupten, wäre aus geschäftlicher Sicht irrwitzig. Doch die Tourismusbranche ist nicht der einzige Glücksapostel. Auch viele vermeintliche Freigeister unter den Travelern predigen den Traum vom großen Reiseglück.

Ein gutes Beispiel sind die sogenannten digitalen Nomaden, deren Philosophie in der Filterblase der Reisecommunity ab 2014 zu einer Bewegung wurde. Die Botschaft lautet:

Ortsunabhängiges Arbeiten führt zu einem freien, selbstbestimmten und glücklichen Leben. Der Mensch sei besser dran, wenn er seinen langweiligen Angestelltenjob kündigt, ein Laptop-Business startet und ungebunden um die Welt zieht, um überall zu arbeiten und zu leben, wo es ihm gefällt. Das Geschäft sollte möglichst so aufgebaut sein, dass es irgendwann ohne weiteres Zutun Gewinn einfährt, Stichwort: passives Einkommen. Jederzeit reisen zu können und dabei auch noch Geld zu verdienen, quasi nebenbei: Diese Vorstellung kam vielen wie ein Traum vor. Und der erschien plötzlich zum Greifen nah.

Die digitalen Nomaden hatten einen veritablen Hype, Fernsehen und Zeitungen berichteten, ein Film wurde gedreht (»Deutschland zieht aus«), immer mehr Freizeitblogger und Entrepreneure in spe erklärten sich selbst zu digitalen Nomaden. Webseiten wurden aufgesetzt in der Hoffnung, damit in kurzer Zeit ein Geschäft etablieren zu können, vor allem durch Affiliate-Marketing, den Werbebrotkrumen, die Konzerne wie Amazon ihren Partnern hinwerfen. In Berlin fand 2014 die erste Konferenz für digitale Nomaden statt, die DNX. Wer sein Projekt gut verkaufen konnte, wurde kurzerhand zum *Speaker*, der den Traum vom unabhängigen Leben an die nächste Generation weitergab. Der Wunsch, selbstständig statt angestellt zu arbeiten, wurde emotional aufgeladen mit der Aussicht auf totale Selbstbestimmung, Reisefreiheit und Lebensglück.

Conni Biesalski ist eine der reichweitenstärksten Reisebloggerinnen Deutschlands und eine Galionsfigur der digitalen Nomaden. In einem PR-Video für ihren Blog *Planet Backpack* und – in der Logik von Online-Marketing und Aufmerksamkeitsökonomie – gleich auch für sich selbst informiert sie ihre

Follower von Bali aus: »Ich wollte jeden Tag ein erfülltes Leben haben, eines, das mich immer glücklich macht.« Ambitioniert! Und das ist noch nicht alles: »Ich will, dass jeder ein einzigartiges Leben hat, und jeden Tag das macht, was ihn glücklich macht.« Die Kommentare unter dem Youtube-Video sind voll des Lobes. Wer will da auch widersprechen?

Zur Wahrheit gehört, dass Biesalski ihr Geld damit verdient, dass Menschen an das Glück durch ein ortsunabhängiges Leben glauben. Sie verkauft E-Books und Onlinekurse, in denen sie erklärt, wie jemand selbst ein digitaler Nomade wird, so wie sie. Um dann was genau zu tun? Die meisten erfolgreichen digitalen Nomaden sind *Coaches, Speaker* und sonstige Lebensberater, die ihren Anhängern wiederum erklären, wie diese selbst *Speaker, Coaches* und Lebensberater verschiedenster Couleur werden. Man kann das ein cleveres Geschäftsmodell nennen. Oder ein Schneeball-System der Lebensverbesserungsindustrie.

Natürlich muss jeder, der ein Produkt verkaufen will, Sehnsüchte wecken. Von BMW würde auch niemand verlangen, in einem Werbespot auf das Risiko des Autofahrens hinzuweisen. Die Ironie ist, dass viele digitale Nomaden den Ausstieg aus dem Hamsterrad anpreisen, die Absage an den Mainstream, den Bruch mit dem System und gesellschaftlichen Konventionen, tatsächlich aber den ältesten Trick des Kapitalismus anwenden: Rede dem Menschen einen Mangel ein und erschaffe dadurch das Bedürfnis, etwas zu kaufen. Nach dem Motto: Dein Leben bisher war scheiße, aber wenn du mein E-Book kaufst und unsere Konferenz besuchst, wird es garantiert besser. Viele digitale Nomaden sind erstens Profis der Selbstvermarktung und zweitens kluge Geschäftsleute. Sie pflanzen

Unzufriedenheit ein, um damit Geld zu verdienen. Sie stehen nicht außerhalb des verteufelten Systems, sondern an dessen Spitze.

All dies ist natürlich vollkommen legitim. Doch wie bei jedem durchsichtigen Heilsversprechen meldeten sich rasch Kritiker zu Wort. Auf einschlägigen Blogs wurden verschiedenste Fragen diskutiert: Kann man überhaupt reisen und gleichzeitig arbeiten? Bleiben nicht Familie, Freunde und Heimat auf der Strecke? Wie umgehen mit Einsamkeit? Wie eine Beziehung führen? Welche Jobs bringen wirklich passives Einkommen und eignen sich dafür, von überall aus erledigt zu werden? Und ist es nicht eine verdammt anstrengende Sache, sich eine Selbstständigkeit aufzubauen? Ist das nicht ein Vorhaben, das strenge Disziplin verlangt und wenig mit dem Dasein eines strahlenden Selfmade-Unternehmers am Strand zu tun hat?

Ortsunabhängig leben zu können, mag für eine gewisse Zeit erfüllend sein, ein Garant für das Glück ist es nicht. Das mussten auch einige digitale Nomaden irgendwann einsehen und verlegten sich folglich auf andere Schwerpunkte der Glücksberatung, auf Yoga zum Beispiel. Andere ziehen das Ding eisern durch: »Mein Leben als Digitaler Nomade gibt mir die absolute Erfüllung, Freude und Freiheit auf allen Ebenen«, verkündet zum Beispiel Marcus Meurer, Gründer der DNX (das Wochenende mit *Main Event* und Workshops: 597 Euro).

Reisen ist Freiheit ist Glück: Diese Gleichung stellen nicht nur digitale Nomaden auf, sie haben bloß ein Business daraus gemacht. Das Heilsversprechen des Reisens ist eine unterbewusste und wirkmächtige Wahrheit unserer Gegenwartskultur. Je mehr ein Mensch reist, so die Annahme, umso toller muss sein Leben sein. Alain de Botton schreibt: »Ich glaube, dass die Liebe und das Reisen unsere größten Glücksphantasien sind.«

Freiheit ist aus guten Gründen erstrebenswert. Es war die Forderung nach Reisefreiheit, die das Ende der DDR einleitete. Symbol für die Unfreiheit der Menschen in dem Land war die Mauer, eine tödliche Grenze. Heute gibt es kaum noch solche Staaten. In einem der am wenigsten freien Länder der Erde, Nordkorea, erschießt das Regime seine Bürger, wenn diese das Land über die Demarkationslinie[2] nach Süden verlassen wollen. Reisen ist Freiheit ist Glück: Der erste Teil dieser Gleichung hat Gültigkeit. Fragwürdiger ist der zweite.

Bedeutet Freiheit auch Glück? Das hängt davon ab, was genau Freiheit eigentlich sein soll. In der Regel definiert sie sich in positiver Abgrenzung zur Unfreiheit. Freiheit von etwas, von Unrecht, Zwang, Kontrolle, Überwachung und staatlicher Repression, aber auch von gesellschaftlichen Konventionen. Die Beseitigung aller äußeren Zwänge und der Fokus auf Selbstverwirklichung sind Wesensmerkmale der individualistischen Gesellschaften des Westens. Der einzelne Mensch und seine Bedürfnisse stehen im Mittelpunkt, während in vielen anderen Kulturkreisen die Familie und das Kollektiv wichtiger sind.

Der Philosoph Erich Fromm hat der Freiheit 1941 ein Buch gewidmet, *Die Furcht vor der Freiheit*. Darin vertritt er die These, dass der Mensch zwar die äußeren Zwänge von Staat und Religion beseitigt hat (durch Bürgerrechte, Demokratie,

---

2 — Die Demilitarisierte Zone (DMZ) zwischen Nord- und Südkorea wurde nach dem Ende des Koreakrieges 1953 als Puffer zwischen den beiden Staaten eingerichtet. Touristen können das Sperrgebiet, in dem heute seltene Tiere wie der Mandschurenkranich leben, auf einer geführten Tour unter Aufsicht von Soldaten der UN-Waffenstillstandskommission besuchen.

Säkularisierung), aber keineswegs frei geworden ist. Im Gegenteil, Individualismus und Materialismus machten den Menschen einsam. Er sei »blind für die inneren Zwänge und Ängste« und lebe in der Illusion, sein Leben könnte eine plötzliche Wendung nehmen, »wenn er ein bestimmtes Hemd oder eine bestimmte Seife kauft«. Der Mensch hat sich also neue Götzen geschaffen, die ihn unfrei machen. Er bleibt unglücklich, weil allein und abhängig, und weiß nicht, wofür er die Freiheit nutzen soll. Eine Scheinlösung ist in den Worten Fromms die »Flucht ins Konformistische«. Der Mensch wird so, wie es die Gesellschaft von ihm erwartet. Diese Erzählung durchzieht bis heute die Popkultur. Im Film *Fight Club* bringt es die Figur des großen Nihilisten Tyler Durden auf den Punkt: »Working jobs we hate, so we can buy shit we don't need. We're the middle children of history. No purpose or place. We have no great war, no great depression. Our great war is a spiritual war. Our great depression is our lives.« Der Mensch, ein Sklave im goldenen Käfig.

Zugegeben, Fromms damalige Analyse der Gesellschaft war schrecklich pessimistisch. Er nahm so etwas wie den unsichtbaren Zwang der Ökonomie in den spätkapitalistischen Gesellschaften des Westens vorweg. Dieser oft unsichtbare Druck prägt unseren Alltag mit all seinen großen und kleinen Katastrophen, Abhängigkeiten, Überforderungen, Zumutungen, Kompromissen, Enttäuschungen, Kaputtheiten, Banalitäten und Lächerlichkeiten, zwischen denen ja trotzdem immer wieder unerschütterliche Daseinsfreude aufleuchtet. Leben heißt Leiden, wusste Buddha, und trotzdem ist der sommerliche Grillabend mit Freunden eine echt schöne Sache.

Die Faszination des Reisens speist sich zu großen Teilen aus dem Gegensatz zum Alltag. Auf Reisen laufen die Dinge grundlegend anders als zu Hause: Wir schlafen so lange, wie wir wollen; kein Chef erklärt uns, was zu tun ist; wir können Dinge unternehmen aus reiner Lust und ohne höheren Zweck; wir haben (meistens) Zeit. Der Geist wird mit neuen Eindrücken geflutet. Vieles erlebt man, anders als in der Routine daheim, überhaupt zum allererersten Mal. Das Zeitempfinden dehnt sich aus, das Leben verdichtet sich zu einem Strom außergewöhnlicher Ereignisse. Kaum eine Reiseform symbolisiert diese Freiheit so sehr wie der Roadtrip ohne vorgegebene Route, unabhängig von Fahrplänen und den Taktungen öffentlicher Verkehrsmittel. Das Glück liegt sprichwörtlich auf der Straße, man muss es nur noch einsammeln.

Als ich vor einigen Jahren nach Sri Lanka flog, hatte ich immer noch Liebeskummer. Damit musste Schluss sein. Was lag also näher, als fortzugehen und sich auf diese Weise all den negativen Gedanken- und Gefühlsspiralen zu entziehen? Ich fragte meinen Bruder. Sri Lanka, wie wär's? Kultur, tolle Strände, günstiges Essen, alles klar? Er war dabei.

Vielleicht drückt das Bedürfnis, von einer hohen Landmarke aus die Sonne aufsteigen zu sehen, den Wunsch nach einem Neuanfang aus. Ich denke darüber nicht nach, als ich mit meinem Bruder in der Ortschaft Dalhousie in einer Herberge auf der Terrasse sitze und Tee trinke. Wir wollen auf den Sri Pada, den heiligen Berg im Hochland von Sri Lanka, auf dem sich ein Fußabdruck des Buddha befinden soll. In der Nacht steigt man mit den einheimischen Pilgern über hunderte Treppenstufen hinauf, um rechtzeitig vor dem Morgengrauen auf dem Gipfel zu sein. Längst ist die Prozession auch ein Touristenspektakel, doch das stört uns nicht.

Vor drei Tagen sind wir in Colombo gelandet, mit dem Zug nach Kandy gefahren und von dort mit dem Bus nach Dalhousie. Für mich hat es sich so angefühlt, als wäre ich mit der Regionalbahn von Witten nach Düsseldorf gefahren. Als hätte man mich in diesem Land abgesetzt, aber mein Gehirn kann noch keine Verbindung herstellen zu dieser ungewohnten Gegend. Ich bin wie abgeschottet, sprachlos. Nichts dringt in meinen Kopf, nur fetzenhafte Eindrücke, wie bleiche Dias, die keine Gefühle auslösen außer Wehmut. Ich sehe mich von oben, als wäre ich selbst gar nicht da.

In der Nacht steigen wir aus unseren Betten, und schon laufen wir zwischen Greisen und Kindern, Hunden und Katzen, Gläubigen und Geschäftemachern. Affen hocken auf den Treppenstufen, die den Berg hinaufführen. Ein Mann verkauft an einem Stand Winnie-the-Pooh-Stofftiere und ähnlichen Krimskrams. Aus Lautsprechern am Wegrand erklingen Mantras, unverständliche Laute. Alles Pseudo-Spiritualität, wie mir scheint. Die Stufen sind steil, es geht vorbei an Schreinen mit Buddha-Figuren und Räucherstäbchen. Der Strom an Pilgern und Touristen sieht in der Düsternis der Nacht aus wie eine schimmernde Schlange. Nach fast drei Stunden erreichen wir den Gipfel. Die Menschen kauern sich aneinander, Feuer ist spärlich. Ein paar Kokosnussschalen brennen in einem Ofen. Das Land liegt pechschwarz zu Füßen des heiligen Berges. Wir sind zu früh. In die Höhe gereckte Handys sind endlich das Signal: Der Tag naht. Da ist erst ein Glühen über dem Gebirge und den tief hängenden Wolken, der Himmel im Osten färbt sich

SRI LANKA

Kandy

Colombo

Adam's Peak
(Sri Pada)

Arugam Bay

Palkstraße

Palkbucht

Golf von Bengalen

Golf von Mannar

50 km

dunkelblau, wird rasch heller, und schließlich, als die Füße völlig von der Nachtkälte durchdrungen sind, taucht der obere Teil des Sonnenkörpers – begleitet von der ewigen Repetition der Mantraverse – wie ein glühender Eisenspan am Horizont auf und wirft sein Licht über die aschfahlen Gratlinien des Hochlands. Da sitze ich nun auf dem Gipfel des Berges im Angesicht dieses Naturschauspiels, das mir im Grunde egal ist, und fühle mich ratlos, leer, fehl am Platz. Jeder Gedanke bekannt und folgenlos, jedes Wort eine Hülse, als wäre mir die Sprache abhanden gekommen. Ich bin hier in Sri Lanka an diesen besonderen Fleck der Welt gelangt, und wünsche mir nichts mehr als eine Vergangenheit, die das Leben längst zerstreut hat. Meine Gleichgültigkeit und mein Desinteresse an der Gegenwart in diesem Moment sind schwer zu ertragen. Die spektakuläre Szenerie zeigt allein, was nicht da ist, was mir so schmerzhaft fehlt.[3]

Ein paar Tage später sind wir unterwegs zur Ostküste Sri Lankas, nach Arugam Bay. Ich sitze im Zug und lese ein Buch, irgendeinen Gedanken schnappe ich auf, einen wahren Satz: »Ich hatte zu lange zu wenig geredet«.[4] Draußen strahlt die Tropensonne, wir freuen aus auf den Ozean, der vor uns liegt, und dann passiert es, durch das Lesen, wahrscheinlich, weil man die Dinge erst verarbeiten kann, wenn man eine Sprache für sie findet: Ich werde reizoffen und vergnügt, in gespannter

3 — Richard Ford (I): »Nichts in der Welt gibt dir mehr Hoffnung, als zu wissen, daß es irgendwo eine Frau gibt, die du magst und die nur an dich denkt. Umgekehrt gibt es nirgends etwas Schlimmeres, als draußen in der Welt keine Frau zu haben, die an dich denkt. Schlimmer ist nur noch, wenn eine Frau *aufgehört* hat, an dich zu denken, weil du irgendwie zu dumm gewesen bist.«

4 — Es handelte sich um *Dekonspiratione* von Rainald Goetz.

Erwartung darauf, beschenkt zu werden – mit was auch immer. Ich mache wieder Notizen, halte Beobachtungen und Gedanken fest. Der Kopf ist wieder durchlässig. Ich fühle mich nicht mehr isoliert und verloren, sondern in der Welt aufgehoben, verbunden mit dem, was sie mir zu zeigen bereit ist. In diesem allerschönsten Zustand schwebe ich noch einige Zeit. Dann erreichen wir Arugam und wenden uns praktischen Dingen zu.

Wie kam es nun auf dem Weg vom Hochland ans Meer zu diesem Wendepunkt, sozusagen auf der Durchreise? Ich kann es auch im Rückblick nicht erklären. Ich spürte ein Hochgefühl, das nur kurz anhielt, aber wieder vieles möglich machte. Nach Sri Lanka war mein Liebeskummer verschwunden. Hat mich das Reisen wieder glücklich gemacht? Oder bloß das Lesen?

Ich glaube, Glück wird oft mit Euphorie verwechselt. Aber euphorische Momente treten auf Reisen – wie generell im Leben – immer nur flüchtig auf. Was wir als Glücksgefühle bezeichnen, ist kaum planbar und lässt sich nicht mechanisch wiederholen. Mit Sicherheit finden wir solche Augenblicke auf Reisen, aber eher am Wegesrand und zufällig. Es spricht auch nichts dagegen, möglichst viele solcher Momente unterwegs zu suchen. Sie sind aber nicht das, was wir unter der Kunst des guten Lebens verstehen, dem langfristigen Glück. Dieses hängt wahrscheinlich auch von äußeren Faktoren ab und nicht nur von der inneren Einstellung. Die Autorin Giulia Becker brachte es auf Twitter einmal zynisch auf den Punkt: Immer, wenn ein weißer, reicher Hetero sage, dass Glück eine Entscheidung sei, dann entscheide sich ein Kind in Afrika für happy und gegen Hunger.

Der Harvard-Psychologe Daniel Gilbert hat sich ausführlich mit der Suche nach Glück beschäftigt – und mit den Gründen, warum der Mensch so zielsicher daneben liegt, wenn er das Glück in der Zukunft plant. Er beschreibt in seinem Buch *Stumbling on Happiness* mehrere »illusions of foresight«, psychologische Täuschungen, denen wir erliegen.

Wir können gegenwärtiges Glück zum Beispiel nicht mit vergangenen Erfahrungen vergleichen, sondern nur mit Erinnerungen, die wiederum nicht dem entsprechen, was wir wirklich erlebt haben. Wir erinnern uns an Gefühle, die wir oft nur glauben, gehabt zu haben, was als Grundlage für weitere Pläne irreführend ist. Unsere Erfahrungen beeinflussen aber die Brille, durch die wir auf die Welt schauen. Gilbert gibt ein anschauliches Beispiel: Wer einmal lesen gelernt hat, kann eine Serie von Buchstaben nie wieder als sinnloses Gekritzel wahrnehmen. Wenn Mitmenschen nun andersherum ausführen, wie glücklich wir sein könnten, wenn wir nur X oder Y wüssten oder täten, dann sei genau das der Punkt: »It does *not* mean that those who don't know what they're missing are *less* happy than those who have it.« Das heißt: Ein potenzieller Glücksfaktor, den ich gar nicht kenne, wird mir auch nicht fehlen, mögen andere auch davon schwärmen – der Mangel macht mich nicht unglücklich. Es ist die Tragik des Intellektuellen, der sich an seinem reichen Geistesleben erfreut und über schlichte Gemüter spottet, nur um sich – mit sich selbst unzufrieden – in einen bemitleidenswerten Suff zu trinken.

Gilbert erklärt, wie schwierig wir vergangenes Glück bewerten können, weil unsere Erinnerung ständig Dinge abruft, die gar nicht passiert sind. Wir merken das nicht einmal. Was wir wahrnehmen und uns vorstellen, sei kein Abbild der Wirklichkeit, das unsere Sinnesorgane an uns weitergeben, sondern dessen Kombination mit dem, was wir denken, fühlen, wissen, wollen und glauben: »Perceptions are portrays, not photographs, and their form reveals the artist's hand every bit as much as it reflects the things portrayed.« Unsere Wahrnehmung ist kein fotografisches Abbild der Wirklichkeit, sondern ein Bild, das wir selbst zeichnen. Dieses Bild ist immer beeinflusst durch unsere künstlerischen Fähigkeiten und unseren individuellen Stil – also durch unsere Vorkenntnisse, Überzeugungen und Ansichten. Wir bemerken nicht, dass wir immer nur eine Interpretation sehen, glauben aber, realistisch in die Zukunft zu schauen und abwägen zu können, was uns glücklich macht. Und es wird noch schlimmer: Wir merken nicht nur nicht, was das Gehirn alles hinzuerfindet, sondern ebenfalls nicht, was es auslässt. So, wie wir auf Objekte in räumlicher Ferne schauen (unscharf, keine Details), schauen wir auch auf Objekte in zeitlicher Ferne.[5]

Wir sind Gefangene der Gegenwart. Wie wir uns gerade fühlen, beeinflusst unsere Vorstellung davon, wie glücklich wir waren oder sein werden: »We think we are thinking outside the box only because we can't see how big the box really is«, schreibt Gilbert. »The reality of the moment is so palpable and powerful that it holds imagination in a tight orbit from which it never fully escapes.« Die Gegenwart beeinflusst

---

[5] — Warum sagen wir Wochen im Voraus zu Terminen zu und bereuen unsere Zusage einen Tag vorher bitter? Weil wir uns mit viel zeitlichem Abstand nur ein diffuses schönes Bild ausmalen. Die unangenehmen Details und stressigen Umstände haben wir erst klar vor Augen, wenn die Veranstaltung unmittelbar bevorsteht.

unsere Vorstellungskraft stärker als wir glauben. Es ist einfach verdammt schwer vorstellbar, dass wir die Welt in der Zukunft anders sehen werden als heute.

Unser Gehirn bewertet einen mehrdeutigen Stimulus (zum Beispiel eine Möglichkeit, sein Leben so oder anders zu leben) außerdem immer so, wie wir es uns wünschen.[6] Man könnte es positives Denken nennen, was natürlich seine Grenzen hat. Aber wir suchen ziemlich beharrlich Fakten, die unsere positive Sichtweise stützen. Und erfinden sie im Zweifel – »we cook the facts«. Gilbert erklärt: Das Auge sucht nach dem, was das Gehirn braucht. Und das Gehirn glaubt, was das Auge sieht. Wir sind nicht fair zu den Fakten. Er kommt zu dem Schluss, dass der gesellschaftliche Glaube, dass bestimmte materielle Dinge, aber auch Karriere, Heiraten und Kinderkriegen uns glücklich machen, falsch ist und auf kulturellen Idealen basiert. Sein Fazit: »There is no simple formula for finding happiness.«

Geht es also nur um den glücklichen Zufall? Dann können wir versuchen, die richtigen Weichen zu stellen, damit uns das Glück zufällt. Vielleicht auf einer Reise? Möglich, aber darauf wetten sollten wir nicht. Die Freiheit, jederzeit ohne größere Beschränkungen irgendwelche Orte auf dieser Welt aufsuchen zu können, bedeutet nichts. Sich beim Reisen zu fragen, wann einen das Glück endlich anspringt, führt nirgendwo hin, oder im schlimmsten Fall zu Frustration und Enttäuschung. Der Reiseblogger Florian Blümm, der seit mehr als sechs Jahren um die Welt zieht, kommt zu der Erkenntnis: »Reisen macht gar nichts mit dir.« Wer es zum alleinigen Heil glorifiziere,

---

6 — Jemand sagt: Denk mal an Spaghetti. Genau, man denkt an einen Teller Nudeln mit Soße, aber nicht an eine einzelne dürre Nudel ohne alles.

täusche sich oder sei ein Angeber. Tatsächlich gibt es kaum etwas Anstrengenderes als Menschen, die sich und anderen ständig einreden wollen, wie glücklich sie sind (und auch wir sein könnten). Selbst wenn Tourismuswerbung und Selbstoptimierungs-Coaches das Gegenteil behaupten: Reisen macht nicht per se glücklich, jedenfalls nicht glücklicher als viele andere Erlebnisse im Leben. Und erst recht wächst unser Glück nicht proportional zur Anzahl unserer Trips.[7] »Happiness is not a goal, it's a by-product«, sagte Eleanor Roosevelt. Reisen bietet die Freiheit von vielen Zwängen. Aber was damit anstellen? Das ist die Frage. In der Welt unterwegs zu sein, ist wie ein leeres Gefäß. Es kommt darauf an, womit wir es füllen.

7 — Das Gesetz vom abnehmenden Grenznutzen besagt, dass der Konsum eines Gutes mit zunehmender Menge einen immer geringeren Zusatznutzen bringt.

Warum der Strand auf Instagram immer schöner ist

Das Interessanteste am Selfie sind nicht die Pose und der Hintergrund, sondern das, was danach passiert. In der Altstadt Sarajevos beobachtete ich einmal zwei junge arabische Frauen in einem Café. Designer-Handtaschen, teure Uhren. Womöglich kamen sie aus Katar oder Kuwait, die Hauptstadt Bosniens ist beliebt bei Touristen vom Persischen Golf. Für ein gemeinsames Foto legten die Frauen ein strahlendes Lächeln auf. Performance auf den Punkt. Sobald der Auslöser betätigt war, kroch das Lächeln aus ihren Gesichtern wie das Mitgefühl aus einem Henker und wich einer frostigen Teilnahmslosigkeit.

In Dubai fiel mir auf der Aussichtsplattform des Burj Khalifa ein junges französisches Pärchen auf. Beise schauten müde und genervt aus. Vielleicht, weil man ewig ansteht, um mit dem Fahrstuhl auf den höchsten Wolkenkratzer der Welt zu fahren und das Ticket zur günstigsten Tageszeit pro Person 135 Dirham kostet, ungefähr 30 Euro. Vielleicht hatten sie sich auch gestritten, und die Sache war noch nicht ausgeräumt. Das Paar trat an die Balustrade und brachte einen Selfie-Stick in Position, im Hintergrund die dunstige Wüstenstadt. Eine Minute lang lächelten beide so überschwänglich in die Smartphone-Kamera, als hielten sie zum ersten Mal ihr Neugeborenes in den Armen. Mimik und Kopfstellung variierten sie immer nur geringfügig. Profis. Irgendwann hatten sie für ihren großartigen Moment genug Beweise gesammelt, die sich triumphierend über die sozialen Netzwerke teilen ließen. Der gelangweilte, abgekämpfte, freudlose Gesichtsausdruck war wieder da.

Das Selfie-Gesicht ist zu einem globalen Phänomen geworden. Mit diesem ganz bestimmten Gesichtsausdruck, den ein Mensch sich für ein Selbstporträt zugelegt hat, drückt er aus, wie er wahrgenommen werden möchte. Auf Reisen am besten glücklich. Das Selfie ist auch das Symptom einer digitalen Welt, in der jede Alltagshandlung zu einem Statement für die persönliche Social-Media-Öffentlichkeit werden kann. Manche behaupten, das Selfie zeige vor allem die existenzielle Angst, nicht beachtet zu werden. Vor einer Sehenswürdigkeit aufgenommen, geht es vielleicht auch um die Sehnsucht, sich in einen größeren Zusammenhang einzuordnen. Ich kann nicht beurteilen, ob die Menschen solche Erklärungsansätze reflektieren, wenn sie aus Versehen von Klippen stürzen, vor dem Trevi-Brunnen in Rom für das beste Bild mit Fäusten aufeinander losgehen oder sich mit angespülten Delfinen fotografieren, bis diese vertrocknet sind. Möglicherweise nicht.

Einen Menschen zum Lächeln aufzufordern, gleicht dem Versuch, aus Wasser eine Skulptur zu formen. Es braucht eine kühle Professionalität, damit die Bewegungen einfrieren. Was Models perfektioniert haben, können mittlerweile auch Touristen: für die Kamera auf Knopfdruck lächeln. Im analogen

Zeitalter ließ sich mit einem Farbfilm nur eine sehr begrenzte Anzahl von Bildern machen, und der Fotografierte hatte keine Kontrolle über den Auslöser. Irgendwer rief »Cheeese!« und wenn man nicht aufpasste, waren die Augen zu. Das ist heute nicht mehr schlimm. Reisefotos sind Massenproduktion. Urlauber fotografieren sich gefühlt dauernd und überall, doch die wenigsten empfinden dabei permanente Freude, daher das Selfie-Gesicht. »Today everything exists to end in a photograph«, bemerkte die Fotografin Susan Sontag in ihrem Band *On Photography*. Damals gab es noch keine Smartphone-Kameras. Bald wird es heißen: »Everything happens to end in a video«.

Ich kann mich noch an die Zeit erinnern, als es in Südamerika oder Afrika praktisch kein WLAN in den Hostels gab. Mein erstes Smartphone habe ich 2009 gekauft. Wenn ich mit dem Rucksack außerhalb Europas unterwegs war, ließ ich das teure Gerät aber daheim und nahm ein altes Billighandy für 30 Euro mit. Das fühlte sich sicherer an. Um unterwegs Mails zu beantworten oder auf Facebook etwas mitzuteilen, musste man vor wenigen Jahren noch ein Internetcafé aufsuchen. Wir erinnern uns: düstere Kabuffe, die immer etwas dubios erschienen. Aus heutiger Sicht völlig anachronistisch, wie Telefonzellen, als alle schon ein Handy besaßen. Doch damals, in der fernen Vergangenheit vor zehn Jahren, saß man unter Fremden vor einem Rechner, der lärmte wie ein Staubsauger, und suchte auf einer nikotingelben Tastatur das richtige Sonderzeichen, während nebenan ein peruanischer Junge einen Egoshooter durchballerte.

Die WiFiisierung der Welt schreitet unaufhaltsam voran. Auch letzte Offline-Refugien wie Kuba werden früher oder später erschlossen sein. Auf Kreuzfahrtschiffen und in Flugzeugen, wo die Internetverbindung über einen Satelliten hergestellt werden muss, werden die Datenübertragungsraten immer schneller, und die Roamingkosten sinken.[1] Wenn sich einmal der Weltraumtourismus durchgesetzt hat, werden Touristen in Raumschiffen durchs All schweben und auf die Erde herabschauen wie Götter, nur um im nächsten Moment zu lesen, dass die Kollegen die wichtige Präsentation für Montag immer noch nicht fertig haben. Der Hotspot auf dem Mond ist nur eine Frage der Zeit.

Weite Teile der Welt sind heute Online-Territorien. Die Dokumentation von Urlaubsreisen hat sich dadurch grundlegend verändert. Früher erlebte man eine Reise erst einmal für sich – im Anschluss ließen sich Dias und später digitale Fotos präsentieren. Heute ist eine lückenlose Live-Dokumentation der Reise möglich. Der Tag beginnt mit einem Foto der Raw Vegan Chia Bowl für die Follower auf Instagram. Dieses Sendungsbewusstsein führt beim Empfänger zu einer verzerrten Wahrnehmung: Offensichtlich sind alle anderen permanent unterwegs, feiern grandiose Partys, lernen spannende Menschen kennen und entdecken versteckte Paradiese. Ständig spült einem das Internet Selfies an makellosen Stränden, kristallklaren Bergseen und verschwenderischen Hotelpools in die Timeline. All diese Eindrücke konfrontieren dich mit einer entscheidenden Frage: Was machst du eigentlich in deinem Leben so?

---

1 — Der einfache Zugang zum Internet sollte nicht zu Leichtsinn verführen. Eine Junge hat sich einmal auf einer Fähre von Kiel nach Oslo Videos auf seinem Handy angeschaut. Nach dem Urlaub kam die Rechnung des Mobilfunkanbieters: 12 000 Euro für rund 470 Megabyte genutzte Daten. Die Familie klagte dagegen vor Gericht.

Michael Lentrodts Job besteht darin, Menschen sicher durchs Gebirge zu bringen. Der Präsident des Berg- und Skiführerverbands ist der Ansicht, dass der Druck der Leute, in den sozialen Netzwerken etwas Spektakuläres posten zu müssen, in den vergangenen Jahren zugenommen hat. »Der mittelmäßige Wanderer will nach dem Wochenende vor den noch mittelmäßigeren Kollegen glänzen«, sagt Lentrodt. *If it's not on Social Media, it didn't happen.*

Influencer-Marketing ist im Tourismus das große Ding der Stunde, ein potenzieller Milliardenmarkt. Reiseveranstalter, Airlines, Hotelketten und Destinationen bezahlen gutaussehende Frauen und Männer dafür, sich in Pools, Suiten und Badewannen für schicke Fotos in Szene zu setzen. Die Follower der Influencer sollen auf das Hotel, die Airline oder das Urlaubsziel aufmerksam werden. So etwas nennt man Werbung, doch wer aus der Branche kommt, formuliert es anders: Die Unternehmen zahlen dann nicht für einen Post, sondern »bezuschussen eine Lebens- und Arbeitsweise, die die besondere Beziehung des Content Creators mit seiner Community erst möglich macht.« Offen bleibt, wie genau diese Beziehung aussieht. Das Ziel jedenfalls heißt *brand awareness,* Aufmerksamkeit für die eigene Marke, es ist ein Kampf um die letzte knappe Ressource. Ziel des Influencers sei es immer, »inspirierenden Content zu entwickeln, der zum intensiven Dialog mit seiner Zielgruppe führt«. Ich könnte mir vorstellen, dass diese Beschreibung nicht exakt die Motivation eines Menschen erfasst, der in ein Luxusresort auf den Malediven eingeladen wird, um sich für Hunderte Euro Honorar in einer Überwasser-Villa ablichten zu lassen. Aber vielleicht fehlt mir einfach die nötige Fantasie.

Die TUI hat für die Bildsprache ihrer Werbekampagne »Let the sun shine in« die Instagram-Filter-Optik kopiert. Kaum noch klassische Urlaubsmotive wie Palmen und Pools sind zu sehen, sondern Charakterköpfe in fast leeren Sepia-Kulissen. Man habe sich bewusst dazu entschieden, »in diese Lifestyle-Richtung zu gehen und fast wie ein Fashion-Brand aufzutreten«, erklärt TUI-Marketingchefin Barbara Haase im unternehmenseigenen Blog. Damit wolle man vor allem eine jüngere Zielgruppe ansprechen. Es geht mal wieder um die mysteriösen Millennials, die mit einer Pauschalreise wenig anfangen können, aber das Internet so intuitiv benutzen wie Gabel und Zahnbürste.

Timo Kohlenberg ist der Geschäftsführer von Feinreisen, einem Veranstalter von Luxusreisen aus Hannover. Wer bei ihm eine Familienreise nach Hawaii oder Botswana bucht, gibt schon mal 30 000 Euro aus. Zur Kundschaft gehören zum Beispiel einige Bundesligaspieler. Kohlenberg berichtet, dass viele seiner Gäste die Hotels mittlerweile danach auswählen, wie gut sich diese in Social Media präsentieren ließen. »Wie die Zimmer aussehen, ist nicht mehr so relevant, sondern die Frage: Wer war vor mir da?« Kohlenberg erzählt von einem Kunden, der ein bestimmtes Hotel in Miami buchen wollte. Das Haus war ausgebucht. Feinreisen bot ein höherwertiges Zimmer in einem anderen Hotel an, doch der Kunde wollte nicht von seiner Wahl abrücken. »Weil dort schon Sylvie Meis am Pool gelegen hat«, so der Touristiker. Viele Reisende ahmen die Bilder der Promis in den sozialen Netzwerken nach. Der Zweck des Urlaubs ist (auch), sehnsuchtsvolle Bilder zu teilen. *Instagram-mability* als Standortfaktor.

Meine Sehnsucht nach Palawan begann mit einem Foto: begrünte Karstfelsen, kristallklares Wasser in einer türkisfarbenen Lagune. Was war das für ein Ort? Ich googelte den Namen und las, dass die philippinische Insel 2014 von den Lesern der Zeitschrift *Condé Nast Traveler* als schönste Insel der Welt ausgezeichnet wurde. Solche Rankings sind immer etwas zweifelhaft, aber das blieb hängen. Ich sah immer wieder Fotos und Berichte anderer Reisender von Palawan, auf Instagram und Blogs. Sie bestätigten meinen Eindruck, dass die Insel ein Paradies sein müsse. Schon der Name klang so sagenhaft exotisch. Pa-la-wan, ein tropisches Shangri-La. Irgendwann war es soweit: Ich flog auf die schönste Insel der Welt. Klingt das nicht wunderbar?

Meine Begleitung und ich reisen über Istanbul nach Manila und weiter mit dem Billigflieger Air Asia nach Puerto Princesa, in die Hauptstadt Palawans. Am Flughafen fahren klimatisierte Touristen-Vans ab, die Besucher in ungefähr fünf bis sechs Stunden nach El Nido im Norden der Insel bringen. Das einstige Fischerdorf ist das Epizentrum der Backpacker auf Palawan. Vor der Küste liegen hier die Inseln des Bacuit-Archipels. Die versteckten Buchten, Lagunen und Strände sind mit Booten erreichbar. Wir haben die Wahl zwischen vier Touren, die sich in jedem Hostel buchen lassen: A, B, C und D. Das macht es natürlich einfach. Wir entscheiden uns für Tour A, es soll die schönste sein. Small Lagoon, Big Lagoon, Secret Lagoon, Shimizu Island, Seven Commandos Beach: Dies müssen die Orte sein, die ich auf all diesen traumschönen Fotos gesehen habe.

Am nächsten Morgen holt uns ein Tuk-Tuk-Fahrer ab und bringt uns zum Wasser. Dort treffen wir auf etwa 25 andere

Touristen, die ebenfalls unseren Bootsausflug gebucht haben. Ich weiß nicht, wie häufig Tour A an einem Tag angeboten wird. Mit einem Bangka, dem traditionellen philippinischen Fischerboot, geht es hinaus aufs Wasser. Erster Halt: Small Lagoon. Ungefähr ein Dutzend Boote liegen vor der Insel, mit insgesamt bestimmt 200 Menschen an Bord. In die Lagune führt ein enger Spalt im Fels, den wir schwimmend oder mit dem Kajak passieren können. Wir haben eine Stunde Zeit, das ist nicht allzu viel. Alle runter vom Boot, rein in die Kanus, vor der Öffnung im Fels einreihen. In der Lagune fahren wir ein bisschen im Kreis und schießen Fotos mit der GoPro-Kamera. Nur noch eine Rutsche fehlt, dann würde es sich anfühlen wie in einem Spaßbad.

Dieser Eindruck setzt sich den Tag über fort. Vor Shimizu Island ist das Wasser glasklar und strahlt so türkis, wie man es von Postkartenmotiven kennt. Aber wir können nicht von Bord gehen – zu viele Boote. In die Big Lagoon dringen wir gemeinsamen mit mindestens hundert anderen Touristen vor. Die Menschen versuchen Selfies zu machen, ohne dass im Hintergrund andere Leute zu sehen sind, was nicht ganz leicht ist. Der Seven Commandos Beach erscheint tadellos: feinster, weißer Sand, windschiefe Palmen. Ein abgelegener Flecken Erde ist er aber keineswegs. Immer läuft jemand durch die Kulisse. Auf den Instagram-Fotos ist das nicht so. Und sahen auch die Farben nicht irgendwie satter aus? Wir verlassen das Bacuit-Archipel, es war ein heiterer Ausflug. Aber ich habe etwas anderes erwartet. Dabei kann ich nicht einmal genau erklären, was. Eine größere Abgeschiedenheit? Einen besonderen Zauber, wie er sich nur an schwer zugänglichen, verborgenen Orten

entfaltet? Eine noch bombastischere Kolorierung – intensiver-
es Türkis, tieferes Blau? Die durchgetaktete Touristentour passte nicht zu dem tropischen Phantasma, das all die Bilder konstruiert hatten. Die Wirklichkeit war profan im Verhältnis zu
der Utopie, die all die Reisenden darzustellen bemüht waren,
unterstrichen von den passenden Hashtags *#goodtimes #hap-
piness #paradise.*

Es sind andere Orte, die uns auf Palawan besonders in Erinnerung bleiben, zum Beispiel der etwas morbide Nacpan Beach.
Unter den Palmen am Wasser stehen Imbisse und Strand-
Cottages. Man kann Chicken Adobo essen, Kokosnusswasser
schlürfen, die Füße in den Sand stecken und hin und wieder
ins Meer. Im Hinterland liegt ein verschlafenes Dorf mit Kirche
und Sportplatz. Alles wirkt etwas nachlässig. Auch das stürmi-
sche Wetter arbeitet hier beharrlich gegen die Schönheit der
Landschaft an. An vielen anderen Stränden fürchtet man, die
eigene Gefühlswelt könne nicht mit der Perfektion der Kulisse
mithalten. Am Nacpan Beach liegen die Dinge anders. Wir sind
sehr vergnügt an diesem Ort.

Reisebilder auf Facebook und Instagram zeigen inszenierte Augenblicke, aber nicht den Kontext. Da lächelt eine schöne Frau freudestrahlend vor scheinbar menschenleerer Kulisse, als wäre das Leben ein nicht enden wollender Zustand der
Glückseligkeit, doch im nächsten Moment kriegt sie vielleicht
aus Versehen ein Ruder in die Rippen gehauen. Der Bootsausflug ist vielleicht kolossal schlecht organisiert, das Personal
launisch, die Reisegruppe nervig. Aber das sehen wir auf dem
Instagram-Foto mit seinen aufgedrehten Farben und Kontras-
ten nicht. Wir sollen es auch nicht sehen. Die Masse von sich

ähnelnden Motiven, aufgehübscht mit optischen Filtern, überwältigt uns ästhetisch und weckt unrealistische Erwartungen.

Der schönste Strand in meiner Erinnerung ist Tokeh Beach in Sierra Leone. Ich kann das durch nichts begründen, was über die Merkmale eines schönen Strandes hinausgeht. Es war der Überraschungseffekt. Ich hatte vor der Reise kein einziges Bild von diesem Strand gesehen und war begeistert. »The internet is good at showing sexy. It's bad at showing life«, schreibt der US-amerikanische Blogger Mark Manson. Die Schattenseiten des Reisens finden sich in den Social-Media-Darstellungen praktisch nie: alberne Touristen; schäbige Hotelzimmer und scheußliches Essen; Durchfall, Fieber und andere Mäläsen; der vernichtende Blick des Partners; die Gereiztheit in der Reisegruppe; Langeweile und Dünnhäutigkeit, Verzweiflung und Panik, Einsamkeit und Depression; die Enttäuschung darüber, dass ein Ort sich als weit weniger spektakulär herausstellt als erwartet; die ganzen trivialen Zumutungen des Reisealltags, die sich nicht als ein Abenteuer verkaufen lassen.

Scheitern taugt nicht für Content-Snacks. Zweifel, Ängste und Krisen sind kein Anekdotenstoff, den wir gerne mit 600 losen Bekannten auf Facebook teilen. Das ist nachvollziehbar und vernünftig. Aber es geht gar nicht ums große Drama. Niemand stellt sich auf die digitale Bühne, um der Welt mitzuteilen: Schaut her, ich bin absoluter Durchschnitt; was hier passiert, ist völlig mittelmäßig – dabei ist es exakt so. Das ist die große Verzerrung durch Social Media. Die Menschen teilen im Internet nur die wenigen funkelnden Momente ihres Lebens, und das Reisen steht an der Spitze der gesellschaftlichen Erlebnispyramide. So sieht es aus, als scheine stets die Sonne auf das Leben derer, die gerade *schon wieder* gut ausgeleuchtet für das nächste Selfie durch die Welt spazieren, während man selbst ein trostloses Dasein im Halbschatten eines dunklen Zimmers fristet. Die Wahrheit ist: Alle anderen leben ebenfalls in einem solchen Zimmer. Sie drücken bloß den Auslöser und laden jede Menge Fotos hoch, wenn sie mal vor die Tür kommen.

Es ist unnatürlich, dagegen zu arbeiten. Wir alle suchen Aufmerksamkeit und Anerkennung. Ich lade alle paar Monate ein Reisefotoalbum bei Facebook hoch, aber ich sehe keinen Sinn dahinter, jeden Morgen ein Bild meines Innenhofes zu teilen. Auf Instagram teile ich alle zwei Tage das Foto einer vergangenen Reise (*#latergram*), aber nie mein angebranntes Porridge. Wenn ich alte Bekannte treffe, denen ich maximal einmal pro Jahr persönlich begegne, merke ich, dass sie eine völlig falsche Wahrnehmung von meinem Leben haben. Sie glauben, ich wäre ständig unterwegs und praktisch nur auf Reisen – was überhaupt nicht stimmt. Ich gehe davon aus, dass deutlich mehr Leute meine Bilder anschauen als meine Texte lesen. Das Herz oder Like für ein Foto dauert eine Sekunde, für Geschriebenes muss man sich Zeit nehmen. Am Ende denken viele nur: Mensch, der Philipp, wo der immer unterwegs ist, beneidenswert!

An dieser Stelle ist es Zeit für ein Bekenntnis: Meine Reisen waren selten eine Abfolge beispielloser Glückserlebnisse. Manchmal eher das Gegenteil. Ich war zu unmotiviert, um mir etwas anzuschauen. Ich starrte an einem Ort, für den ich eine tagesfüllende Flugreise in Kauf genommen hatte, zwei Stunden lang in mein Handy. Ich ließ mich abzocken. Ich wurde beklaut.

Ich hoffte auf große Gefühle, doch war ernüchtert. Ich wusste an den schönsten Orten der Welt nichts mit mir anzufangen. Ich war unzufrieden und schob es auf die Umstände. Ich war die beleidigte Leberwurst. Ich hatte deprimierenden Sex. Oder überhaupt keinen Sex. Ich trug meine ach-so-klugen Ansichten an andere Menschen heran, nur um zu erkennen, wie einfältig mein Denken war. Ich kam mir welterfahren vor und lief doch nur herum wie ein arroganter Idiot. Damit ist es raus. Bitte sehr.

Früher glaubten viele Experten, die Informationsvielfalt des Internets müsse die Menschen automatisch zu reflektierten und aufgeklärten Bürgern machen. Schließlich war noch nie so viel Wissen wie heute frei zugänglich. Diese Erwartung hat sich spätestens mit der Wahl Donald Trumps zum US-Präsidenten als falsch erwiesen. Die Menschen informieren sich nicht auf vielseitigen Informationskanälen über unterschiedliche Positionen, sie hören sich in einer Debatte nicht alle Seiten an und bilden sich daraufhin eine fundierte Meinung. Sie schotten sich in polarisierten Communities ab und folgen bereitwillig Ideologen, die ihnen klipp und klar sagen, wer der Feind ist. Was der eigenen Meinung widersprechen könnte, wird gar nicht erst angeklickt.[2] Für die politische Meinungsbildung in einer Gesellschaft ist das ein großes Problem.

Der Algorithmus von Facebook versorgt den Nutzer im Laufe der Zeit immer passgenauer mit Inhalten, die dieser für interessant hält. Das gilt nicht nur für politische Themen.

---

2 — Die Filterblasen-Theorie ist umstritten. Experten kritisieren die These, dass der Algorithmus eines sozialen Netzwerkes jegliche Inhalte, die nicht der eigenen Weltanschauung entsprechen, zunehmend ausblendet. Vielmehr bekomme der Nutzer durchaus andere Meinungen zu sehen. Er entscheide sich aber bewusst dafür, diese nicht anzuklicken.

Je mehr der Nutzer reist, umso eher wird ihm Facebook den entsprechenden Content zeigen: Flug-Deals, Schnäppchen-angebote, Reiseberichte, Blog-Artikel, Urlaubsfotos von Kollegen und Bekannten. All dies erhärtet den Verdacht, dass alle ständig großartige Reisen unternehmen. Für Instagram gilt das besonders, weil dort nur Bilder geteilt werden. Die reichweitenstarken Influencer haben rund um Triggerworte wie »Lifestyle«, »Fashion« und »Travel«, die Werbetreibende anlocken wie Blumen die Bienen, einen erstaunlich gleichförmigen visuellen Standard etabliert. Orte, Kulissen, Posen und Filter wirken austauschbar. Diese Influencer erscheinen kaum noch als Subjekte, sondern wie leblose Trägermedien für die Topmarken dieser Welt.

Selten steigt ein Influencer aus und legt offen, wie anstrengend und verlogen es ist, ständig das perfekte Leben zu inszenieren. Auf einmal zeigt sich: Alles ist ein Fake. Das Licht fällt gar nicht so zufällig auf das Gesicht. Der Bauch sieht nur in einem ganz bestimmten Winkel so flach aus. Dem scheinbar beiläufig festgehaltenen Augenblick sind hundert unbrauchbare Fotos vorausgegangen. Die Australierin Essena O'Neill gab 2015 ihre Influencer-Karriere auf Instagram auf, mit 19 Jahren. Sie veröffentlichte ein tränenreiches Abschiedsvideo. Die Plattform zeige »contrived perfection made to get attention«, künstliche Perfektion, um Aufmerksamkeit zu bekommen. Ihr Profil nannte sie um in »Social Media is not real life«. Hat sich seitdem viel verändert? Haben die Traumbilder exotischer Sehnsuchtsorte auf Social Media etwas von ihrer Anziehungskraft verloren? Ich glaube nicht. Die Traveler dieser Welt suchen weiter nach solchen Kulissen, um dort den perfekten Reisemoment zu erleben. Das geht häufig schief, weil die Bilder inszeniert sind. Wir tauchen selbst vor Ort auf und müssen erkennen, dass alles irgendwie anders aussieht als im Internet. Nicht unbedingt schlecht, aber etwas scheint zu fehlen. Statt sich nun entspannt zurückzulehnen in der Einsicht, dass alle anderen Reisenden auch nur mit Wasser kochen, klickt man sich durch die sozialen Netzwerke und schon ist es wieder passiert: Da ist dieses unbefriedigende Gefühl, dass die anderen längst schon die wirklich tollen Orten gefunden haben – ein ewiger Loop. Als Mark Manson auf all seine spektakulären Reisen zurückschaute, stellte er fest: »In hindsight, I wasn't motivated by the joy of seeing something great. I was motivated by the fear of not seeing something great.« Er nennt das FOMO, *Fear of missing out* – die ständige Angst, etwas zu verpassen. Social Media ist der größte FOMO-Booster, den die Menschheit je erfunden hat.

Die britische Royal Society for Public Health zum Beispiel konnte durch die Befragung von Jugendlichen zeigen, dass die Heavy User von Instagram tendenziell unglücklicher sind als Gelegenheitsnutzer. Die Wirkungen auf die mentale Gesundheit könne man nicht länger ignorieren, heißt es in der Studie. Auf Instagram treten wir im Wettlauf um das coolste Leben nicht mehr allein gegen die Leute aus der ehemaligen Schulklasse an, aus dem Heimatdorf oder dem Sportverein, so wie früher. Sondern gegen jeden Menschen auf der ganzen Welt. Wir müssen ihm nur *followen*, ihn imitieren und es noch besser machen. Wir alle können das Glamour-Leben der Stars führen, das ist die Botschaft der Influencer. Gemessen an diesem Anspruch sieht unser Leben de facto aber ziemlich dürftig aus. Wir genügen nicht. Nie.

Warum machen alle anderen die tolleren Reisen? Die Wahrheit ist: Das tun sie überhaupt nicht. Sie lassen es nur so aussehen. Und wenn wir ehrlich sind, machen wir es genauso. Es ist schwer zu akzeptieren, dass dort draußen in der Welt so viele grandiose Orte warten, die wir nie sehen werden, dem Anschein nach im Gegensatz zu allen anderen. Wir sehen ja all die fremden Bilder, die uns ständig zeigen, was wir verpassen. Aus diesem Kreislauf gibt es scheinbar kein Entrinnen. Doch das stimmt nicht. Wir müssen uns bewusst machen, dass wir in Social Media einen Ausschnitt der Wirklichkeit betrachten und dessen Inszenierung. Wir sollten aufhören, diesen geschönten Bildern nachzujagen und uns mit anderen zu vergleichen. Es ist Zeit, aus dem Rattenrennen auszusteigen, die Scheiben des Spiegelkabinetts einzuwerfen. Dann treten die wichtigen Fragen in Erscheinung:[3] Welche Orte wecken wirklich meine Neugier? Würde ich es genießen, drei Stunden im Nieselregen zu der Berghütte aufzusteigen, die auf Instagram so einsam und romantisch im Nebel liegt? Oder mag ich nur die Idee, dort zu sein, eben das Bild? Was würde ich auf Reisen tun, wenn ich keine Fotos davon machen könnte?

---

3 — Richard Ford (II): »Wenn deine Gefühle so einfach und reizvoll sind, daß du voll in ihnen leben kannst, so daß der Abstand zwischen dem, was du empfindest, und dem, was du *auch* empfinden *könntest*, aufgehoben ist, dann kannst du deinen Instinkten vertrauen.«

Mythos Selbstfindungstrip

Manche Staatschefs erinnern an unheimliche Clowns. In Gambia regiert 2011 ein Mann, der behauptet hat, er könne Aids durch Handauflegen heilen und den Todeszeitpunkt eines Menschen durch einen Blick in dessen Augen vorhersagen: Yahya Jammeh.[1] Reporter ohne Grenzen führen ihn auf der Liste der »Feinde der Pressefreiheit«. Das Auswärtige Amt schreibt damals, verbale Attacken des Präsidenten gegen Journalisten, Menschenrechtsaktivisten und Minderheiten wie Homosexuelle seien »an der Tagesordnung«. Gambia unter Yahya Jammeh ist das Land, dessen Grenze ich leider zunächst übersehe. Ich komme aus dem Senegal über Land und laufe am Immigration Office vorbei. Unscheinbare Bude. Soldaten mit Maschinenpistolen springen auf und brüllen mich an. Wichtig in einer solchen Situation: sich entschuldigen, zerknirscht schauen, aber auf keinen Fall zu zerknirscht, den Blick der Männer halten.

---

1 — Als Jammeh 2016 die Präsidentschaftswahl verlor, weigerte er sich zurückzutreten. Erst unter dem Druck eines bevorstehenden Einmarsches westafrikanischer Truppen floh der Diktator ins Exil nach Äquatorial-Guinea.

Im hintersten Raum der Grenzstation sitzt der Mann, der hier zu entscheiden hat, wer nach Gambia einreisen darf und wer nicht, der Chef-Grenzer. Auf einem wuchtigen Schreibtisch liegen schmutzige Zettel, an der Decke dreht sich ein Ventilator. Ich fülle eine Immigration Card aus und bin gedankenlos genug, im Feld *Occupation* das Wort *Journalist* hinzuschreiben. Der Chef-Grenzer legt sofort diesen Gestus zwischen Autorität und gespieltem Desinteresse auf, der mich an Korruption denken lässt. Seine Augen wandern auf meinen Pass, zehn Sekunden wird jetzt überhaupt nicht gesprochen. Er genießt das: undurchschaubar bleiben. Dann blickt er wieder auf, fixiert mich und atmet betont langsam ein und aus.

Warum wollen Sie nach Gambia?

Urlaub.

Sie kommen nicht als Journalist nach Gambia?

Nein.

Wie lange wollen sie bleiben?

Drei Tage.

So kurz?

Ja.

Kennen Sie jemanden in Gambia?

Nein.

Wo übernachten Sie?

In Bakau.

Das geht eine ganze Weile so. Mist, denke ich, glaubt er vielleicht, ich wolle zum Zweck verdeckter Recherchen ins Land kommen? Doch dafür findet der Mann keinen Beleg. So setzt er irgendwann den Stempel in den Pass und sagt: »If you make your journalism, we will arrest you.« Willkommen in Gambia.

Bei den meisten Unwägbarkeiten ist das denkbar schlimms-te Szenario immer noch kein Weltuntergang. Aber es gibt Situa-tionen, die mich nervös machen. Wenn an einer halbseriösen Grenzstation mein Reisepass zur Bearbeitung verschwindet, steigt Unruhe in mir auf. Der Reisepass ist unterwegs der wich-tigste persönliche Gegenstand.[2] Meiner weist mich als Bürger der Bundesrepublik Deutschland aus. Er ist der einzige unwi-derlegbare Beweis dafür, wer ich bin. Ohne Reisepass bist du ziemlich aufgeschmissen, du musst zu einer Botschaft, fast wie ein Staatenloser. Ohne Pass stehst du plötzlich vor dem Reprä-sentanten eines im Zweifelsfall skrupellosen Regimes – wie ein Phantom. Oder ein Spion?! Ohne Pass in der Fremde, das fühlt sich an, als würdest du offiziell nicht existieren. Als wärst du überhaupt nie dagewesen. Und vor diesem Hintergrund kann schließlich alles passieren. Plötzlich klammerst du dich sehr an die Person, die du ausweislich bist. Dabei sagt der Pass nichts darüber aus, wer man ist. Das Dokument gibt zwar Auskunft über einige Fakten, durch die ich im globalen Maßstab viele Vorteile genieße (männlich, weiß, deutsche Staatsangehörig-keit). Aber es sagt nichts über das, was uns selbst so wichtig erscheint: die Persönlichkeit.

Irgendwann kommt auf Reisen der Moment, an dem wir nicht mehr nur über Hotels und Sehenswürdigkeiten, das rät-selhafte Kopfnicken der Inder und den besten Touranbieter für

2 — Ein deutscher Reisepass öffnet viele Grenzen. Wer das Dokument besitzt, muss sich nach Angaben der britischen Beraterfirma Henley&Partners lediglich für 46 Staa-ten vorab ein Visum besorgen. Sieben Staaten – darunter die USA, Australien und Kanada – verlangen eine elektronische Einreiseerlaubnis (ESTA/ETA), die man spä-testens 72 Stunden vor Abflug online beantragen sollte. In 37 Ländern wird bei der Ankunft ein Visum (Visa on arrival) erteilt.

die Wanderung nachdenken. Die Gedanken richten sich nach innen: Was ist los mit mir, so ganz grundsätzlich? Wer bin ich? Und wer könnte ich sein, wenn nur dieses oder jenes passierte?

Wer wir sind – über die biografischen Angaben hinaus – darüber denken wir zu Hause eher selten nach. Wegen der Arbeit, Verpflichtungen, aus Zeitmangel. Vor allem aber, weil die Menschen in unserem Umfeld uns sowieso kennen. Sie haben bestimmte Erwartungen an unser Verhalten und unsere Einstellungen, und wir wissen darum und kommen ihnen meist nach. Sonst entstehen Konflikte. Auf Reisen, vor allem ohne Begleitung, fällt der soziale Rahmen weg. Der totale Tourist – die einzige Rolle. Beruf und Status werden zweitrangig. Der Dax-Konzern-Manager kann einfach mal Mensch sein. Ich kann zu Hause als nachdenklicher Zeitgenosse gelten und fern der Heimat unter Fremden plötzlich als ein alberner Spaßvogel auftreten, ohne Verwirrung auszulösen. Ich kann fast jede Rolle ausprobieren, es gibt kein Korrektiv, keine Zuschreibungen anderer, die mich allzu gut kennen. Wer bin ich? Wer will ich sein? Diese Fragen sind überhaupt nicht trivial.

Manche sagen: Wenn du wissen willst, ob du mit jemandem klarkommst, fahr mit ihm in den Urlaub. Eine Reise ist nämlich nicht nur eine Bühne für Selbstversuche aller Art, sie hält auch außergewöhnliche Belastungssituationen bereit: Flieger und Busse, die rechtzeitig erreicht werden wollen; aggressive Händler und Betrugsversuche; Ungewissheit über den nächtlichen Verbleib; gut gemeinte, aber falsche Ratschläge freundlicher Einheimischer, die zur völligen Orientierungslosigkeit mitten in einem dubiosen Stadtviertel führen. Jeden Tag müssen Entscheidungen getroffen werden. Wohin? Was tun? Wann essen? Ich will mich mal ausruhen! Sei doch nicht so träge! Irgendwem gehen irgendwann die Nerven durch. Unschöne Charakterzüge zeigen sich. Tatsächlich findet man oft erst auf einer Reise heraus, wie die oder der andere tickt.

Um sich selbst zu finden oder (zumindest ein bisschen) neu zu erfinden, gehen jedes Jahr Tausende Menschen auf eine Reise. Im Aufbruch liegt die Hoffnung, einen Ort zu finden, an dem wir endlich wir selbst sein können. Von anderen hört der Reisende aber wiederum, er würde vor sich selbst davonlaufen. »Die Hoffnung auf Erneuerung gehört zum modernen Reisen wie zur Pilgerfahrt«, schreibt Christoph Hennig und zitiert Goethe: »Gewiß, es wäre besser, ich käme gar nicht wieder, wenn ich nicht wiedergeboren zurückkommen kann.« Der Selbstfindungstrip ist sprichwörtlich. »Wenn man reist, tut man so, als würde man ein anderes Leben leben«, sagte der Magnum-Fotograf Christopher Anderson einmal in einem Interview mit dem ZEIT-Magazin. Und Fredy Gareis, Autor des Buches König der Hobos über die Landstreicher in den Vereinigten Staaten, kommt zu dem Schluss, dass zahllose Menschen auf der ganzen Welt davon träumen, »in den USA in ein Auto zu steigen und sich irgendwo im Land zu verlieren, zu reisen, bis man sich in einen anderen verwandelt.« Hier klingt an, dass das bisherige Leben ungenügend gewesen sein muss. Nun geht es darum, etwas (wieder) zum Vorschein zu bringen, das der Alltag verschüttet oder verunmöglicht hat. Der Weltenwanderer will endlich ganz bei sich ankommen. Das Ich als Reiseziel.

Spirituelle Reiseanbieter locken mit Urlaub, der die Teilnehmer einer Antwort auf die Frage nach dem Sinn ein Stück näherbringt. Der Veranstalter Trinity Travel verkauft

Selbstfindungsreisen nach Bali (»Glück ist Jetzt«, »Die Fülle leben«), Teneriffa (»Neuorientierung«), Tunesien (»40 Tage Transformation in der Wüste«) und Thüringen (»Die innere Heimat«). Auf einer Website über spirituellen Tourismus heißt es: »Den Bezug zu uns selbst haben wir schon lange verloren.« Es gehe darum, »sein eigenes Ich zu erkunden« und »seiner ureigenen Berufung zu folgen«, um »seinem Leben insgesamt mehr Qualität zu verleihen«. Als Urlaubsziele werden Klöster empfohlen, Orte maximaler Reizarmut. Ein Coach für Selbstverwirklichung, der auf dem Foto seiner Website aus vollem Herzen lacht, weil das offenbar ausdrücken soll, wie sehr er mit sich im Reinen ist, hat eine »Selbstfindungsreise ohne Plan« im Angebot. Der Trip soll für »die Aktivierung deiner Lebendigkeit und deiner Selbsterkenntnis sorgen«. Der Zugang zum eigenen Ich und seinem Potenzial wird im Rahmen eines Workshop-Trips mit Backpacker-Flair vermittelt. Der Reiseblogger Sebastian Canaves spricht maximal-trivial über die heutige Zeit: »Wir vergessen, wer wir sind, was wir eigentlich vom Leben wollen und was uns wirklich glücklich macht.« Er schlussfolgert: »Nur auf Reisen lernst du dich wirklich kennen!« Suchmaschinenoptimiert empfiehlt er »die zehn besten Orte für einen Selbstfindungstrip«: Bali, Island, Namibia, Alpen, Italien usw. Das Angebot an spirituellen Reisen ist unüberschaubar und intransparent: Wellness, Yoga, Ayurveda, Digital Detox, Waldbaden, klassisches Pilgern. Dass mehr als drei Millionen Leser Hape Kerkeling literarisch auf den Jakobsweg gefolgt sind, sagt einiges über die Sehnsucht der Masse aus. Viele Leser konnten sich offensichtlich mit der eher zwanglosen Sinnsuche des Komikers in Spanien identifizieren.

Der Selbstfindungstrip passt gut zu einem allgegenwärtigen Mantra dieser Zeit: Finde dich selbst! Es geht darum, die eigene Bestimmung zu finden. Das Internet ist voller Lebensberater, Selbstoptimierungs-Coaches, Influencer, Blogger und digitaler Nomaden, die alle eine ähnliche Botschaft verkünden: Wer sich selbst gefunden hat, kann seiner Berufung folgen und glücklich werden. Und wer wissen will, wie das funktioniert, klickt unten auf den Link. Vielleicht wollen diese Leute eigentlich etwas anderes mitteilen und benutzen nur missverständliche Formulierungen. Aber falls nicht: Das Vorhaben, sich selbst zu finden, ist zum Scheitern verurteilt. Es gleicht dem Häuten einer Zwiebel.

Im Buddhismus gibt es keine reine, wahre, unveränderliche Identität. Da ist nichts, das du *eigentlich* bist. Diese Erkenntnis heißt *Anatta*, was soviel wie Nicht-Selbst oder Nicht-Ich bedeutet. Von einem inneren Wesenskern auszugehen, führt laut buddhistischer Lehre zum Leiden. Erst wer sich von der Vorstellung eines konstanten Selbst löst, kann ins *Nirwana* eintreten. Man muss nicht spirituell sein und kann den Buddhismus des Westens für elitären New-Age-Schwachsinn halten und trotzdem zu der Einsicht kommen, dass es unmöglich ist, ein wahres Selbst zu finden, diesen Rohdiamanten, den man freizulegen versucht in der Hoffnung, auf diese Weise würden sich Probleme lösen. In Afrika weiß man: Du wirst zum Menschen nur durch andere Menschen. Neurowissenschaftler haben herausgefunden, warum das so ist. Dass wir soziale Wesen sind, ist ein Allgemeinplatz. Aber *wie sehr* andere Menschen darüber bestimmen, wer man ist, ist den wenigsten klar.

Der Psychologe und Neurowissenschaftler Bruce Hood hat das in seinem Buch *The Self Illusion* anschaulich erklärt. Die Befunde der Wissenschaft sind demnach erschütternd. Wir haben keinen direkten Kontakt zur Realität. Alles, was wir sind, denken und tun, basiert auf dem Zusammenspiel der Neuronen im Gehirn: »Our minds are a matrix simulating reality.« Unser Gehirn ist aber wiederum dazu entworfen, von anderen zu lernen (und deshalb überhaupt erst so groß). Das Erkennen von Gesichtern formt unser Gehirn, weshalb es zum Beispiel nichts mit Rassismus zu tun hat, dass ich als Deutscher Asiaten schwierig auseinanderhalten kann, sondern mit mangelnder neuronaler Plastizität – einem Asiaten geht es andersherum genauso. Wir kopieren Menschen, die wir mögen, in der Art, wie sie reden und sich bewegen. Die Entdeckung der Spiegelneuronen hat gezeigt, dass wir die Emotionen anderer selbst fühlen können. Kurzum: Unser Verstand, der unser Selbst erschafft, ist das Produkt eines Gehirns, das sich entwickelt hat, um sozial zu sein.

Das erklärt, warum wir uns so lebendig fühlen, wenn wir Teil einer Gruppe sind, in der wir uns wohlfühlen und warum es so fürchterlich ist, wenn eine Gruppe fremder Menschen argwöhnische Blicke auf uns richtet. Teil des Selbstbetruges ist, dass wir glauben, wir träfen freie, unabhängige Entscheidungen und hätten die Kontrolle. Untersuchungen wie das Stanford Prison Experiment haben gezeigt, dass auch ganz normale Leute mit solidem moralischen Kompass durch Gruppendynamik zu Sadisten werden können. Der Firnis der Zivilisation war schon immer dünn. Der Glaube an unsere Autonomie ist höchst hilfreich, um zufrieden durchs Leben zu gehen – aber eben eine

Illusion des Gehirns. »You never see that you are a reflection of others around you because you cannot easily see how you change«, schreibt Hood. Was wir als Identität wahrnehmen, sind Erinnerungen, von denen wir glauben, sie seien absolut, dabei verändern sie sich ständig, abhängig davon, mit welchen Menschen wir uns umgeben. Wir können uns sogar an Ereignisse erinnern, die niemals passiert sind. Hood beschreibt, dass jeder Mensch nur als Spiegel anderer existiert (»looking glass self«), und daher je nach Bezugsgruppe höchst unterschiedlich agiert. Sein Fazit lautet: »There is no self at the core.« Es gibt kein Selbst. Wir sind das Resultat unserer Mitmenschen.

Im Licht dieser Erkenntnis erscheint der Selbstfindungstrip natürlich zweifelhaft: Warum sollte ich mich ausgerechnet in einem anderen Land mit völlig fremden Menschen und ungewohnten Traditionen, kulturellen Verhaltensweisen und sozialen Umgangsformen selbst finden? Die Erfahrung im Ausland kann dabei helfen, eine andere Perspektive auf die Kultur im Heimatland und die eigenen Verhaltensweisen einzunehmen. Aber es wird nicht gelingen, eine Art neues Ich mit nach Hause zu bringen. Die ersten Schritte auf dem heimischen Boden entlarven diese Idee häufig schon als Schimäre. Spätestens nach zwei Wochen kommt dir der Sari aus Jaipur in der Hannoveraner Innenstadt doch schrecklich deplatziert vor. Auch manch tollkühne Idee, die fern der Heimat absolut zwingend erschien, verliert zu Hause rasch ihre Strahlkraft. Man merkt, wie schnell einen wieder Gedanken beschleichen, von denen man sicher glaubte, sie endgültig hinter sich gelassen zu haben. Da ist kein neuer Mensch. Und wenn doch, ist er nach einem Monat daheim eben schon wieder ein neuer Mensch (der dem alten vor der Reise ärgerlicherweise doch sehr ähnelt). Das ist normal. Wir haben die gleichen Leute um uns. Wer würde schon behaupten, dass es erstrebenswert ist, nach einer Reise mit Familie und Freunden zu brechen? Das will ja niemand, es wäre verrückt. Aber wir müssten streng genommen genau dies tun, wenn wir ein anderer Mensch werden wollten.

Die Sehnsucht, sich selbst auf den Grund zu gehen, ist trotzdem ungebrochen groß. Womöglich reicht ein Monat in Südostasien einfach nicht aus, um sich hinreichend zu erforschen. Vielleicht zeigt sich erst im Angesicht einer echten Grenzerfahrung das wahre Ich. Selbstfindungstrips führen nicht umsonst in abgelegene Klöster und Ashrams, wo eine Woche kein Wort gesprochen werden darf, oder auf einsame Inseln, auf denen man haust wie Robinson Crusoe. Beliebt ist auch, Distanzen zu Fuß zu laufen, die sonst für keine noch so toughe Fahrradtour infrage kämen. Teufelskerle und Powerfrauen durchqueren zu Fuß die Wüste Gobi oder Grönland, um sich näherzukommen. Wer das zu krass findet, bucht einen Flug in irgendein exotisches Land und hofft, dort eine extreme Erfahrung machen zu können. Aber das ist überall möglich.

Der Kummer über eine Beziehung, die mir entglitten war, führte mich in die Schweiz. Stichwort Lake Malawi. Die Trennung hatte mich ohnmächtig zurückgelassen. Wie weitermachen?[3] In dem irgendwie albernen Bestreben, mich durch eine heroische Tat neu zu verorten, meldete ich mich für den Swiss Alpine Marathon an. 42,125 Kilometer, 1890 Höhenmeter Anstieg, quer durch die Bündner Alpen. In mir trug ich die

---

[3] — Die Reise nach Sri Lanka lag noch in der Zukunft. Dies war sozusagen Versuch eins.

Verwirrung des Gescheiterten, der noch nicht klar sah, was schiefgelaufen war – und wie fundamental. Weil ich mit dem Denken nicht weiterkam, trainierte ich. Ich wollte mir etwas beweisen. Ich wollte etwas schaffen, das mir keiner würde nehmen können. Ich wollte wissen, was möglich war. Wer ich sein konnte.

Der Waggon ruckelt noch ein letztes Mal, bevor er zum Stehen kommt. Über Viadukte und durch Tunnel hat die Rhätische Eisenbahn sich das Tal hinaufgeschlängelt, bis Bergün. Als die Türen sich öffnen, rieche ich Stall, Landluft. Weiter oben am Berg trüben Nebelkissen das Grün der Almwiesen ein. Ich stehe im Albulatal im Kanton Graubünden in 1367 Metern Höhe. Kirche, Gemeindehaus, das Zeughaus, einige Gehöfte, keine 500 Einwohner.

Was brauche ich, wenn ich ohne Pause 42 Kilometer gelaufen bin, durch das Gebirge, über einen 2739 Meter hohen Pass? Neue Socken, frisches T-Shirt, einen warmen Pulli, wenn der Kreislauf endgültig in den Keller geht. Vielleicht noch ein Telefon, um jemanden anzurufen. Ich stecke alles in den Sack, der mir am Ziel wieder ausgehändigt werden soll. Trinke noch zwei Tassen Zitronentee. Wir versammeln uns am Rand des Dorfes neben einer Wiese. Die Minuten werden heruntergezählt, dann setzt sich der Pulk in Bewegung. Ich laufe los.

Am Anfang ist der Puls hoch, weil ich aufgeregt bin und euphorisch. Das legt sich schnell. Im Dorf winken die Alten und Jungen, das ist schön hier oben in den Schweizer Bergen. Eintracht und Idylle. Es geht durch eine Senke zum Fluss, der oben im Gebirge entspringt, und über eine steinerne Brücke. Wir machen stetig Höhenmeter. Die Straße folgt dem Fluss

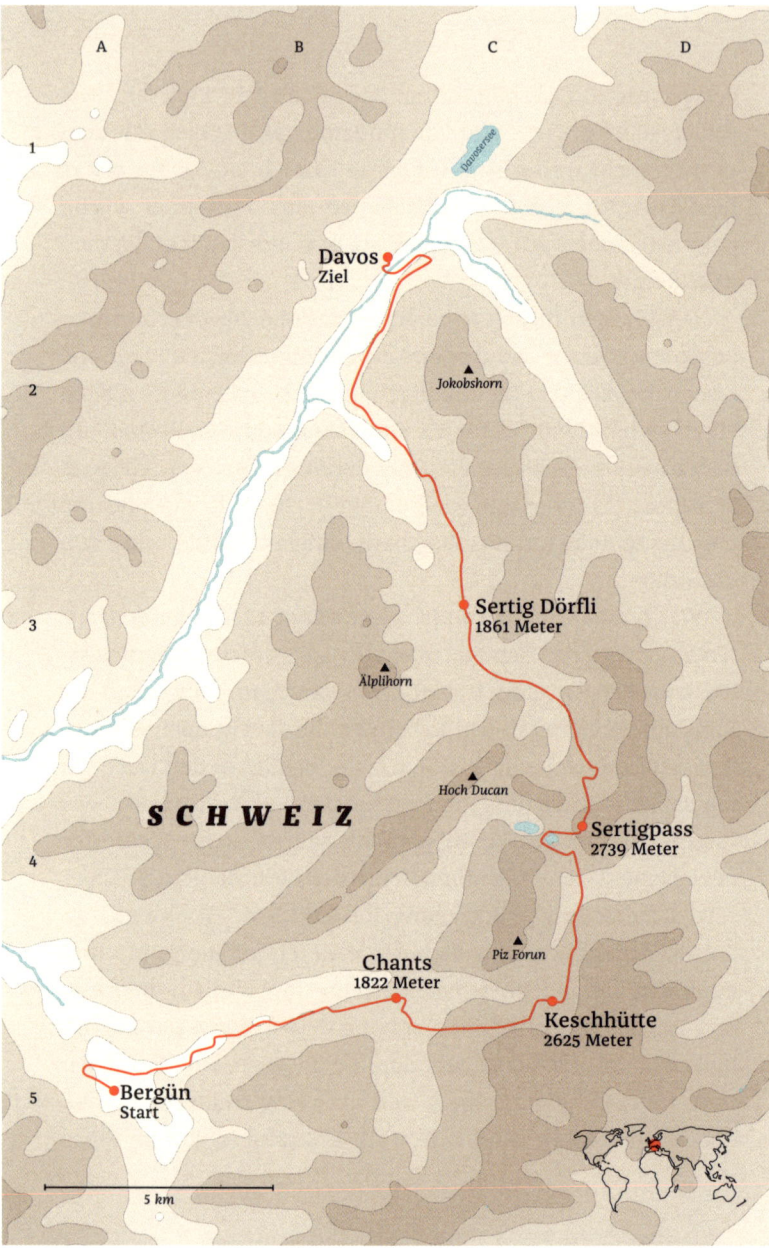

A B C D

Davoserse

Davos
Ziel

▲
Jokobshorn

Sertig Dörfli
1861 Meter

▲
Älplihorn

▲
Hoch Ducan

S C H W E I Z

Sertigpass
2739 Meter

▲
Piz Forun

Chants
1822 Meter

Keschhütte
2625 Meter

Bergün
Start

1

2

3

4

5

5 km

hinauf ins Tal. Ich trabe nahezu gemütlich langsam. In das Feld der Marathonläufer mischen sich jene, die schon um sieben Uhr morgens in Davos gestartet sind, für den 78 Kilometer langen Ultramarathon. Was sind das für Typen, die mal eben knapp 80 Kilometer durch die Berge laufen? Manche von ihnen könnten meine Großeltern sein. Nichts scheint sie aus der Ruhe zu bringen. Wissen sie ganz genau, wer sie sind? Oder wollen auch sie noch einmal jemand anderes werden? Ich kann sie nicht fragen, die Luft ist knapp, und es wäre ein taktloser Gesprächsanfang.

Aus Asphalt wird Schotter, drei langgezogene Serpentinen. Sonne jetzt, auf Dauer unangenehm. Ich sehne mich nach düsteren Wolken. Ein bisschen Drama am Himmel scheint mir zu diesem Tag zu passen. Nach zehn Kilometern erreichen wir Chants, eine Ansammlung kleinerer Höfe auf 1822 Metern Höhe. Ich bin eine gute Stunde unterwegs. Am Versorgungsstand: Wasser, Brühe, Müsliriegel, Bananen. Unsere Route folgt einem steilen Pfad durch ein Waldstück hinauf in ein Hochtal. Hier marschieren alle, um Kräfte zu sparen. Wir haben die Baumgrenze hinter uns gelassen. Rechts ein Wildbach, grüne Matten bedecken den Talkessel. Der Pfad ist von Steinen durchzogen, man muss genau hinsehen, wohin man die Füße setzt. Das Wetter hat sich nun eingetrübt. Blick hinauf zur Keschhütte, dem nächsten Wegpunkt: keine Besserung in Sicht. Der Wind frischt auf, Tropfen fallen vom Himmel. Als der Regen stärker wird, hole ich den blauen Müllbeutel hervor, den ich in einem Gürtel um die Hüfte trage, und reiße im Laufen drei Löcher für Kopf und Arme hinein. Gut so, dieser Lauf soll nicht zu einfach werden.

Die Keschhütte liegt auf 2625 Metern Höhe, bis hier sind es 15,6 Kilometer gewesen. Ich bin zwei Stunden gelaufen. Der Nordwind bläst kalt von den Gletschern herab, die im Nebel nur schemenhaft zu erkennen sind. Die Dreitausender sind über uns, unsichtbar. Es regnet jetzt kräftig. Kaum bin ich stehengeblieben, friere ich. Schnell zwei Becher Brühe, dann weiter. Die Strecke verliert auf den nächsten Kilometern wieder 200 Höhenmeter. Ich schaue rechts auf die Weite der Hochebene. Dort wohnen keine Menschen, keine Bewirtschaftung, keine Straßen hier oben, nur Pferde und das trübe Grau des Nebels, das sich über die Landschaft gelegt hat. Könnte ich mir dort eine Hütte bauen und als Zivilisationsflüchtling glücklich werden? Ich glaube nicht.

Der Pfad ist schlüpfrig und schmal. Ich renne über das Geröll und kleine Bäche. Es kommt mir vor, als berührten die Sohlen kaum den Boden und schwebten über den nassen Untergrund hinweg. Das Feld der Läufer hat sich entzerrt. Nach mehr als zwei Stunden auf den Beinen bin ich hier oben in stetiger Bewegung hellwach und extrem konzentriert. Ich wünschte, ich könnte in jeder Situation so leichtfüßig über alle Stolpersteine hinweg tänzeln. Denkste. Nun geht es wieder bergauf. In der Ferne sind Schneefelder zu erkennen, rechts taucht ein kleiner Bergsee auf. Eben noch haben meine Beine locker jede Felsstufe genommen, nun verlässt sie bald die Kraft, beim letzten Anstieg zum Sertigpass, dem höchsten Punkt der Route auf 2739 Metern Höhe. Es hat fünf Grad über Null. Weiterhin Regen. Ich verliere das Gefühl in meinen Fingern. Sollte ich jetzt nicht in einer gut beheizten Hütte sitzen und Kaiserschmarrn essen? Was soll dieser Unsinn? Was will ich mir beweisen?

In der Scharte taucht die Versorgungsstation auf, es liegt noch etwas Schnee hier oben. Die Hälfte der Wegstrecke ist geschafft. Der Weg vom Sertigpass hinab ist abschüssig, enge Kehren, großes Gefälle. Ich denke nicht nach, ich laufe einfach, und meine Füße scheinen irgendwie zu wissen, auf welche Steine sie treten können und auf welche besser nicht. Dann lichtet sich der Nebel, ich kann unter mir das Sertigtal erkennen. Ich laufe nun 500 Höhenmeter tiefer. Langsam weicht das Geröll zurück, zaghaftes Grün. Die Wolken verziehen sich. Jetzt geht es über breite, regenfeuchte Wege. Weiter bergab, aber auch immer wieder eben geradeaus, bis Sertig Dörfli in Sichtweite kommt, nach 28 Kilometern Strecke. Nach dem eingängigen Studium des Höhenprofils vor dem Lauf bin ich nun sicher, auf dem letzten Drittel der Strecke nur noch leicht bergab laufen zu müssen. Das stimmt nicht. Die Route verlässt den breiten Zufahrtsweg, der entlang des Tals die kleinen Gehöfte und Almen miteinander verbindet, und führt nun entlang des rechten Hangs durch den Wald. Der schmale Pfad folgt jeder Kehre, immer wieder geht es ein kleines Stück bergab und dann wieder hinauf, oft sind es nur zehn Meter oder gar fünf, aber ich bin einfach schon so kaputt. Jedes Mal denke ich: Das kann doch nicht euer Ernst sein. Aber wem kann ich einen Vorwurf machen? Doch nur mir selbst. Ich habe mich auf diesen Pfad begeben.

Irgendwann kommt das 30-Kilometer-Schild, und ich werde gleichgültig gegenüber der Distanz, die noch vor mir liegt. Ich werde ja zwangsläufig ans Ziel kommen, wenn ich nur einen Schritt vor den anderen setze. Es geht überwiegend bergab, endlich. Ich werde genügsam und heiter, ich akzeptiere die Erschöpfung. Wie lange laufe ich jetzt schon? Vier Stunden oder so, wahrscheinlich noch länger. Und ich renne eben noch immer. Am nächsten Versorgungsstand bei 35 Kilometern trinke ich drei Becher Cola hintereinander. Das Sertigtal mündet hier in das Landwassertal. Es regnet nicht mehr, es ist nicht mehr kalt, kein Wind. Zum ersten Mal begreife ich, dass ich bald am Ziel sein werde.

Der Weg führt durch einen Wald hinunter nach Davos. Noch zwei Kilometer. Die Bäume geben jetzt immer wieder den Blick auf die Stadt frei. Der Zieleinlauf ist im Stadion. Eine langgezogene Gerade, vorbei an sorgfältig aneinandergereihten Häusern, will einfach nicht enden. Aber ich weiß, dass ich gleich da bin. Ich könnte weinen. Ob aus Erleichterung oder einer Erschöpfung heraus, die sentimental macht, kann ich nicht sagen. In der Arena noch eine Ehrenrunde über die Aschenbahn. Nach 4 Stunden und 59 Minuten laufe ich über die Ziellinie.

Ein Bergmarathon ist eine harte, aber zugleich extrem simple Aufgabe. Man muss immer nur einen Fuß vor den anderen setzen, das ist das ganze Geheimnis. Der amerikanische Ultramarathon-Läufer Dean Karnazes stellte in seinem Buch *Ultramarathon Man* fest: »All I needed to do was run from here to there. No ambiguity about it.« Selten ist der Weg zum Ziel so eindeutig wie bei einem Marathon, sogar im Schweizer Hochgebirge. Die Regeln sind klar: immer den Markierungen folgen, keine Abkürzungen. Im Leben ist das anders. »Seldom do people know exactly what is required of them to succeed«, schreibt Karnazes. »Often we think we're moving in the right direction only to learn that the rules have changed.«

In den Tagen nach dem Berglauf schaute ich mit einer größeren Klarheit auf mein Leben. Ich konnte besser einordnen, was passiert war. Die Erfahrung, aus eigener Kraft eine derart lange Strecke zurücklegen zu können, machte mich zuversichtlich. Ich hatte nicht aufgegeben, das war wichtig gewesen. Aber ich wusste, dass es zwei verschiedene Dinge sind, bis zur totalen Erschöpfung zu laufen und sein Leben vernünftig auf die Reihe zu bekommen. Die nächsten Einschläge ließen nicht lange auf sich warten. Neue Erlebnisse rückten die Erinnerung an den Lauf langsam in den Hintergrund. Enttäuschungen wühlten mich auf. Ich hatte in den Schweizer Bergen nichts gefunden, das sich festhalten ließ, keine Wegmarke in mein Leben geschlagen, die verkündete: An dieser Stelle ist Philipp aus finsterem Tale emporgestiegen und ein neuer Mensch geworden. Das war die Story, die ich gesucht hatte, die ich erzählen wollte. Aber ich konnte es nicht erzwingen. Ich fühlte mich nicht wie neugeboren. Ich war einfach ganz schön lange gelaufen.

Ich glaube nicht, dass wir durch krasse Erlebnisse plötzlich alles anders machen. Eher trifft das Gegenteil zu. Die Wiederholung, das sei die Wirklichkeit und der Ernst des Lebens, erkannte der dänische Philosoph Søren Kierkegaard. Zwar läuft der Mensch erst im Seichten zur Hochform auf, und Roberto Blanco erinnert uns daran, dass ein bisschen Spaß sein muss. Aber es sind unsere Gewohnheiten, die uns ausmachen – gerade die in Gesellschaft anderer. Sie bestimmen darüber, wie zufrieden wir durch den Tag gehen. Auf Reisen können wir unsere Gewohnheiten hinterfragen und sogar vorübergehend ablegen. Aber es ist schwer, neue Routinen zu entwickeln, wenn wir uns jeden Tag in ein neues Abenteuer stürzen. Gewohnheiten zu verändern, braucht Zeit – und die Wiederholung. Das Gehirn muss den neuen Draht immer wieder legen.

Die Idee, dass wir unserem Leben jederzeit durch unseren freien Willen und unsere imaginierte einzigartige Persönlichkeit eine neue Richtung geben können, ist so machtvoll, dass wir nicht dazu bereit sind, sie aufzugeben. Wir brauchen unser unabhängiges Selbstbild. Wie stellen wir unsere Identität her? »Who we are is a story of our self – a constructed narrative that our brain creates«, schreibt Bruce Hood. Wir sind die Geschichten, die wir über unser Leben erzählen.[4] Wir bedienen uns des Storytellings, um der konfusen, widersprüchlichen Simulation unserer Existenz einen Sinn abzugewinnen – unser persönlicher Mythos, den wir beständig weiter- und umschreiben. Verworrene Episoden bekommen vom Gehirn eine knallige Headline (»Mein verrücktes Jahr in Australien«), weil die schiere Menge an Fakten nicht zu bewältigen ist. Wir lassen auch eiskalt alles beiseite, was unser Selbstbild stört (»the totalitarian ego«). Ich denke, solange wir andere damit nicht verletzen und nur uns selbst etwas vormachen, ist das völlig in Ordnung. Hannah Arendt schrieb so treffend in *Wahrheit und Politik*: »Wer es unternimmt, zu sagen, was ist, [...] kann nicht umhin, eine Geschichte zu erzählen, und in dieser Geschichte verlieren die Fakten bereits ihre ursprüngliche Beliebigkeit

---

4 — Diese Geschichten sind so wenig vorgegeben wie noch nie, wissen die Soziologen. Was uns früher definierte (Beruf, Geschlecht, Familie, Milieu), löst sich im Strudel der Postmoderne wie eine Brausetablette auf. Der »flexible Mensch« ist zum »Planungsbüro für seinen eigenen Lebenslauf« geworden, in dem er eine »Patchwork-Identität« aus einem kulturellen »Sinn-Markt« zusammenbaut, ein »Existenzdesign«, ein »Lebensstilpaket«. Digitale Nomaden sagen dazu »Lifestyle Design«. Die Identität ist »prekär« geworden, sie ringt ständig um Selbstbehauptung. Was wir sind, ist immer nur das vorläufige Resultat eines »reflexiven Projekts«, das durch Narration entworfen wird. (Vgl. Rolf Eickelpasch, Claudia Rademacher: Identität)

und erlangen eine Bedeutung, die menschlich sinnvoll ist.« Geschichten zu erzählen, die über die reine Berichterstattung hinausgehen, leiste eine »Versöhnung mit der Wirklichkeit«, die nach Hegel das letzte Ziel und Interesse der Philosophie sei. Ein Sprichwort lautet: Zwei Sprachen, zwei Menschen. Denn wir sind unsere Geschichten.

Jede Reise schreibt die Story unseres Lebens fort und möglicherweise auch etwas um. Da sich unsere Identität aber auch durch andere formt, suchen wir unterwegs streng genommen nicht uns selbst, sondern die Bestätigung der anderen für den Menschen, der wir sind oder sein wollen. Dabei besteht die Gefahr, dass jede Reise zu einem Baustein verkommt für das Ich-Projekt, das die anderen bewundern sollen. Der perfekte Ort dafür ist natürlich Social Media. Unsere Lebensentwürfe werden mit Herzchen und Likes bedacht. Jedes aufregende Erlebnis, jeder mystische Ort speist dem Ego mehr Aufmerksamkeit zu, lässt es heller strahlen. Der Reisende wird zum Fixstern, um den das Universum kreist.[5] Der Auslandskorrespondent Bartholomäus Grill schreibt in seinem Buch *Ach, Afrika:* »Das Afrika, das unser Traveller erkundet, ist nur ein Sammelsurium exotischer Abziehbilder, die er zur Kulisse auf der Reise zu sich selber arrangiert hat.« In Asien und Südamerika funktioniert es zweifellos genauso. Ein ganzes, vermeintlich interessantes Traveler-Leben lässt sich so bestreiten.

Wer allerdings bloß Augen für sich hat und die Umwelt stets nur auf die Darstellbarkeit der eigenen Person scannt,

---

5 — Es gibt diesen Spruch: »We're not here to be average. We're here to be unique.« Ich halte ihn mindestens für elitär. Wenn wir alle einzigartig sein sollen, also herausragend und nicht durchschnittlich, dann wäre dies ja – wieder absoluter Durchschnitt.

wird einigermaßen blind durch die Welt laufen. Mein Vorschlag wäre ein anderer: Auf Reisen sollten wir uns selbst vergessen, uns als Sandkorn wahrnehmen, unsere vermeintliche Wichtigkeit zurückstellen. Den Blick nach außen richten statt nach innen. Vergessen wir die Illusion, da draußen unser wahres Selbst zu finden und mit nach Hause zu bringen. Je länger wir reisen, umso weniger wissen wir, wer wir sind. Weil unsere Maßstäbe, Ansprüche und Überzeugungen sich relativieren. Das kann befreiend sein. Wenn wir unsere Existenz vor dem Spiegel des Universums als bedeutungslos wahrnehmen, können wir uns spielend, freudig und reizoffen mit der Welt und ihren Menschen in Verbindung setzen. Der Rucksack wird sich leichter tragen. Wir sind, was wir tun. Die Maxime könnte sein: Mehr Interesse an der Welt statt Interesse an uns selbst.

Was man gesehen haben muss

Wir sind jung und wollen die Welt sehen, doch die Welt heißt vorerst Salbris. Département Loir-et-Cher, französische Provinz, 5000 Einwohner. Hier fährt einmal am Tag der Zug. Buchstäblich. Und leider auf dem anderen Gleis, hinter dem Bahnhofsgebäude, wovon wir aber erst erfahren, als der Zug schon weg ist. Gestrandet in Salbris. Wir kaufen fünf Flaschen Wein in dem einzigen Geschäft, das noch geöffnet hat, und setzen uns in die Sonne. Abends zelten wir auf einem Fußballplatz. Wen kümmert dieser Zug? Uns nicht. Wir sind Jungs um die 20, wir haben noch viel Zeit. Außerdem sind wir Interrailer. Vagabunden. Pläne sind dafür gemacht, verworfen zu werden, Widrigkeiten willkommen.

Interrail: ein unwiderstehliches Reizwort. Auf Schienen durch Europa fahren, im Takt der Gleise, heute hier, morgen dort. Rucksack, Zelt, Isomatte, Gaskocher, alles dabei. An jedem Ort können wir den Schlafsack ausrollen und sagen: Hier sind wir zu Hause für eine Nacht. Auf einem Bahnsteig im französischen Zentralmassiv, an einem Strand an der Côte d'Azur, auf einem Feld in der Toskana. Wir haben keinen Plan. Wenn der Ticketverkäufer am Bahnhofsschalter fragt, wohin es gehen soll, dann nennen wir die wohlklingenden Namen von Weltstädten, die wir im Laufe unseres Lebens abgespeichert und mit einer vagen Bedeutung versehen haben: Paris, Marseille, Nizza, Rom, Venedig.

Wenn man von Nordrhein-Westfalen in Richtung Westen losfährt, ist die Hauptstadt Frankreichs der erste Gravitationspunkt. Ihr Sog ist stark. Was weiß man mit 19 von Paris? Wir assoziieren die Stadt mit allen Dingen, von denen wir nichts verstehen: Kunst, Mode, Liebe, Lebensart. Also konzentrieren wir uns auf die bekannten Sehenswürdigkeiten: Eiffelturm, Louvre, Notre-Dame. Wir machen Fotos mit Selbstauslöser am Place de la Concorde, im Jardin des Tuileries, auf einer Seine-Brücke, schwarz-weiß, und werden sie später an die Wände unserer Kinderzimmer hängen, die keine Kinderzimmer mehr sind. Wir hocken auf Bordsteinkanten unter schmiedeeisernen Laternen und blicken ernst in die Ferne. Wir sitzen auf einsamen Stühlen und schauen gedankenverloren hinauf in die Bäume, eine Hand am Kinn. In den Posen suchen wir die Entschiedenheit gestandener Männer, die wir noch nicht sind. Als ließe das weltberühmte Bühnenbild unser Dasein bedeutungsvoller erscheinen.

Wir besuchen die Symbole von Paris, aber nicht Paris. Dort simulieren wir intensive Momente. Aber wie sehen die aus, wenn man jung ist? Es sind Augenblicke des Verliebens, Lachen und Tanzen, euphorischer Rausch in guter Gesellschaft, das einladende Lächeln eines Fremden, das ein ganzes, anderes Leben nach sich ziehen könnte, weil die Zukunft noch weit und offen und kompromisslos vor einem liegt. In Paris kennen wir die guten Orte für solche Momente nicht. Wir bewegen uns durch Postkarten, eilig und unbedarft. Wir sind zu jung, unerfahren und ängstlich, um Paris auch nur irgendwie gerecht werden zu können. Zwei Tage in Regionalzügen enden mit Überforderung.

Nach Salbris geht es in Richtung Côte d'Azur. Dort schlafen wir irgendwo zwischen zwei Orten am Strand. Nachtwache unter den Sternen, zum Sound der Brandung. Kaum Zeit in Marseille, aber in Nizza: Es ist Fußball-WM, die Équipe Tricolore gewinnt das Halbfinale, Autocorso. Südfranzösische Lebensfreude, ausgelassene Menschen, Party auf der Promenade, wir machen mit. Am nächsten Tag hinüber ins Fürstentum Monaco, das wir aus Hochglanzmagazinen und Celebrity-Sendungen kennen. Die Stadt ist eher hässlich. Wir zählen Ferraris und Lamborghinis. Eine Cola beim Yachthafen kostet ungefähr sieben Euro. Verrückt! Abends in Menton eskaliert ein Streit über den weiteren Reiseverlauf. Die Fronten verhärten sich. Eine Kurzschlusshandlung löst die Anspannung: Wir steigen spontan in einen Nachtzug nach Italien, ohne Reservierung, und schlafen im Gang auf dem Boden. Obligatorischer Halt in Pisa, weil es dort bekanntlich diesen schiefen Turm gibt. Ich behalte eine hauchdünne Pizza im Gedächtnis. Der nächste Gravitationspunkt beschleunigt uns: Rom.

Die Stadt ist ein Museum. 2500 Jahre Geschichte, Kaiserzeit, Heiliges Römisches Reich, katholische Kirche, italienische Republik. Vergangenheit und Gegenwart schieben sich an jeder Straßenecke übereinander. So viel Geschichte und pralles Leben zugleich. Zeichen, die wir nicht lesen können, in Gebäuden und Gesten. Ich bin zum ersten Mal in Italien und habe den

Reiseführer von Rom nur überflogen. An der Spanischen Treppe lernen wir abends eine Gruppe Amerikaner kennen. Zu billigem Wein verhandeln wir in der Unbeschwertheit dieser Gelegenheitsbegegnung so manches Woher und Wohin und Warum. Die Nacht wird seiden in der Ewigen Stadt. Die Treppenstufen haben eine Bedeutung erlangt, die sie zu einem besonderen Ort für uns machen.[1]

Von Rom aus kreuzen wir den Stiefel. An der Adria schlafen wir hinter Senigalia auf einem Feld. Danach folgt ein Halt in Rimini. Der Campingplatz, auf dem wir uns einrichten, ist ein erbärmliches Lager. Schließlich Venedig, die Stadt der Kanäle und Gondeln, Prototyp einer Touristenmetropole, letzter Höhepunkt der Reise. Wir sind gekommen, weil man Venedig gesehen haben muss. Also schauen wir auf Venedig. Die Fotos werden einmal bezeugen, dass wir hier waren. Aber ich könnte heute nicht mehr sagen, ob ich mich an die Stadt erinnere oder das nur glaube, weil ich all die Bilder kenne.

Interrail veranschaulicht die Dynamik des Reisens besonders gut: Es geht um das Wechselspiel zwischen der (mühsamen) Fortbewegung von Ort zu Ort und dem Aufenthalt an einem Ort – und wie sich beides bedingt. Unterwegs sein, um dort zu sein? Oder um unterwegs zu sein? Denn was genau ist zu tun, wenn man auf dem Markusplatz steht? Die Architektur des Markusdoms studieren, Selfies machen, ein Eis essen?

---

1 — Die Spanische Treppe des Architekten Francesco De Sanctis aus dem 18. Jahrhundert gehört zu den beliebtesten Touristenattraktionen in Rom. 2015 zahlte BVLGARI 1,5 Millionen Euro für die Renovierung. Wegen Vandalismus und Beschwerden der Anwohner überlegte die Stadtverwaltung, die Scalinata di Trinità dei Monti für Touristen zu sperren.

Vor Ergriffenheit in Tränen ausbrechen? Ist da eventuell nur die banale Feststellung: Diesen Ort gibt es also wirklich, und ziemlich viele andere Menschen sind ebenfalls aufgebrochen, um sich dieser Tatsache zu versichern?

Welche Sehenswürdigkeiten sind *wirklich* sehenswürdig? Diese Frage stellt sich heute dringlicher denn je. Der Überschuss an Bildern im Internet hat den Massentourismus eher verschärft als gebremst. Dabei ließe sich ja durchaus fragen: Müssen wir uns noch vor ein berühmtes Bauwerk stellen, wenn wir es jederzeit online aus allen Perspektiven betrachten können? Lassen sich Eiffelturm und Kolosseum auf einem Virtual-Reality-Flug künftig nicht detaillierter erleben als in der stofflichen Wirklichkeit? Ein Tourist kommt nicht auf das Dach des Kölner Doms, eine Drohnenkamera schon. Können wir nicht schon jetzt von zu Hause aus Kreuzfahrtschiffe und Hotelzimmer durch die VR-Brille besichtigen? Warum in Zukunft nicht ganze Städte? Sightseeing vom Sofa aus. Erscheint es da nicht unnötig wie Reisedurchfall, sich durch die Besuchermassen zu schieben?

Das glaube ich nicht. Virtuelle Trips werden irgendwann möglich sein, aber das Reisen bleibt ein Akt der körperlichen Bewegung. Der Ortswechsel muss real stattfinden. Im Vorwort zum Bestseller *1000 places to see before you die* steht das angeblich asiatische Sprichwort: »Es ist besser, etwas einmal selbst zu sehen, als tausendmal davon zu hören.« Mit Sicherheit kommt es darauf an, worum es geht (gewiss nicht um eine Intensivstation). Doch auch wenn wir eine Attraktion schon eine Million Mal auf Fotos im Internet gesehen haben, wollen wir sie doch mit eigenen Augen betrachten.

Es ist jenes am schnellsten wachsende Segment im Tourismus, das wir mit Sightseeing in Verbindung bringen: Städte-
reisen. Die Metropolen Europas sind durch Billigflieger und Internet so einfach und günstig zu erreichen wie noch nie. Städte
wie Barcelona, Kopenhagen und Budapest können sich heute
deutlich mehr Menschen anschauen als vor zwanzig Jahren,
was erst einmal zu begrüßen ist. Das Reisen hat sich – zumindest innerhalb Europas – zunehmend demokratisiert. Es gibt
jedoch auch eine Kehrseite: Die Innenstädte der sehenswerten
Metropolen sind so überlaufen wie noch nie. Massentourismus gibt es natürlich schon lange, doch noch nie war die Lage
so dramatisch.[2] Und die Situation wird sich weiter zuspitzen,
das Reiseaufkommen wachsen. Die Welttourismusorganisation
(UNWTO) rechnet bis 2030 mit 1,8 Milliarden Auslandstouris-
ten weltweit (derzeit sind es 1,3 Milliarden). Die Asiaten fangen
mit dem Tourismus gerade erst so richtig an.

Barcelona im Juli 2017: Vermummte stoppen nahe dem
Camp-Nou-Stadion einen Bus, zerstechen die Reifen und sprü-
hen mit oranger Farbe auf die Windschutzscheibe: »El turis-
mo mata los barrios.« Der Tourismus tötet die Stadtviertel. In
dem Bus sitzt ein Brite, der später der Zeitung *Daily Mail* sagt:
»I really thought it was a terror attack and my number was up.«

2 — Der Aufbau des Massentourismus am Mittelmeer war eine der bedeutendsten
wirtschaftlichen Nachkriegsentwicklungen in Europa. Er brachte Infrastruktur, Ar-
beitsplätze und Einnahmen in strukturschwache, hauptsächlich landwirtschaftlich
geprägte Regionen, von der Costa Brava über Korsika bis Kreta. Diese Orte sind heute
komplett auf Urlauber ausgerichtet, sonst gibt es dort nicht viel. Nun dringen immer
mehr Urlauber auch in die ökonomisch potenten Räume, wo steigende Lebenshaltungskosten ohnehin viele Menschen an die Ränder drängen – die Metropolen.

Barcelona ist kein Sonderfall unter den europäischen Metropolen. Auch Amsterdam, Rom und Paris klagen. Zu Berlin gehört das Nörgeln über Touristen und ihre Rollkoffer dazu wie der Schienenersatzverkehr. Die Einwohner der beliebten Kreuzfahrtziele Venedig und Dubrovnik beschweren sich über tausende Landgänger, die gleichzeitig in die überschaubare Altstadt strömen. In Palma de Mallorca, wo der Deutsche sich bei Schnitzel, Bier und Mickie Krause so zu Hause fühlen kann wie in Bochum oder Bremen, haben in der Hochsaison Tausende demonstriert. Die Aufforderung: »Tourists go home!«. Allein 2017 reisten rund 4,5 Millionen Bundesbürger auf die Insel, wieder ein Rekord. Nicht nur der Süden lockt. In Island ist im Sommer mittlerweile jeder fünfte Mensch ein Tourist, mit unappetitlichen Folgen: Einwohner beklagen Defäkation an öffentlichen Orten. Was würden wir davon halten, wenn sich in unserem Heimatort Kanadier, Chinesen und Brasilianer in die Büsche schlagen und die Hose runterlassen?

Die Reisebranche diskutiert das aufgeheizte Thema unter dem Schlagwort Overtourism. *Over* im Sinne von: zu viel. Aber vielleicht auch: Es ist *over*, Schluss, aus, vorbei. Lange war es der Terror, der den Tourismusmanagern in Hannover, Oberursel und München die größten Sorgen bereitete, ein quasi-schicksalhaftes Phänomen von außen. Das hat sich verändert, es ist nicht mehr das dominierende Thema. Der Reisende selbst ist zum Problem geworden. Es sieht so aus, als bewahrheite sich endgültig die Befürchtung Enzensbergers: Der Tourist zerstörte, was er sucht, indem er es findet.

Der Reiseboom produziert in den notorischen Hotspots schon länger unangenehme Begleiterscheinungen, unter denen die Allgemeinheit leidet: verstopfte Straßen, überfüllte öffentliche Plätze, Müll, Lärm, Saufgelage und manchmal auch Sex in der Öffentlichkeit. Doch etwas ist neu: die massenhafte Vermietung von Privatwohnungen an Touristen. So steigen die Mietpreise und das Wohnen wird für viele Einheimische zunehmend unerschwinglich. Diese Entwicklung treibt Menschen auf die Straße und setzt die Politiker unter Druck. »Die Einwohner haben das Gefühl, dass ihnen die Stadt nicht mehr gehört«, sagte der Chef von Amsterdam Marketing, Franz van der Avert, auf einer Podiumsdiskussion auf der Reisemesse ITB 2018 in Berlin. Obwohl die Gäste nur Kaufkraft und Kameras mitbringen statt Kanonen und Knechtschaft, werden sie als Invasoren betrachtet. An dieser Stelle könnte man sagen: Pech gehabt. Nehmt doch das Geld der Touristen und seid ruhig. Doch das wäre egoistisch – und zu kurz gedacht. Es mag sein, dass sich Urlauber noch nicht so sehr an den Massen stören.[3] Doch die Folgen der Touristifizierung sind schon jetzt betrüblich.

Wenn sich die gesamte Infrastruktur (Verkehrswesen, Gastronomie, Handel) auf die Bedürfnisse von Urlaubern ausrichtet, stellt das nicht nur die Einheimischen vor Probleme.[4] Das Flair einer Stadt geht verloren. Die Touristenstadt sei »innerlich

---

3 — Laut einer Meinungsumfrage des Urlaubsportals Travelzoo haben drei Viertel der Deutschen (77 Prozent) Verständnis, wenn Einheimische gegen die wachsenden Besucherzahlen protestieren. Ein Viertel der Touristen (25 Prozent) will in Zukunft lieber andere Regionen bereisen, weil der Andrang zu hoch sei. Ein weiteres Viertel (26 Prozent) ist zwar unglücklich über die Massen, hält es sich aber offen, deshalb ein anderes Reiseziel zu bevorzugen. Knapp jeder Zehnte (9 Prozent) stört sich an der Entwicklung, will aber aus Gewohnheit weiterhin stark frequentierte Orte bereisen. Und gut ein Drittel der Befragten (34 Prozent) besucht ohnehin andere Ziele als jene, die vom Massentourismus besonders betroffen sind.

4 — Wo finde ich noch einen Schuster?

entleert wie bei einer Mumifizierung« und werde »als eine Art Stadtpräparat zu einem riesigen Themenpark«, findet der Italiener Marco d'Eramo, der in Rom sein Anschauungsobjekt praktisch vor der Haustür hat. Die Innenstädte der Metropolen verwandeln sich in Vergnügungsmeilen ohne Charakter. H&M, Zara, McDonald's, Starbucks, dazu die üblichen Touristenlokale. Viel Kommerz und ein bisschen Folklore. D'Eramo spricht von Theaterkulissen, vor denen eine »blutleere Pantomime« aufgeführt werde. Als Beispiel nennt er das 5. Arrondissement in Paris: »Jede lokale Lebensäußerung ist nach und nach ersetzt worden durch einen falschen Chinesen, einen falschen Griechen, durch eine Sandwichbar oder eine Eisdiele.« Die Inszenierung verleihe der Touristenstadt ihre unverwechselbare Theatralik: »Jede Stadt muss sich selbst spielen, sich selbst ›darstellen‹. Rom muss das Römische inszenieren, Paris muss der Vorstellung entsprechen, die ein Amerikaner von der Stadt hat.« Einheimische, die da nicht mitmachen wollen, haben es schwer. Nicht nur, weil sie andere Dienstleistungen benötigen als Kurzzeitbesucher in Spendierhosen. Sie leben auch stets unter dem »deplatzierten Blick« der Touristen. Der Alte fegt vielleicht einfach den Bürgersteig vor seinem Haus, die Dame entzündet im Café eine Zigarette, aber für den Traveler werden sie zu Sinnbildern des Pariser Lebens. Auch der Hipster-Gegenentwurf zu Starbucks und Co. ist längst zu einem austauschbaren Lifestyle-Franchise verkommen. Der Kaffeeladen im Industrial Chic, wo vollbärtige Schönlinge und tätowierte Modelfrauen mit Sendungs- und Stilbewusstsein nachhaltig angebaute Bohnen rösten, findet sich mittlerweile in jeder halbwegs interessanten Metropole.

Das Paradox ist: Für die Touristifizierung der Städte kann man nicht den einzelnen Reisenden verantwortlich machen, aber man kann ihn auch nicht *nicht* verantwortlich machen. »Der Massentourismus ist ein Effekt der freiheitlichen Gesellschaftsordnung in Europa. Dazu gehört die Reisefreiheit, und das ist grundsätzlich auch gut so«, sagt der Tourismusforscher Torsten Kirstges. »Jeder will dorthin, wo es vermeintlich toll ist. Die Konsequenz ist dann aber eben das massenhafte Reisen.« Das ist einleuchtend, simple Addition. Womöglich gehen einfach zu viele Touristen zur gleichen Zeit an dieselben Orte, weil sie alle noch einen Kaffee zum Frühstück trinken und easy in den Tag starten wollen.

Die Reisebranche diskutiert eifrig Maßnahmen gegen den Overtourism. Ideen gibt es viele. Veranstalter und Fremdenverkehrsbüros können die Touristen besser informieren, was es in einer Stadt oder Region sonst noch zu sehen gibt. Sie können Urlauber davon zu überzeugen versuchen, dass Salzburg und Mailand, Sardinien und Mallorca im Winter schöner sind als im Sommer. Besucherströme lassen sich durch Online-Reservierungssysteme und Ticketkontingente besser lenken. Man kann die Megaliner aus den Häfen aussperren, wie Venedig es bereits tut. Die Kreuzfahrtreedereien können ihre Routen besser aufeinander abstimmen. Man kann auch die Preise so lange erhöhen, bis sich nur noch die Wohlhabenden einen bestimmten Ausblick leisten können und damit die Demokratisierung des Reisens wieder ein Stück zurückdrehen. Die Balearen und Griechenland haben eine Übernachtungssteuer eingeführt, wie die deutsche Kurtaxe, doch es sieht nicht danach aus, als würde dies Urlauber verschrecken. Um das Verhalten der Menschen zu ändern, braucht es am Ende doch wieder – Gesetze. Manche Strafen sind so drakonisch, dass es fast schon wieder lustig ist (solange man nicht erwischt wird). In Florenz drohen Bußgelder zwischen 150 und 500 Euro, wenn Touristen auf Via dei Neri, Via della Ninna, Piazzale degli Uffizi und Piazza del Grano zwischen 12 und 15 Uhr sowie zwischen 18 und 22 Uhr auf der Straße essen – eine Maßnahme gegen den Müll.

Vor allem aber gehen viele Metropolen gegen das Kernproblem vor: steigende Mieten. Das bekommt besonders der Online-Marktplatz Airbnb zu spüren. Gemeinden und Städte stellen die Vermietung von Wohnungen als Ferienapartments für Touristen unter Strafe oder reglementieren sie stark, damit nicht zu viel Wohnraum für die Einwohner verloren geht. Stichwort: Zweckentfremdung. In Berlin und München müssen sich die Anbieter registrieren lassen. In Amsterdam dürfen Wohnungen nur noch 30 Tage im Jahr an Urlauber vermietet werden,[5] in London sind es ohne Registrierung maximal 90 Tage und in Paris generell 120 Tage. In Palma de Mallorca, wo die Mieten in den vergangenen fünf Jahren um 40 Prozent gestiegen sind, dürfen private Immobilienbesitzer gar keine Wohnungen mehr an Touristen vermieten.

Wenn es um die negativen Folgen des Tourismus geht, verweisen die Reiseveranstalter und Hotels mittlerweile gerne auf Airbnb und beklagen fehlende Regulierung. Die Kritik an einem milliardenschweren Wettbewerber auf dem Übernachtungsmarkt ist natürlich wohlfeil. Airbnb ist unter Reisenden extrem beliebt. Der Erfolg gibt dem Unternehmen Recht. Es

---

5 — Während 2013 noch 4500 Wohnungen in der Stadt auf Airbnb angeboten wurden, waren es 2017 schon 22 000.

war die richtige Idee zur passenden Zeit, die Antwort auf ein ungestilltes Bedürfnis. Airbnb hat 2018 seinen zehnten Geburtstag gefeiert, und ich glaube, dass das Selbstverständnis der Firma nur noch wenig mit der Realität zu tun hat. Anlässlich des Jubiläums erzählte der Airbnb-Europachef wieder die Geschichte von der Völkerverständigung: »Zwischen Gastgeber und Gast entwickelt sich ein persönliches Verhältnis, letztlich eine Brücke zwischen verschiedenen Kulturen«, so Jeroen Merchiers in einem Interview. Das halte ich mittlerweile für eine gewagte These. Wer heute in Madrid oder Barcelona eine Wohnung über die Plattform bucht, will eine hippe Alternative zum Hotel, aber eher nicht Gastgeberin Katarina morgens im Bademantel in der Küche begegnen und gemeinsam auf dem Wochenmarkt einkaufen.[6]

Es ist die Generation Billigflieger, die zwischen Tallinn und Tel Aviv selbstverständlich Airbnb-Wohnungen bucht. In vielen Städten ist das immer noch deutlich günstiger als ein Hotel. Diese Reisenden haben das Gefühl, individuell unterwegs zu sein, smarter als die »Brückentagsdeutschen« (wie sie Benjamin von Stuckrad-Barre bezeichnet) mit Marco-Polo-Reiseführer. Weniger auffällig als der gewöhnliche Städtereisende, fühlen sie sich nach drei Nächten in der Stadt praktisch wie Einheimische. Dieses Phänomen kann man in Berlin gut beobachten. Die Easyjet-und-Airbnb-Traveler klappern zwar nicht mehr unbedingt die fünf bekanntesten Sehenswürdigkeiten aus dem Reiseführer ab, um dann in einem Touristenlokal vor dem Heizpilz ermattet niederzusinken. Ihr Sightseeing sieht in

6 — Oder er will gerade das, was dann ein anderes, unangenehmes Problem darstellt.

der Regel ein bisschen anders aus (Vintage-Läden, Flohmärkte, Bars). Aber sie nutzen die gleiche Infrastruktur wie andere Besucher auch. Sie fahren mit dem gleichen Zug vom Flughafen in die Stadt, in den gleichen Trams und Bussen, sie spazieren durch die gleichen Straßen. Sie wollen keine Touristen sein in ihren Privatapartments. Aber bei vielen Einheimischen sind sie noch verhasster als konventionelle Urlauber. Der Hotelgast nimmt ihnen wenigstens nicht die Wohnung weg. Der Airbnb-Hipster fühlt sich den Menschen vor Ort besonders nahe, trägt aber oft am stärksten zu deren Verdrängung bei.

Sehenswürdigkeiten werden so sehenswert, dass sie Gefahr laufen, an Sehenswürdigkeit zu verlieren: ein unauflöslicher Widerspruch des Tourismus. Menschenmassen und Gedränge sind vielleicht auf Konzerten erstrebenswert, aber selten auf Reisen. Wie spannend sind die europäischen Metropolen irgendwann noch, wenn der Reisende dort nur noch seinesgleichen begegnet? Wird London endgültig zur Spielwiese für zugezogene Millionäre und Wochenendurlauber? Muss man Städte wie Amsterdam schlicht und ergreifend von der Bucket List streichen? Sollte man alle Urlauber gleich in künstliche Ferienwelten verfrachten, in denen sie zwischen wirklichkeitsgetreuen Modellen des Kolosseums und der Sagrada Familia spazieren? Ist nicht der Glanz-und-Glamour-Futurismus Dubais mit seinem Eklektizismus der Formen ohnehin stilprägend für das nächste Jahrtausend? Und ist nicht ausgerechnet Disneyland Paris eine der größten Attraktionen Europas?

Auf Interrail durch Frankreich und Italien – das war 2006. Mir kommt es vor wie in einem anderen Jahrhundert. Interrail ist heute eine gewissermaßen antiquierte Form des Reisens.

Der Reisende verbringt Tage und Nächte in Zügen, während Ryanair, Easyjet, Eurowings, Vueling, Wizz Air und Pegasus ihn für 29,90 Euro oder 59,90 Euro an einem Vormittag nonstop nach Edinburgh, Porto, Neapel, Prag oder Istanbul bringen. Zwar ist nur Handgepäck inklusive, aber es braucht auch niemand mehr Zelt und Schlafsack. Die Entschleunigung des Bahnfahrens ist einer neuen Hypermobilität gewichen. Die Städte Europas sind jederzeit und ohne Umwege zugänglich, mühsam nur noch die stumpfen Check-in- und Security-Prozeduren an den Flughäfen, die das Gehirn weich kochen. Ein neuer Typ Hedonist, der heute in Beyoğlu Wasserpfeife raucht und morgen in Alfama Kirschlikör trinkt, hat den genügsamen Interrailer ersetzt. Wenn der Easyjetsetter heute nach Athen oder London fliegt, dann weiß er genau, welches Restaurant gerade angesagt ist und welche Galerie er besuchen muss. Irgendwer war gerade da und hat dazu schon etwas in einen Blog geschrieben. Der »Post-Tourist«[7] kennt sich im Zweifel besser aus als die meisten Einheimischen. Er weiß, wo die guten Partys und die interessanten Menschen unterwegs sind. Es geht um das Exklusive, das durch Kennerschaft Zugängliche. Der flüchtige Zeitgeist ist interessant, weil alles andere schon millionenfach festgehalten wurde. Interrail bedeutet eher das Gegenteil. Bei jeder Ankunft geht es zunächst darum, etwas Profanes

---

7 — Die US-Amerikanerin Maxine Feifer beschrieb in ihrem Buch *Going Places* den Post-Touristen: Er ist sich seiner Rolle als Tourist bewusst und geht spielerisch damit um. Er betrachtet die Welt als Bühne und durchschaut die Inszenierungen der organisierten Reiseindustrie, ohne sie enttäuscht ablehnen zu müssen – aber er ist nicht auf sie angewiesen. Feifer stellte übrigens auch die wunderbare These auf, hoch aufragende Bauwerke wie der Eiffelturm seien »another expression of man's desire to penetrate the sky«.

zu finden: Schlafplatz und Supermarkt. Dazwischen Felder in Endlosschleife, Niemandsland, Zeitverschwendung. Wer heute noch mit dem Zug reist, tut dies bewusst. Um nicht immer sofort da zu sein, für Leerlauf und Reizarmut, auch oder vielleicht vor allem im Kopf. Der Post-Tourist nimmt Big Ben und Akropolis höchstens noch für ein Selfie mit. Wenn überhaupt.

Der Auskenner, der den Besuch der Top-5-Klassiker eher als ironisches Happening interpretiert, hat den klassischen Tourist nicht abgelöst. Aber er hat womöglich zuerst erkannt, dass es nicht die gängigen Wahrzeichen sind, die eine Stadt sehenswert machen. Worum geht es dann?

Der Tourismusforscher Dean MacCannell erkannte, dass sich die Sehenswürdigkeit unmöglich anhand bestimmter Merkmale oder ihrer äußeren Erscheinung definieren lässt. Entscheidend seien sogenannte Marker, die etwas als Sehenswürdigkeit benennen und sichtbar machen. Reiseführer und Handbücher, Urlaubskataloge und Werbeprospekte, Souvenirs.[8] Es handelt sich letztlich um Informationen, deren Bedeutung durch die Gesellschaft geformt wird. Die Dealey Plaza in Dallas ist zum Beispiel nur eine Attraktion, wenn man weiß, dass John F. Kennedy dort erschossen wurde. Klassische *sights* sind historische Orte: Altstädte, Kirchen, Tempel, Schlösser, Parks, Friedhöfe. Museen konservieren das Vergangene, bewahren und ordnen Kunst und Kultur. Die Symbole von Modernität und Fortschritt können ebenso Sehenswürdigkeiten sein, die

---

8 — Die erste Ausgabe des Buches *The Tourist. A New Theory of the Leisure Class* von Dean MacCannell erschien 1976. Heute kommen natürlich noch die Marker des Internetzeitalters hinzu: Reisewebseiten, Travel Blogs, Tripadvisor, Instagram und die Influencer.

Skylines von New York, Shanghai oder Singapur als Begegnung mit der Zukunft.[9] Auch die Popkultur liefert reichlich Reiseziele, von Falcos Grab bis zu Filmkulissen.[10] Ein besonders wirkmächtiger Marker ist der Status als UNESCO-Welterbestätte, »ein Titel wie ein Magnet« (*Süddeutsche Zeitung*). Das Stadtmarketing ganzer deutscher Kleinstädte basiert auf der begehrten Auszeichnung, weil Reisegruppen noch zu den unspektakulärsten Steinhaufen pilgern, sofern die UNESCO deren Bedeutsamkeit mit dem Welterbe-Titel markiert hat. Das Immaterielle Kulturerbe der UNESCO umfasst darüber hinaus allerlei schützenswerte Traditionen und kulinarische Highlights. Sogar die Anwesenheit anderer Touristen kann ein Marker sein – oder deren Abwesenheit. Verwirrend wird es, wenn der Marker selbst zur Sehenswürdigkeit wird, wie die Neon-Leuchtreklame der Hotels in Las Vegas und der Hollywood-Schriftzug über Los Angeles.

MacCannell beschrieb das Sightseeing als religiöses Ritual, als moderne Pilgerfahrt, für die Familien nicht selten große Teile ihrer Ersparnisse aufwenden. Die Heiligung des Objekts

9 — Berge, Wüsten und Wälder stehen zwar auch in Reiseführern, und mit Sicherheit zählen Matterhorn, Death Valley und Yellowstone zu den großen Sehenswürdigkeiten dieser Erde. Wir bringen aber eher Kultur als Natur mit jenem Reisemodus in Verbindung, der Sightseeing genannt wird. Die Faszination etwa des Grand Canyon hat meinem Empfinden nach weniger mit den USA als Nationalstaat und Kulturraum zu tun, sondern mit der Begeisterung für die Wunder des Planeten Erde. Bei anderen Reisenden wecken sie aber vielleicht Assoziationen, die mit Go West, Goldrausch und der Bedeutung der Freiheit für das amerikanische Selbstverständnis zu tun haben.

10 — In der Wüste Tunesiens zum Beispiel suchen Touristen die Heimat Luke Skywalkers aus der alten Star Wars-Trilogie, in der Kasbah von Aït-Ben-Haddou in Marokko die Kulisse des Hollywood-Epos *Gladiator*, im schottischen Jacobite Steam Train den *Hogwarts Express* aus Harry Potter und in Neuseeland das Auenland aus der *Der Herr der Ringe*-Saga.

verläuft in mehreren Phasen: Benennung durch eine Institution, öffentliche Ausstellung und Besuchskonzept, Verehrung, mechanische Reproduktion durch Kopien (zum Beispiel durch Souvenirs). Diese letzte Stufe sei ausschlaggebend, um die Touristen in Bewegung zu setzen, um *the real thing* zu sehen. Die Sehenswürdigkeit wird dann zum Stellvertreter eines Ortes. Beispiel Golden Gate Bridge: »Sightseers do not, in any empirical sense, see San Francisco.« Sie brauchen die Brücke. Rasch verselbstständigt sich dieses Wechselspiel der Zeichen, bis die Reisenden nur noch das Klischee sehen, das ständig reproduziert wird. John Urry nennt als Beispiel die Niagarafälle, die mit ihren Honeymoon-Suiten für »kitsch, sex and commercial spectacle« stünden. »They can only be seen through their images.«[11]

Es zeugt von Ignoranz und manchmal auch mangelnder Bildung, alle Empfehlungen des Reiseführers auszulassen. Metropolitan Museum of Art, Angkor Wat, das Tal der Könige: Solche Sehenswürdigkeiten haben zurecht Weltruhm. Oft sind sie allein visuell ein Erlebnis, durch ihre Atmosphäre. Doch häufig entlockt uns ein historisch bedeutender Ort nicht mehr als ein einstudiertes »Wow!«, weil wir seine Bedeutung überhaupt nicht erfassen. Das passiert immer, wenn unser Vorwissen dürftig ist und wir zu geizig sind, uns einer geführten Tour anzuschließen – also ziemlich oft. Ich muss zugeben, dass ich vor bekannten Sehenswürdigkeiten manchmal denke: Ach, dazu lese ich später etwas. Dann mache ich es aber doch nicht. Die bekannten Sehenswürdigkeiten an einem bestimmten Ort

---

11 — John Urrys Buch *The Tourist Gaze* erschien 1990. Ob die Niagarafälle immer noch ein solcher Ort sind, weiß ich nicht.

verbindet oft nicht mehr als ihre räumliche Nähe. Es bräuchte eine Humboldt'sche Generalerfassungskompetenz, um sich allen ausgewiesenen Highlights mit dem gleichen Eifer widmen zu können. Stefan Zweig schreibt über Touristengruppen, was sie nach Hause brächten, sei »nichts als der sachliche Stolz, diese Kirche, jenes Bild tatsächlich vor Augen gehabt zu haben – ein Rekord mehr sportlicher Art als ein Gefühl innerer Bildung und kultureller Bereicherung.« Es geht um den Beweis, selbst dort gewesen zu sein, nicht so sehr um einen metaphysischen Kontakt mit dem Kunstwerk oder einer vergangenen Epoche im Strom der Weltzeit.[12] Die Realität sieht meist so aus: Der Reisende pilgert zu einer Sehenswürdigkeit, schaut sich um und macht Fotos – und fragt sich später, was ihm das eigentlich gebracht hat.

Von Erich Kästner stammt der Hinweis, dass Toren in fremden Ländern die Museen besuchen, während die Weisen in die Taverne gehen. Das ist etwas scharf formuliert, weist aber in die richtige Richtung. Die Besichtigung von Sehenswürdigkeiten zum Hauptzweck einer Reise zu machen, liefert meiner Meinung nach einen höchst einseitigen Ausschnitt der Wirklichkeit.[13] Alte Steine, obgleich in höchster Handwerkskunst zusammengefügt, haben mit der hochspannenden Gegenwart nicht viel zu tun. Sie zeigen, was einmal war. Das Hier und Jetzt hingegen findet an anderen Orten statt – dort wo die Menschen sind. Feste, Partys, Konzerte und Veranstaltungen aller Art sind

---

12 — Der französische Intellektuelle Denis Diderot pries Ruinen: »Ich wandle zwischen zwei Ewigkeiten.«

13 — Im Flugzeug nach Denver lernte ich einmal einen Amerikaner kennen, der mir erklärte, in der Stadt gäbe es für mich nichts zu sehen, da ich ja aus Europa komme.

ideal, um ein Land kennenzulernen. Kontakte entstehen, wo sich das Leben abspielt. Auf Plätzen, auf Märkten – in Kästners Tavernen. Bei einem Stierkampf in Huaraz habe ich mehr über Peru erfahren als in der Jesuiten-Kirche von Arequipa. In Kolomenskoje kam ich eher mit dem russischen Alltag in Kontakt als im Kreml. Auf dem Festival *Dunes Electroniques* lernte ich mehr über die Lage in Tunesien als im Bardo-Museum. Das French Quarter in New Orleans war erst zum Pride ein richtiges Erlebnis. Und ich bin der Überzeugung, dass wir Metropolen erst erfassen können, wenn wir ihr Nachtleben gesehen haben.

Wer wissen will, wie eine Stadt tickt, was sie auszeichnet und besonders macht, wird die einschlägigen Highlights im Reiseführer ungenügend finden. Es ist so, als würde man Brandenburger Tor, Alexanderplatz, Museumsinsel und Hackesche Höfe besichtigen und dann sagen, man habe sich »Berlin angeschaut«. Reiseführer engen den Erfahrungshorizont ein und hinterlassen stets dieses klägliche Gefühl, einer Stadt nicht gerecht zu werden, weil man nie alles abhaken kann. Dabei ist ja gerade das Brandenburger Tor ein absoluter Nicht-Ort, den kein Berliner je bewusst aufsucht (außer mit Verwandtenbesuch). Trotzdem wird das Tor in jedem Berlin-Reiseführer gepriesen, weil es ein Symbol der Stadt ist.

Konventionelle Reiseführer verfolgen ein ehrenwertes Ziel: dem Urlauber ein bisschen Wissen an die Hand geben, was generell nicht schadet. Aber erstens gibt es dafür heute das Smartphone. Und zweitens geben sich die Orte, die im Reiseführer stehen, zwangsläufig als wahnsinnig interessant aus, um ihre Präsenz im Buch zu rechtfertigen. So drängen Reiseführer immer »zum Mithalten mit ihrer autoritären Begeisterung«, wie

Alain de Botton es formuliert. Der Einheimische weiß, dass diese Erregung durch nichts gerechtfertigt ist. Das ist ohnehin ein aufschlussreiches Experiment: Man besorge sich einen Reiseführer seines Heimatortes und erkunde damit die Gegend. Die Perspektive eines Touristen auf die eigene Stadt kann erhellend sein, und vielleicht findet man interessante, bisher unbekannte Ecken. Doch oft beschleicht einen der Eindruck, dass der Verfasser einen Ort beschreibt, den man überhaupt nicht kennt.

An Salbris werde ich mich immer erinnern können. Auch an den Ort Gap in den französischen Alpen, in dem wir kein Zimmer fanden und im Gewerbegebiet auf der überdachten Laderampe eines Spediteurbetriebs schliefen. Nichts würde mir fehlen, wenn wir Montmartre, das Forum Romanum oder die Rialtobrücke nicht gesehen hätten. Enzensberger schrieb lakonisch: »Sehenswürdig ist, was man gesehen haben muss.« Wie so oft ist es allerdings so: Man *muss* gar nichts. Die *Must Visits* haben unserer Reise eine Struktur gegeben, aber kaum bleibende Erinnerungen geschaffen. Sehenswürdigkeiten sind nicht unbedingt das, was eine Reise ausmachen. Welcher Ort wirklich prägend sein wird, lässt sich nur schwer voraussagen. Im Reiseführer finden wir ihn selten. Oft wissen wir es erst hinterher, im Rückblick. Die Kunst des Reisens liegt darin, jene Marker zu finden, die wirklich Begeisterung in uns wecken.

Und wie stellt man es an mit Sehenswürdigkeiten, die zurecht in jedem Reiseführer stehen und somit furchtbar überlaufen sind? Ich habe auch nur eine Notlösung: früh aufstehen. Die schönste Stimmung in einer Altstadt oder Tempelruine herrscht im Morgengrauen oder in der Abenddämmerung. Und auf eines können wir an fast allen berühmten Orten der Welt vertrauen: Die meisten Menschen sind bequem. Es ist einfach, den Massen zu entgehen. Vor Angkor Wat stellen sich zum Sonnenaufgang hunderte Besucher an den zwei vorgelagerten Teichen auf, um die Ruinen zu fotografieren. Wer dagegen in den Tempel hineinläuft, hat die Säulengänge praktisch für sich. Die Massen stürzen sich auf wenige Flecken. Wer die bekannten Boulevards verlässt, kann bald ungestört flanieren. Und warum nicht Utrecht statt Amsterdam? Aarhus statt Kopenhagen? Bukarest statt Budapest?

Als ein Freund und ich vor einigen Jahren in Peru morgens das Hostel verlassen, um eine der berühmtesten Sehenswürdigkeiten der Welt zu sehen, ist es draußen so einsam wie ein Friedhof um Mitternacht. Wir steigen von Aguas Caliente über einen Pfad den Berg hinauf, bevor die ersten Busse auf der Serpentinenstraße unterwegs sind. Der Weg ist steil und rutschig, Feuchtigkeit hängt im Gebirge. Unsere Shirts sind sofort durchgeschwitzt. Nach gut einer Stunde erreichen wir unser Ziel und begeben uns zum *Haus des Wächters*, weil wir gelesen haben, dass dies der beste Aussichtspunkt ist. Wir starren frierend in den Nebel. Dann passiert es: Der Wind reißt kleine Löcher in die graue Wolkenwand, erst sind nur Fetzen zu sehen, dann immer mehr, und schließlich gibt die Natur den Blick frei: Vor uns liegt die Inkastadt Machu Picchu, verhangen, mystisch, nahezu menschenleer. Wenig später, nachdem die Buskolonne eingetroffen und die Sonne aufgegangen ist, verflüchtigt sich dieser Eindruck. Nun strömen sie herbei, die anderen Touristen, die Tausende neuer Fotos machen. Wir sind natürlich froh, es klüger angestellt zu haben. Aber ohne ihre Bilder wären wir nicht hier.

Wo es noch authentisch ist

Wer das kulinarische Wahrzeichen Münchens besucht, trägt scheinbar zu dessen Zerstörung bei. Auf Tripadvisor lauten viele Urteile über das weltbekannte Hofbräuhaus ungefähr so: »einfach zu touristisch«, »Touristenabzocke«, »zu einer Touristenattraktion für Ausländer verkommen«, »sehr künstliches Ambiente«, »kein Münchner geht dahin«. »Das hat mit dem echten München nichts mehr zu tun«, schreibt Franzi3000. Was hier bayerisches Lebensgefühl sein soll, wisse er nicht, erklärt Christian. Ein anderer behauptet, Einheimische habe er dort keine gesehen. Das Wirtshaus wirbt als »Ursprung von Tradition, Gemütlichkeit und Gastfreundschaft«, doch ein Amerikaner hat stattdessen ein »disgusting tourist hellhole« beobachtet. Glaubt man den Bewertungen vieler Kritiker, hat das Hofbräuhaus auch ein ernstzunehmendes Problem mit der Bedienung. Interessanter sind aber die vielen Gäste, die das Lokal als »unbayerisch« empfunden haben. Dass die Gaststätte auf Touristen ausgerichtet ist, wird nicht als zielgruppenorientierter Service wahrgenommen, sondern als kommerzielle

Massenabfertigung. Viele Besucher haben sich sozusagen an sich selbst gestört. Konventionelle Sehenswürdigkeiten ziehen viele Touristen an, was sie wiederum für viele Individualreisende unattraktiv macht: Sie gelten als Orte, die man eigentlich nicht mehr besuchen muss. Die Masse ist kein positiver Marker mehr, sondern wirkt abstoßend. Die Attraktion, einstmals ein sehenswerter Ort, gilt als nicht mehr authentisch. Aber was heißt das? Wann ist ein Ort nicht mehr echt?

Die Sehnsucht, einen vom Fremdenverkehr unberührten Ort zu finden, begleitet die Reflexion über das Reisen schon so lange wie der Spott über den gemeinen Touristen. Der Traveler sucht die letzten ursprünglichen Orte wie Statussymbole, dessen Wert sich daraus ergibt, dass nicht jeder sie haben kann. »Der Mitreisende *stört*; er raubt uns die Einzigartigkeit unserer Erfahrung und verringert ihren Wert auf dem Markt der kulturellen Eitelkeiten«, schreibt Christoph Hennig. Der Traveler sei im Gegensatz zum Touristen immer schon an Orten gewesen, bevor diese von der Masse entdeckt wurden. Und er will dort rechtzeitig wieder weg sein. Der große Traum bestehe darin, irgendwo einmal der erste Tourist zu sein. Weil dieses Ziel praktisch nicht zu erreichen ist und mittlerweile schon Achtzigjährige auf dem Everest gewesen sind, reicht es vorerst, der erste im Bekannten- oder Kollegenkreis zu sein, der ein bestimmtes Land bereist hat. Kroatien? Albanien! Vietnam? Myanmar! Namibia? Sambia! Marokko? Mali! Mexiko? Belize! Brasilien? Venezuela!

Der wahre Reisende stellt vermeintlich immer alles besser an. Er hat das wahrhaftigere, bessere Reiseerlebnis. Jedenfalls glaubt er das. Das Prinzip ist immer gleich. Man selbst bucht von Bogotá nach Cartagena einen Inlandsflug, der Traveler ist vierzehn Stunden im Überlandbus unterwegs. In der Halong-Bucht lässt man sich einen der durchgetakteten Bootsausflüge mit Karaoke an Bord aufschwatzen; der Traveler fährt mit dem ältesten Fischer des Dorfes hinaus aufs Meer. In Iquitos paddelt man auf dem Rio Marañón zu einem indigenen Dorf im Regenwald, der Traveler wohnt bei Schamanen und erblickt im Ayahuasca-Rausch das Jenseits. Im Himalaya umrundet man den Annapurna; der Traveler fastet am Fuße des Kailash in einer Höhle wie Milarepa und wird von einem zahnlosen Sherpa in die Familie aufgenommen.

Der Journalist Philipp Mattheis hat diesem Prototyp des »wahren Reisenden« das Buch *Banana Pancake Trail* gewidmet. Mattheis war auf dem Trampelpfad der Rucksackreisenden unterwegs, in Südostasien und Mittelamerika, und hat alle Klischees erlebt: den Wahnsinn der Khaosan Road in Bangkok, die Verehrung des *Lonely Planet* als Backpacker-Bibel, die ewige Suche nach Geheimtipps und *dem* Strand, die Indien-Glorifizierung als »Benchmark aller Bananenpfannkuchenesser«, die Amerika-Verachtung, die hängengebliebenen Kiffer, das möglichst lange und beschwerliche Reisen als Ware auf dem Jahrmarkt der Eitelkeiten, das obsessive Feilschen um Minibeträge als »selbstauferlegte Kasteiung« für die Wohlstandskids, die Rollkoffer-Phobie. Das ist natürlich alles richtig und zugleich alles stark überzeichnet.[1]

---

1 — Der Spott über den Backpacker ist nicht ganz neu. Die Dandys Eckhart Nickel und Christian Kracht notierten schon 2001, was es auf Reisen zu meiden gelte, darunter: den Reiseführer *Lonely Planet*, Menschen, die den *Lonely Planet*-Reiseführer mit sich führen und ihn in einem Café in Nepal, Malaysia oder sonstwo lesen.

Allein der Rucksack auf dem Rücken hat noch nie so wenig wie heute etwas darüber ausgesagt, wie jemand reist.[2] Aber es gibt unverändert den wahren Reisenden, der ein Land möglichst authentisch erleben will. Oft tritt er in der Erscheinung des Backpackers auf, aber nicht ausschließlich. Dieser Typ würde niemals eine Pauschalreise buchen und ist darauf auch nicht angewiesen, weil er sich in der Welt selbst zurechtfindet. Er gehört nicht zu den Post-Touristen, die »wissen, dass das, was sie sehen, *nicht authentisch ist,* aber das Spiel trotzdem mitspielen«, wie Marco d'Eramo schreibt. Er sucht unverfälschte Erlebnisse ohne ironisches Augenzwinkern. Und er teilt eher nicht die bekannte Auffassung des Malers David Hockney – »Surface is an illusion, but so is depth« – , sondern hat den Anspruch, tatsächlich hinter die Fassade zu schauen. Der große Traum des wahren Reisenden besteht darin, gar kein Tourist zu sein – sondern quasi ein Einheimischer.

Überhaupt der Einheimische, der *local.*[3] Er ist der Antagonist des Urlaubers, sein Alltag eine mythische Gegenwelt zum Tourismus. Der wahre Reisende will unbedingt so fortkommen, schlafen und essen wie der *local,* weil das seiner Meinung nach per se eine authentische Erfahrung sei. Dabei besteht immer

2 — Der Backpacker hat sich in verschiedene soziologische Untertypen aufgesplittert. Am einen Ende der Skala existiert weiterhin der minimalistische Hippie, der Flugzeuge meidet und Touristenaufschläge einheimischer Händler als persönliche Beleidigung empfindet. Am anderen Ende begegnen wir einem relativ neuen Phänotyp, dem *Flashpacker.* Er reist zwar auch individuell mit Rucksack, hat aber Kamera und Tablet dabei und keine Lust, die Nacht in einem stickigen Mehrbettzimmer zwischen fünf betrunkenen Briten im Gap Year zu verbringen. Der Flashpacker hat mehr Geld als Zeit, ist eher vernetzter Konsummensch als Öko.

3 — Der wahre Reisende sagt nicht Einheimischer, sondern *local.* Das klingt cooler, lässiger, eingeweihter.

die Gefahr, dass der Traveler das Klischee vom edlen Wilden reproduziert, jener ahistorischen Figur exotischer Ursprünglichkeit, die noch nicht von der westlichen Zivilisation verdorben wurde – ein beliebtes Fotomotiv. Je nach Kulturkreis sieht diese Figur anders aus: der omanische Händler im Souq von Nizwa, die bolivianische Marktfrau mit Bombín-Hut in La Paz, der stolze Massai in der Savanne Kenias.[4] Im Extremfall gipfelt die Fetischisierung des *locals* in einer unappetitlichen Anbiederung an die Armut. Wer sich aber einen Langstreckenflug für 600 Euro nach Mumbai leisten kann, ist aus Sicht der meisten Inder reich, auch wenn er löchrige Kleidung trägt und die Körperpflege vernachlässigt. Der Reisende entkommt nicht seiner Rolle als Tourist. »Backpacker sind die Glückskinder des Westens auf ihrer Stippvisite in die Armut«, sagt Philipp Mattheis. In der Ferne versuchen sie, den Zwängen der Konsumgesellschaft zu entkommen. Das ist herzergreifend naiv: »Viele dieser Dauergestrandeten erliegen der Illusion, in armen Ländern seien die Menschen nicht so materialistisch und viel weniger auf Geld und Statussymbole fixiert. Das stimmt leider nicht.« Willkommen im globalen Kapitalismus.

Authentische Reiseerlebnisse mit der einheimischen Bevölkerung sind kein alleiniges Merkmal von Individualreisen mehr, sie gehören längst zum organisierten Tourismus. Der Urlauber wolle nicht mehr nach Hause kommen und erzählen, wie toll das Hotel war, sondern dass er bei einer kubanischen Familie in der Küche saß, sagt der Geschäftsführer von Marco Polo Reisen, Holger Baldus. Die Gäste übernachten daher auch in *casas*

---

4 — Es gibt nur *stolze Massai*. Der Massai als unsicheres Nervenbündel ist offenbar nicht denkbar.

particulares. Auf China-Rundreise fährt die Gruppe in Shanghai auf einer morgendlichen Fahrradtour mitten durch den Verkehr der Millionenmetropole. »Man sieht, wie Menschen morgens im Park Tai Chi machen oder in Garküchen frühstücken.« Der Alltag als Sehenswürdigkeit, das haue einen einfach um. Der deutsche Reisende wolle heute Erlebnisse, die nicht aufgesetzt sind, erklärt der Tourismusprofi. »Er ist da sehr wählerisch geworden.« Kitsch kaufe einem niemand mehr ab. »Wenn es nach Werbeverkaufsveranstaltung riecht, werden unsere Gäste richtig sauer.« Dass viele Begegnungen auf geführten Rundreisen inszeniert sind, darüber sind sich die Beteiligten im Klaren. Aber nicht immer. Hauser Exkursionen aus München lässt seine Gäste in Algerien mit Tuareg[5] auf Kamelen durch die Wüste reiten. »Das ist keine eingekaufte Mannschaft, die machen das nicht jede Woche oder jeden Monat und nur mit uns, weil wir den Ältestenrat der Region kennen«, versichert Geschäftsführer Ovid Jacota. Der Reiseleiter sei entweder selbst Touareg oder habe einen guten Draht zu den Einheimischen, als eine Art Brückenbauer. »Das ist ein extrem authentischer Austausch zwischen den Kulturen.«

Wann sind Länder und Regionen wirklich noch ursprünglich? Wenn ein Reisender ein Dorf besucht, ist das ein untrügliches Zeichen dafür, dass sich schon etwas verändert hat. Wir neigen dazu, dies nicht auf uns selbst zurückzuführen. Aber leider existieren viele beliebte Reiseziele überhaupt nur wegen der und für die Touristen. Ein Alpendorf wie St. Jakob im Defereggental oder eine Ägäis-Insel wie Karpathos wäre von

5 — Das Wüstenvolk der Tuareg lebt in der Sahara und Sahelzone.

Abwanderung und wirtschaftlicher Ödnis geprägt, wenn dort niemals Urlauber aufgetaucht wären. Santorin mit seinen weiß getünchten Häusern und blauen Kuppeldächern ist eine romantische Fantasie für Honeymooner und Menschen, die sich lieben oder das zumindest glauben und dafür noch die passenden Bilder brauchen. Wer hier »das wahre Griechenland« sucht, macht sich lächerlich. Christoph Hennig ist der Meinung, dass die touristische Wahrnehmung wenig mit der Wirklichkeit zu tun hat: »Sie konstruiert eigene Erfahrungsräume, die wesentlich durch Phantasie und Projektion geformt sind.« Santorin ist ein extremes Beispiel, oft ist der Einfluss subtiler. Doch für fast alle Reiseziele gilt: Die Realität ist eine touristische. Der Reisende formt den touristischen Raum und besichtigt gewissermaßen, was er geschaffen hat. Er sucht Authentizität und begegnet sich selbst. In einem nepalesischen Bergdorf wundert er sich über Coca Cola, dabei ist er es, der sie trinkt. Andersherum ist auch die Wirklichkeit der Einheimischen eine touristische. Der tibetische Dorfbewohner importiert die Cola über einen Pass aus China, um sie dem Trekkingtourist bei dessen Achttausender-Umrundung zu verkaufen. Er betreibt vielleicht eine kleine Lodge, in der Wandergruppen übernachten, und hat seinen eigentlichen Beruf längst aufgegeben. In vielen Entwicklungsländern bringt der Besucher aus dem Ausland so viel Geld, dass anderes Einkommen im Vergleich nicht mehr lohnt. In Nepal haben die Sherpa eigene Trekkingagenturen gegründet und sind zu wohlhabenden Unternehmern aufgestiegen. Die Anwesenheit von Touristen ist für viele Menschen in Schwellen- und Entwicklungsländern überhaupt nicht beklagenswert, sondern absolut zu begrüßen. Der geheime Wunsch des Reisenden, die

Leute mögen bis in alle Ewigkeit ihr rückständiges Leben wei-
terführen, ist im besten Fall egoistisch. Man könnte aber auch
sagen: arrogant und neo-kolonial.

Die touristische Realität herrscht schon lange nicht mehr
nur in den Metropolen und Urlaubszentren Europas, die durch
die Anwesenheit anderer Gäste erst attraktiv werden, weil es
andernfalls »wie ausgestorben« aussähe.[6] Auch viele Reiseziele
auf anderen Kontinenten haben sich zu Hotspots entwickelt,
die mittlerweile genauso unter dem Massentourismus leiden
wie Mallorca.[7] Der Banana Pancake Trail durch Vietnam zum
Beispiel ist voll auf die Reiseströme eingestellt, alles ist vorbild-
lich organisiert. Die Hostels können binnen einer Stunde praktisch alles organisieren: Bustickets, Leihfahrräder, Motorrad-
ausflüge, US-Dollar, Inlandsflüge. Mir kam es vor, als beschaute
ich in Vietnam in erster Linie den Tourismus selbst, aber nicht
das traditionelle Asien, das der legendäre Reporter Tiziano
Terzani beschrieben hat. Kein Bedauern, kein Selbstmitleid –
albern wäre das. Mir war es vorher nur nicht bewusst gewesen.
Vielleicht habe ich auch nicht genau genug hingeschaut und
mich im Dschungel der Tripadvisor-Zertifikate verlaufen.

Simon Coleman und Mike Crang beschreiben den Tourismus als expansive Ökonomie, die nostalgisch ständig um das
trauert, was sie selbst zerstört hat. Die Möglichkeiten, noch

6 — In Berlin ziehen junge Deutsche aus Bad Oeynhausen, Koblenz oder Meppen an
die Oranienstraße oder in den Schillerkiez und sind ganz euphorisiert, wenn sie im
Würgeengel mit einer Gruppe französischer Kunststudenten an der Bar diskutieren
und in der *Griesmühle* neben schwedischen und georgischen Techno-Connaisseurs im
Stroboskop tanzen. Die Internationalität der Stadt macht Berlin interessant.

7 — Die thailändische Insel Koh Phi Phi – berühmt für die Maya Bay, Kulisse für den
Hollywood-Film *The Beach* mit Leonardo DiCaprio – wurde 2018 vorübergehend für
Touristen gesperrt, weil die zunehmenden Besuchermassen das Korallenriff schädigten.

untouristische Gegenden zu entdecken, schwinden: »The really authentic unspoiled place is always displaced in space or time – it is spatially located over the next hill, or temporally existed just a generation ago.« Der unberührte Ort liegt immer hinter dem nächsten Hügel oder es gab ihn nur eine Generation zuvor. Natürlich kann man noch durch den Tschad reisen oder nach Gabun, durch Usbekistan und die innere Mongolei. Das sind zweifelsohne lohnende Ziele, die Sehnsucht wecken, weil sie noch wenig erschlossen sind. Doch die Welt ist größtenteils entdeckt, der Tourismus ist fast überall. Was ist Tradition? Was Adaption? Wo verlaufen die Bruchlinien?

Mag sein, dass die Dischdascha des omanischen Händlers seit Jahrhunderten das beste Outfit in der Gluthitze der arabischen Halbinsel und daher ein sozusagen authentisches Kleidungsstück darstellt. Der Bowler-Hut der bolivianischen Cholitas zum Beispiel ist aber eine Adaption europäischer Mode. Der Legende nach hat ein italienischer Herrenausstatter versehentlich eine Lieferung nach Bolivien exportiert, vielleicht war es auch eine britische Firma. Auf jeden Fall hatten die spanischen Kolonialherren Ende des 18. Jahrhunderts die indigene Tracht verboten, und daher griffen die Bolivianer auf europäische Moden zurück. Wie authentisch ist nun ein Hut, den die weißen Unterdrücker eingeführt haben? Ist Authentizität überhaupt eine sinnvolle Kategorie, um sich der Wirklichkeit zu nähern?

In Afrika ist die Wahrscheinlichkeit besonders hoch, inszenierter Authentizität auf den Leim zu gehen, *Fakelore* und echte Tradition zu verwechseln, auf optische Täuschungen hereinzufallen wie bei einem Vexierbild, und diese Annahme ist schon die erste Projektion. Weil einem Europäer die ethnischen und

sozialen Referenzsysteme in Afrika fehlten, schreibt Bartholomäus Grill, bleibe ihm nur »hermeneutischer Kolonialismus«.
Welcher Tourist, der in einer Safari-Lodge für 500 Dollar pro
Nacht tribalistisch anmutende Tänze im Feuerschein vorge-
führt bekommt, will auf dem Kontinent dem Zeitgeist nachspüren? In Afrika sehen viele nur Krieg, Krankheiten, Hunger
und weibliche Genitalverstümmelung – oder eine vormoderne
Idylle, Masken und Massai. Moderne Erfolgsgeschichten locken
eher weniger Urlauber. In Ruanda haben die Hutu 1994 in wenigen Wochen einen Völkermord an ungefähr 800 000 Tutsi
begangen, doch das Land entwickelte sich in den folgenden
25 Jahren zu einem leuchtenden Beispiel für die Aussöhnung
zwischen Tätern und Opfern.[8] Heute gilt Ruanda als »Schweiz
Afrikas«. Die Straßen in Kigali sind sauberer als in Köln, und
niemand fährt zu schnell. Das Land lag im Global Gender Gap
Report 2017 weltweit auf Platz vier. Die Journalistin Barbara
Achermann hat beschrieben, wie progressiv die Menschen
in Ruanda beim Sex sind. Die Männer wissen mehr über den
weiblichen Orgasmus als kaum irgendwo sonst auf der Welt.[9]
Doch viele Touristen suchen nur die geskriptete Authentizität
einer Vormoderne, die ihren klischeebehafteten Vorstellungen
entspricht. So auch in Botswana. Das Land ist beliebt wegen

8 — Im Kigali Genocide Memorial erfährt man, dass die ethnische Trennung der ruandischen Bevölkerung auf die belgischen Kolonialherren zurückgeht. Hutu, Tutsi und
Twa waren sozioökonomische Kategorien innerhalb der 18 verschiedenen Klans, bis
die Belgier 1932 Identitätskarten einführten, die aus den Differenzen rassische Unter-
schiede ableiteten. »We lived in peace for many centuries, but now the divide between
us had begun«, heißt es auf einer Informationstafel in dem Museum.

9 — Die erotische Lehre um die weibliche Ejakulation heißt Kunyaza, was so viel
bedeutet wie »sie zum Pinkeln bringen«. Es geht darum, dass der Mann der Frau das
»heilige Wasser« entlockt.

seiner Natur und dem Wildlife. Und es ist die Heimat der San. Beides ist nicht voneinander zu trennen.

Um das Deception Valley in der Kalahari zu erreichen, eine der einsamsten Regionen des Kontinents, sitze ich in einer Cessna U206 mit sechs Sitzen. Das Flugzeug ist in Maun gestartet, ich schaue hinab auf menschenleere Savanne. Am Horizont türmt sich ein Gewitter auf, das wir umfliegen. Die Maschine setzt auf einer Buschpiste auf, soweit von der nächsten Ansiedlung entfernt, dass jeder hier ausgesetzte Mensch verhungern, verdursten oder gefressen würde. Dabei ist die Landschaft jetzt, in der Regenzeit, unschuldig schön. Saftiges Gras bedeckt die Ebene, Bäume und Dornbüsche tragen dichtes Blattwerk. Wildrosen wiegen sich sanft im Wind, umringt von Schmetterlingen. Die Dürre der Trockenperiode ist kaum vorstellbar. Die Wüste blüht.

Das Kalahari Plains Camp ist eine der wohl exklusivsten Unterkünfte in Afrika. Nur eine Handvoll durchgängig betriebene Safari-Lodges gibt es im Central Kalahari Game Reserve, einem Schutzgebiet größer als Niedersachsen. Die Unterkunft besteht aus acht Zelt-Chalets mit eigenen Badezimmern, einer großen Lounge samt Speisesaal und einem Pool. Eine Solaranlage produziert den Strom. Der All-inclusive-Tarif beträgt 695 bis 995 US-Dollar pro Nacht pro Person, je nach Saison. Safari-Afrika als Lebenstraum für Besserverdiener.

Im Deception Valley lassen sich die Wildtiere Afrikas beobachten. Wir sehen Steinböcke, Springböcke, Streifengnus und Oryx-Antilopen; Reiher, Sattelstörche, Riesentrappen und Marabus; Schakale, Geparden und den mächtigen Kalahari-Löwen mit seiner schwarzen Mähne. Die Ebene mit ihren weiten

A   B   C   D

ANGOLA

SAMBIA

1

Sansibar

SIMBABWE

NAMIBIA

2

Kalahari
Plains Camp

*Central Kalahari
Game Reserve*

★Windhuk

BOTSWANA

Gaborone ★

3

Johannesburg

4

LESOTHO

SÜDAFRIKA

5

●Kapstadt

100 km

Graspfannen, unterbrochen nur von Bauminseln, bildet ein hervorragendes Jagdgebiet für die Raubtiere. Zehn Stunden sind wir mit Allrad-Fahrzeugen unterwegs in dieser verlassenen Landschaft, die allein den Tieren gehört, ohne auf andere Menschen zu treffen. Am Nachmittag türmen sich schiefergraue Wolken auf. Das Gewitter treibt den Wind erst sanft über die Gräser, dann immer heftiger, bis sich die dramatische Stimmung schließlich entlädt. Donner grollen, Blitze am Horizont. Der Moment wird angemessen gewürdigt – mit Bier, Whisky und Gin Tonic. Unser Guide hat eine Kühlbox dabei.

Die Geschichte des Central Kalahari Game Reserve hat ein dunkles Kapitel. Um die Tiere zu schützen (und Diamanten abzubauen), hat man die Menschen ausgesperrt. Nicht die zahlungskräftigen Touristen. Aber die Ureinwohner.

Das Reservat wurde 1961 gegründet, zum Schutz der San, auch Basarwa oder Buschleute genannt.[10] Damals war Botswana noch ein britisches Protektorat namens Betschuanaland. Die Ureinwohner lebten seit Jahrhunderten als Jäger und Sammler in der Kalahari und wurden irgendwann sesshaft. Ende der 1990er Jahre forderte die botswanische Regierung die San zum Verlassen des Reservats auf und siedelte sie schließlich unter Zwang um. Für viele begann ein Leben in Apathie und Alkoholsucht. Der Oberste Gerichtshof des Landes erlaubte zwar 2006 die Rückkehr der Buschleute. Doch der Bau von Brunnen

10 — Die Ureinwohner der Kalahari korrekt zu bezeichnen, ist nicht einfach. Viele Begriffe wie das burische »Bosmanneken« (Männer, die aus dem Busch kommen) drücken eine rassistische Weltsicht aus. Das akademische »San« bezeichnet eigentlich nur eine Sprachgruppe im südlichen Afrika und wird von den Menschen selbst nicht benutzt. Ihre eigene Sprache ist für uns nahezu unaussprechlich. (Vgl. Lübbert: Botswana, Reise Know-How)

wurde zunächst verboten, und das Jagen ist heute illegal. Für die traditionelle Lebensweise der San gibt es in der Moderne keinen Platz mehr, weder geografisch noch kulturell. Beides hängt untrennbar miteinander zusammen. Die San haben ihr Land verloren – und damit alles, was sie sind. Die Ureinwohner sind nicht verschwunden. Manche von ihnen arbeiten heute in Safari-Lodges. Sie nehmen die Gäste mit auf *bush walks*, auf geführte Touren zu Fuß durch den Busch.

Ein älteres, österreichisches Ehepaar und ich stehen also vor vier Frauen und Männern, die Felle tragen und uns erklären, wie man Spuren liest, eine Falle baut, um einen Springhasen zu fangen, und Feuer nur durch das Reiben dünner Stöcke zwischen den Händen entfacht. Diese traditionellen Fertigkeiten vermitteln die San eher scherzhaft, das gehört dazu, der Älteste lacht häufig ohne erkennbaren Anlass, wenn er etwas erklärt, und am Ende zündet er sich eine Pfeife an. Verstehen können wir ihn nicht. Die Sprache der San besteht aus Klick- und Schnalzlauten, unmöglich zu erlernen für einen Ausländer. Ein Dolmetscher ist dabei. Am Ende des Spaziergangs setzen wir uns im Kreis vor eine Hütte. Die San stimmen ein Lied an, es wird getrommelt, wir summen mit. Als die Darbietung vorbei ist, deutet die Österreicherin auf die Hütte hinter uns, ein hölzerner Rundbau mit Strohdach. Ob es in der kleinen Hütte zum Schlafen nicht unbequem sei, fragt die Frau mit paternalistischer Sorge in der Stimme. Der Älteste versteht kein Englisch, der Übersetzer hört gerade nicht zu, und so bleibt für den Moment ungeklärt, ob die San tatsächlich in Strohhütten ohne Strom und Wasser wohnen. Sie tun es nicht. Sie tragen im Alltag auch keine Felle. Das machen sie nur für uns.

Ich kann nicht behaupten, dass ich die Vorführung als entwürdigend empfunden habe. Die Frauen und Männer wirkten heiter, soweit der Ausdruck eines Gesichts eine universelle Sprache spricht. Keine Scham, durchaus Stolz. Aber das ist natürlich mein ganz subjektiver Eindruck. Es war vor allem die Frage der Österreicherin, über die ich nicht aufhören konnte nachzudenken – ein kurioses Missverständnis, ein Moment der Wahrheit. Das Beispiel zeigt: Welche Traditionen und Lebensweisen in einem Land oder einer Region (noch) authentisch sind, können wir nicht ohne weiteres beurteilen. Je exotischer die Kultur, umso wahrscheinlicher die Fehlwahrnehmung. Das Hofbräuhaus in München mag als Touristenspektakel schnell entlarvt sein. Aber wie steht es um ein vietnamesische Restaurant? Ein balinesisches Dorf? Ein laotisches Straßenfest? Eine koreanische Teezeremonie? Oft handelt es sich um inszenierte Authentizität.[11] Aus Sicht der Einheimischen ist das meist völlig unproblematisch. Der Tourist jedoch, der Original und Kopie ohnehin kaum auseinanderhalten kann, empört sich, wenn er merkt, dass der Schein trügt. Er bringt oft erst den Fortschritt, den er wehleidig beklagt. Es ist seine Kultur, die zunehmend das Alte verdrängt, wodurch er immer seltener findet, wonach er sucht. »Ich bin davon überzeugt, dass wir auf Reisen ebenso sehr nach dem Ausschau halten, was wir vergessen haben, wie nach dem, was wir nicht kennen«, stellt Dan Kieran in seinem

---

11 — Marco d'Eramo nennt als Beispiel das chinesische Lijang, eine Mega-Attraktion, für die authentische alte Häuser durch falsche traditionelle Häuser ersetzt wurden. »Das chinesische Desinteresse an der Ruine erklärt die ganz andere Auffassung von Authentizität. In den Augen chinesischer Besucher nimmt die Tatsache, dass die Mu-Residenz von Grund auf neu errichtet wurde, dieser nichts von ihrer Echtheit oder ihrer Wahrheit.«

Buch *Slow Travel* fest. Doch der Glaube an Erfüllung durch Konsum ist dabei, auch in den hintersten Winkeln der Welt die alten Götter zu vertreiben. Wie selbstgerecht und heuchlerisch wäre es, dies zu beklagen?

Die Suche nach dem ursprünglichen Echten führt auf Reisen oft in die Irre. Das ist kein Problem. Irren ist hilfreich, dadurch lernt man dazu. Schwierig wird es aber, wenn der Versuch, sich immer wieder gegen die touristische Wirklichkeit zur Wehr zu setzen, unnötig Energien bindet. Die Ressource der Aufmerksamkeit lässt sich sinnvoller einsetzen. Der Traveler, der über die anderen Reisenden nörgelt, die nicht so *off the beaten path* unterwegs sind, verhält sich wie eine Autoimmunstörung, die ständig überreizt auf sich selbst reagiert. Authentizität ist kein Wert an sich. Was bringt es, eine chinesische Industriestadt zu besuchen, die aus guten Gründen in keinem Reiseführer steht? Oder sich an einem teuflischen Curry zu versuchen, das einen drei Tage auf die Toilette schickt? Reisekataloge wecken gleichermaßen die Sehnsucht nach Vergangenheit, wenn sie von Orten schwärmen, wo »das Leben noch pulsiert wie in alten Zeiten«. Die Welt als hübsches Museum. Das ist meist nicht die Realität. Ehrlicher ist es, seiner Neugier zu folgen, Anstrengung zu investieren und mutig zu sein – und der Welt bei der Veränderung zuzuschauen. Nichts ist so authentisch wie die Gegenwart. Und nichts sagt so viel über die Gegenwart aus wie die Menschen.

»Die Touristen wollen Tänze sehen«, erklärt die Frau vom Fremdenverkehrsbüro dem Dorfältesten. Kochen wollen sie und werkeln und nicht nur herumsitzen. »Es muss ein Paket sein. 10 bis 15 Dollar könnte jeder Besucher für die Community hierlassen.« Sengbeh Sannoh lächelt. Dann sagt der Mann, der von sich behauptet, hundert Jahre alt zu sein: »Ich bin ein guter Tänzer.« Besucher seien immer willkommen. Er hat keinen Schimmer davon, was die Frau aus der Stadt von ihm will, die 2013 eine Gruppe Journalisten in den Dschungel von Sierra Leone führt, um das touristische Potenzial des Landes zu zeigen, nach Jene, in ein kleines Dorf am Moa-Fluss. Bislang waren noch keine Touristen da. Das soll sich ändern. Gegenüber auf Tiwai Island leben seltene Zwergflusspferde. Geht es nach dem Tourismusministerium, wird die zwölf Quadratkilometer große Insel einmal ein Zentrum für nachhaltigen Tourismus sein. Um herauszufinden, wie sich mit den acht Dörfern an den Grenzen des Reservats zusammenarbeiten lässt, spricht die Regierung mit Männern wie Sengbeh Sannoh. Der trägt ein Hemd mit Palmen, einen geflochtenen Hut und Sandalen, seine Augen sind trübe. »Mögen wir uns bei bester Gesundheit wiedersehen. Dann werde ich für euch tanzen«, sagt er zum Abschied und humpelt davon.

Ein Jahr später bricht Ebola in der Region aus. Die Hoffnung auf Touristen ist dahin.

Buchen Sie Ihren Ausflug bei Adventure Tours!

Der Duden definiert ein Abenteuer als »außergewöhnliches, erregendes Erlebnis« oder auch als »riskantes Unternehmen«. Ich will erklären, warum ich beides für unzutreffend halte. Das Abenteuer auf Reisen muss nicht riskant und kein spektakulärer Adrenalin-Treiber sein.

Ein deutscher Pauschalurlauber ist gut abgesichert. Er bekommt bei der Insolvenz des Reiseveranstalters sein Geld zurück, das garantiert ihm der sogenannte Sicherungsschein. Bei belegbaren Reisemängeln (verdorbenes Essen; permanenter Baulärm im Hotel; der Reiseleiter ist anders als versprochen kein studierter Ethnologe, sondern ein ahnungsloser Komödiant) steht dem Kunden eine nachträgliche Minderung des Reisepreises zu. Auch Schadenersatz bekommt der Gast, wenn eine geplante Reise kurzfristig abgesagt oder stark verkürzt wird. »Nutzlose aufgewendete Urlaubszeit« heißt das im Reiserecht. Der Pauschalreisende hat außerdem stets einen Ansprechpartner vor Ort. Aufgrund dieser Merkmale sprechen die Veranstalter gerne von einem »Vollkasko-Schutz«. Sie meinen das ausdrücklich positiv. Pauschalreisen versprechen kein Risiko, aber Rund-um-Betreuung. Daher ist es leicht, über sie zu spotten. Das echte Reisen, so die Annahme, beginnt jenseits von Reiseleiter und organisierter Bustour. Ist das wirklich so?

Auch ohne Pauschalpaket, das bei einem deutschen Veranstalter gebucht wird, lässt sich mittlerweile bequem und ohne Widerstände durch die Welt reisen. Das hängt mit der Expansion des globalen Tourismus zusammen. Ob Bergwanderung im georgischen Kaukasus, Übernachtung in der marokkanischen Sahara, Vulkanbesteigung auf Java oder Tagestour zu den Vietcong-Tunneln von Cu Chi: Auf der ganzen Welt gibt es Agenturen und Tour Operator vor Ort, die nahezu jedes Reiseerlebnis auf das Format eines organisierten Ausflugs herunterbrechen. Start-ups wie Mister Trip, WeDesignTrips und Evaneos vermitteln Reisenden in Deutschland individuelle Touren von lokalen Veranstaltern. Die Zielgruppe des Portals WeDesignTrips zum Beispiel sind Menschen, die eher 35 als 25 sind. Tendenziell handelt es sich um Leute mit einem festen Job und eher zwei Wochen statt zwei Monaten Zeit zum Reisen. Rucksackreisende, die in die Jahre gekommen sind. Heute soll unterwegs bitte alles glattgehen. Geschäftsführer Ambos Gasser nennt sie »Backpacker mit Bausparvertrag«, und das ist nicht verächtlich gemeint. Wem solche Arrangements von Deutschland aus zu spießig sind, der schaut in den *Lonely Planet*, fragt in der einschlägigen Backpacker-Straße nach oder im Hostel. Überall gibt es organisierte Touren, *ready to book*. Der Individualreisende ist mittlerweile unterwegs wie ein Pauschaltourist, den er so gerne belächelt. Die Welt scheint sich zu einem einzigen Banana Pancake Trail zu entwickeln.

»Dass möglichst viele intensive Erlebnisse das allerwichtigste im Leben sind, ist im Verlaufe der letzten 200 Jahre schrittweise zum zentralen Glaubenssatz unserer Zivilisation geworden«, sagt der Nachhaltigkeits- und Klimapolitikforscher Felix Ekardt über den Sinn von Fernreisen. Er meint das offenbar nicht positiv. Der Herausgeber des britischen Reisemagazins *The Idler,* Tom Hodgkinson, stellte fest: »Anstatt uns dem komplizierten Projekt zu widmen, gut zu leben, neigen wir dazu, uns für ein Dasein in Arbeit und Langeweile zu entscheiden, das von hyperdynamischen ›Erlebnissen‹ unterbrochen wird, die wir von einer Liste abhaken können.« Schuften für die Bucket List.

Was deutsche Reiseveranstalter ebenso versprechen wie lokale Agenturen, ist die Reise ins vielbeschworene Unbekannte, eine Gegenwelt zu den öden Zudringlichkeiten des Lebens – ein Erlebnis, ein Ausbruch aus dem Alltag, ein Abenteuer! Als buchbares Paket. *Adventure Tours* ist der Name eines Hamburger Reisebüros, eines australischen Tour Operators, eines Schweizer Aktiv- und Radreiseveranstalters, eines Skandinavien-Spezialisten aus Dresden – und dies sind nur die ersten Treffer der Google-Suche. Knapp sechs Millionen Einträge finden sich, wenn man beide Wörter verbunden mit Anführungszeichen eingibt. Ich glaube, ein Abenteuer wird oft mit einem intensiven Erlebnis verwechselt. Beides kann zusammenfallen, aber das ist keinesfalls immer so.

Ein Land, in dem eher keine Verwechslungsgefahr besteht, ist Kamerun. Südlich von Yokadouma ist die Straße nur noch eine rotbraune Schlammpiste. Dunstverhangene, immergrüne Baumgiganten säumen die Straße. In diesen Breitengraden legt sich die feuchte Luft das ganze Jahr wie ein diesiger Schleier über die Landschaft. Unser Fahrer manövriert das Auto durch Pfützen und Furchen, immer wieder bricht die Hinterachse aus, was der Mann überhaupt nicht zur Kenntnis zu nehmen scheint. So sind nun mal die Straßenverhältnisse hier, also braucht man dazu auch nichts zu sagen. An einer Stelle neben der Piste liegt ein tonnenschwerer Laster auf der Seite. Wird jemals einer kommen, um ihn aufzurichten? Oder werden irgendwelche Menschen das Fahrzeug abtragen wie Ameisen einen Kadaver? Solche Fragen rauschen vorbei hinter schwitzigen Schläfen, in dieser fast menschenleeren Region des afrikanischen Kontinents. Wir fahren in sein Zentrum. Wenn wir nicht liegen bleiben.

Die Straße führt in den tropischen Regenwald des Kongobeckens, zum Lobéké-Nationalpark am südlichsten Zipfel Kameruns und zum Dzanga-Sangha-Reservat in der Zentralafrikanischen Republik.[1] Unsere Gruppe besteht aus zwei Journalisten (einer davon bin ich), vier Vertretern kleiner Reiseveranstalter und einem Forscher und Experten für Flughunde des Max-Planck-Instituts für Ornithologie. Das Fremdenverkehrsamt Kameruns, dessen Vertretung in Deutschland aus einer resoluten Kamerunerin besteht, hat die Reise organisiert. Soweit das möglich gewesen ist. Das Land will uns ein einzigartiges Schauspiel vorführen: Im Regenwald Zentralafrikas gibt es auf riesigen Lichtungen dutzende Waldelefanten zu beobachten, die zusammenkommen, um bestimmte Mineralien aus dem Boden zu saugen. Außerdem könnten wir Flachland-Gorillas

---

1 — Lobéké und Dzanga-Sangha bilden zusammen mit dem Nouabalé-Ndoki-Nationalpark in der Republik Kongo das trinationale Schutzgebiet am Sangha-Fluss.

sehen. Ein Arche-Noah-haftes Naturschauspiel also, es gibt nur zwei Probleme auf dieser Reise, ein bekanntes und ein weniger offenkundiges: In der Zentralafrikanischen Republik herrscht Bürgerkrieg, und wir sind im abgelegenen Südosten Kameruns.

Sieben Stunden fahren wir in Richtung Lobéké-Park. Wir sind zu spät losgekommen in Yokadouma, für ein Mittagessen ist keine Zeit vorgesehen. In einer Siedlung am Wegesrand machen wir Pause. Ein Platzregen treibt uns unter den Bretterverschlag einer Frau, die ein paar süßliche Teigtaschen frittiert, die einzige Mahlzeit bis zum Abend. Der Nachmittag dauert an.

Am Eingang zum Nationalpark treffen wir den Chef, einen hochgewachsenen Mann, der ein distinguiertes Französisch spricht, als ließe sich damit die Illusion funktionierender Verwaltungstätigkeit aufrechterhalten. Nachricht aus Yokadouma: Der Fahrer, der unsere Zelte transportieren sollte, ist von der örtlichen Polizei festgesetzt worden, weil er betrunken am Steuer saß. Wir haben keinen Platz zum Schlafen, denn in diesem Landesteil gibt es kaum Infrastruktur, erst recht keine touristische. Der einzige Ort zum Übernachten ist ein verlassenes WWF-Camp. Wir müssen den Nationalpark-Chef zuerst in seiner Funktion als lokale Autorität angemessen würdigen, bevor er uns die Erlaubnis erteilt, in dem Camp zu übernachten. Kein fließendes Wasser gibt es dort, aber ein Generator erzeugt Strom. Abends sitzen wir auf einer überdachten Terrasse und kochen Reis und Gemüse über einem Feuer, ein Lichtpunkt in der unermesslichen Schwärze des Regenwalds, umschwirrt von Insekten.

Am nächsten Tag fahren wir nach Libongo an der Grenze zur Zentralafrikanischen Republik. Das dauert etwa zwei Stunden. Weil die Sonne scheint und die Straße trocken ist. Der

Grenzfluss Kadéï führt braunes Wasser und treibt zäh dahin. Frauen waschen Kleider, auf dem Rücken Babys, am Wegesrand rostet ein Autowrack. Niemand ist über unsere Ankunft informiert worden, also müssen wir den örtlichen Würdenträgern einen Besuch abstatten. Ein Mann in Uniform notiert Namen und Daten unserer Reisepässe sorgfältig auf einem schmutzigen Zettel. Nach weiteren zwei Stunden treffen die Abgesandten der Sangha-Lodge im Dorf ein. Wegen der heiklen Sicherheitslage sei ein Besuch im Reservat nicht möglich. Entschieden habe das der Tourismusminister, der womöglich gerade fernab der Bürgerkriegswirren in Paris einen Café au lait trinkt, denke ich. Wir hatten die Hoffnung, den Dzanga-Sangha-Nationalpark trotzdem besuchen zu können, weil er im Südzipfel des Landes fernab der Städte liegt. Wir haben Visa. Doch unsere Reise in die Zentralafrikanische Republik endet hier.

Wir verbringen eine weitere Nacht im WWF-Camp. Am nächsten Tag erreichen uns die Zelte. Der Nationalpark-Chef will aus dem Rückschlag an der Grenze Kapital schlagen und verlangt für den Besuch von Lobéké das Doppelte des zuvor vereinbarten Preises, ist es doch der einzige Ort, an dem wir jetzt noch Elefanten und Gorillas sehen können. Ich durchblicke nicht, wie die Verhandlungen laufen. Aber schließlich werden bewaffnete Ranger, Fahrzeuge und Proviant organisiert. Der Plan sieht vor, soweit wie möglich in den Park hineinzufahren und die letzten Kilometer zu einer Lichtung mit Hochsitz zu wandern, ein Fußmarsch von zwölf Kilometern. Wir brechen auf mit zwei Allrad-Geländefahrzeugen und zwei gewöhnlichen Pkw. Im Regenwald stecken die Autos bald so tief im Matsch, dass sie keinen Zentimeter mehr vorankommen.

Beim Umladen der Vorräte auf die Geländewagen vergessen die Männer einen Teil der Wasserreserven. Immer wieder schneiden sie Äste mit der Motorsäge weg. Dann ist kein Fortkommen mehr. Wir steigen aus. Während des Fußmarsches krampft mein Magen. Bald muss ich regelmäßig hinter dicke Stämme springen. Nach drei Stunden erreichen wir ein Lager, ein paar Zelte im Wald. Wir brechen noch einmal zur Lichtung auf, beziehen Stellung auf dem Hochsitz. Elefanten und Gorillas zeigen sich nicht. Die Dämmerung kriecht unter die Baumkronen. Wie überall in den Tropen, fällt die Nacht wie ein schwarzes Tuch über das Land. Zurück im Lager entfachen wir ein Feuer. Ich bin nun so schwach, dass es mir schwerfällt, aufrecht zu sitzen, und lege mich in der Kleidung, die ich seit dem Morgen trage, ins Zelt auf eine Isomatte, wo ich augenblicklich in einen traumlosen Schlaf falle.

Der Tag beginnt um sechs Uhr früh. Ich kann frühstücken. Allein das macht mich hoffnungsvoll. Wir packen Rucksäcke und wandern auf einem Trampelpfad, den der nächtliche Regen überflutet hat, zur Lichtung. Sie ist vielleicht dreimal so groß wie ein Fußballfeld. Dort gehen wir auf dem Hochsitz wieder in Stellung. Sitatungas tauchen im Gras auf, Bongos, Buschböcke und Waldbüffel. Keine Elefanten, keine Gorillas. Stunden vergehen. Um die späte Mittagszeit ziehen sich graue Wolken über der Lichtung zusammen. Donner. Der Wind wird stärker. Auf das Dach des Hochsitzes fallen Tropfen so laut wie Kieselsteine. Die Böen treiben den Regen über die Plattform. Wir pferchen uns in der Mitte zusammen und harren aus. Dann bricht die Sonne durch. Sie brennt die Feuchtigkeit aus den Wiesen, die Lichtung dampft. Das dramatische Bühnenstück ist beendet. Adler steigen auf. In der Ferne erscheint ein kleiner schwarzer Punkt – ein Gorilla. Zwei Stunden lang trottet er dort durchs Gras. Wir beobachten ihn durch Ferngläser. Und dann kommen tatsächlich Waldelefanten hervor, mindestens ein Kalb ist dabei. Sofort richten sich unsere Körper aus, der Verstand wird hellwach. Wir gehen am Geländer in Position, wir sind bereit, darauf haben wir so lange gewartet. Doch die Elefanten verschwinden nach einer Minute wieder im Wald! Wie kann das sein? Die Ranger haben noch gewarnt: Die Tiere könnten Qualm über mehrere Hundert Meter riechen. Einer von uns hat sich vorhin, um sich die Stunden des Wartens auf dem Hochsitz zu vertreiben, eine Zigarette angezündet. Das war's. Die Kulisse bleibt leer. Auf uns wartet hier nichts mehr und im Lager die vierte Tropennacht ohne Dusche.

Abends schaue ich ins nächtliche Schwarz und versuche eine Ahnung davon zu bekommen, wo ich mich befinde, was hier eigentlich gerade passiert. Ich bin so weit weg von allem, was mir ein Gefühl geben könnte, Teil dieser Welt zu sein, und doch fühle ich mich ihr gerade stark verbunden. Enigma Regenwald. Zwischen diesen Baumriesen, wo Pflanzen und Tiere auf den Mangel an Nährstoffen mit Spezialisierung reagieren, wo die Diversität der Arten als Luxus der Natur fehlinterpretiert wird, aber eine Notwendigkeit des Überlebens darstellt, wo jede Nische des Ökosystems besetzt ist, weil der Kreislauf des Lebens keinen Überschuss hervorbringt, wo sich also nichts bewirtschaften lässt, es sei denn, man brennt diesen Wald nieder, was der Mensch nur allzu gerne tut. Hier nun, wo er tödlich verwundbar ist durch einen Jaguar, den Biss einer Zecke, ein hämorrhagisches Fieber und die Abwesenheit eines

Krankenhauses, wo alle Spuren der eigenen Existenz sogleich von der Natur verschluckt werden – hier fühle ich mich auf eine befreiende Art völlig unbedeutend, enfernt von eingebildeter Wichtigkeit.

Zwölf Kilometer werden wir am nächsten Tag wieder durch die Wildnis marschieren, dann weiter über Dschungelpfade zum Parkausgang, von dort in sieben oder acht Stunden nach Yokadouma. Abends in der Herberge wird wieder kein Wasser aus der Dusche kommen. Was macht es noch?

Was mir am Ende der Reise durch Kamerun fehlt, ist eine Story für den Reiseteil der Zeitungen. Ich habe keine Nahaufnahmen von Elefanten und Gorillas, keine praktischen Reisetipps. Kaum etwas hat funktioniert. Trotzdem war es eine meiner besten Reisen. Wir haben kein organisiertes Spektakel erlebt, sondern ein Abenteuer. Aus mehreren Gründen: Der Reiseverlauf erwies sich als hinfällig. Es gab rasch keinen festen Plan mehr, dem wir folgen konnten. Wir wussten selten, wo genau wir schlafen würden.[2] Wir mussten uns immer wieder auf das Unbekannte einlassen und das Beste daraus machen. Unser Fortkommen hing von dem guten Willen Fremder und Bedingungen ab, auf die wir keinen Einfluss hatten. In solchen Situationen mussten wir Entscheidungen treffen, deren Auswirkungen offen waren. Gewissheiten des Morgens verdampften in der Tropenhitze des Mittags. Für unser Unterfangen gab es keine Schablone. Dieser Modus des Reisens erzeugte

---

2 — In Wangaï im Norden Kameruns nahe der nigerianischen Grenze übernachteten wir in Zelten auf dem Platz eines kleinen Dorfes. Die Bewohner schlachteten für uns eine Ziege, zogen ihr das Fell ab und grillten das ganze Tier aufgespießt an einem Stock über dem Feuer. Es schmeckte köstlich. In der Nacht wurden wir von einem Gewitter überrascht und flüchteten auf eine Veranda.

in uns eine euphorische Ungläubigkeit über all die Großartig-
keiten, die möglich waren, wenn man sie nur geschehen ließ.

Das Bedürfnis nach Ordnung werde von All-inclusive-
Angeboten und den Pauschalreisen der Reiseveranstalter
bedient, meint Dan Kieran. Touristische Infrastruktur sei auf
Bequemlichkeit und Zuverlässigkeit ausgerichtet. Reiseführ-
rer versprechen nicht den Umweg, sondern die Abkürzung.
Organisierte Ausflüge garantieren Sicherheit, Komfort und
natürlich ein bisschen Thrill, dazu die begehrten Fotos für Instagram. Abziehbilder, die man schon im Netz gesehen und auf
ihr Darstellungspotenzial überprüft hat. Sticker für das digitale
Poesiealbum. Das ist nicht verwerflich. Es hat nur wenig mit
einem Abenteuer zu tun.

In dem kleinen Emirat Ras al Khaimah befindet sich die
längste Zipline der Welt. Vom Gipfel des Jebel Jais rauscht der
Besucher kopfüber an einem Drahtseil in zwei bis drei Minuten mit 120 bis 150 Kilometern pro Stunde über eine Distanz
von 2830 Metern in die Tiefe. Das Spektakel kostet 650 Dirham,
etwa 150 Euro. Eine Attraktion für »thrill seekers and adrenalin
junkies«, heißt es auf der Website des Jebel Jais. Der Berg will
die »leading active adventure tourism destination« der Region
sein. Mehr Action ist bei einem Besuch der Emirate selten.

Die Zipline ist ein gutes Beispiel für ein Schein-Abenteuer.
Der Ablauf ist vorgegeben. Der Tourist lässt sich vom Personal in den Gurt einklinken und muss dann nichts mehr tun.
Er muss sich nur trauen, das ist die einzige Hürde. Um Mut zu
sammeln, kann er sich auf Youtube die Videos anderer Reisender anschauen. Das Erlebnis ist bereits vorhanden und muss
nur noch in der Realität abgerufen werden, mit eigenen Sinnen.

Einmal wurde mir ein Tandem-Fallschirmsprung geschenkt. In etwa 4000 Metern Höhe lässt man sich, angebunden an einen Profi, aus einer Cessna fallen und saust für etwa 50 Sekunden im freien Fall in Richtung Erde, bevor sich der Fallschirm öffnet. Das ganze Spektakel, das auf jeden Fall extrem adrenalinreich war, erschien mir im Rückblick merkwürdig irreal.[3] Es kam mir vor, als hätte ich mir einen Film angeschaut, nur mit Wind und Ohrenschmerzen. Ich glaube, es lag daran, dass ich die Entscheidungshoheit vollständig abgegeben hatte. Ich musste nichts tun. Ich wirbelte nur wie ein Sack Kartoffeln durch die Luft. Diese Untätigkeit, die nichts fordert außer das initiale »Augen zu und durch«, entlarvt aus meiner Sicht noch den krassesten Adrenalinkick als Scheinabenteuer.

Ein Land, in dem diese Verwechslungsgefahr nicht besteht, ist der Sudan. Als ich das erste Mal über eine Reise in den Sudan nachdenke, erscheinen vor meinem inneren Auge Sand, flirrende Hitze und ein Mob, der vor der amerikanischen Botschaft das Star-Sprangled Banner verbrennt. Doch das Land südlich von Ägypten, im Übergang zu Subsahara-Afrika, hat auch Touristen etwas zu bieten. Zum Beispiel die Tempelstadt Naga. Die Stätte wurde ungefähr 250 v. Chr. erbaut, von den nubischen Königen im Reich von Kusch, den »schwarzen Pharaonen«, die sogar einmal Ägypten eroberten. Naga lag damals am Rand der bekannten Welt des Mittelmeers, für die von Süden kommenden Karawanen war es das Tor zur antiken Welt und Zeugnis seiner Mächte: Der Amun-Tempel wurde nach

---

3 — Wenn man in einem Flugzeug sitzt und jemand in 4000 Metern Höhe von innen die Tür öffnet, verkrampft der Körper in einer natürlichen Abwehrreaktion: Das ist einfach falsch!

ägyptischem Vorbild errichtet, der Löwen-Tempel ist ein me-roitisches Bauwerk, die rokokohafte Hathor-Kapelle hat grie-chisch-hellenistische Elemente. Mit großer Unbefangenheit wurden die Stile kombiniert.

Die Erkundung des Sudans entlang des Nils soll also zuerst nach Naga führen. Eine antike Sehenswürdigkeit zu besichti-gen, klingt überhaupt nicht nach Abenteuer. Doch ich muss erst einmal hinkommen. Zwischen der Hauptstadt Khartum und den Tempeln von Naga liegen ungefähr 220 Kilometer (180 Kilometer Straße, 40 Kilometer Wüste) und jede Menge Sand. Ich könnte mich für die Reise entlang des Nils nach Naga und zu den anderen Kulturschätzen weiter im Norden – die Pyra-miden von Meroe, Napata, Old Dongola – an eine Reiseagentur mit einem soliden Toyota Land Cruiser wenden. Aber das wür-de mehrere Hundert Euro kosten. Das Geld will ich nicht aus-geben. Ich entscheide mich für ein anderes Reisekonzept: auf-brechen, fragen, fragen, fragen – und irgendwann ankommen.

Khartum ist eine staubige Großstadt in der Wüste, mit der ich Kamele und Pick-ups mit aufgeschraubten Maschinenge-wehren assoziierte, Karawanen und Camouflage,[4] aber als ich den Flughafen verlasse, sehe ich nur die quadratmetergroße Werbung für ein neues Smartphone. Früh am nächsten Morgen nehme ich ein *amjad*, ein motorisiertes Dreirad, und lasse mich vom Guesthouse zum Busbahnhof der Stadt fahren. Dort frage ich mich durch zu dem Bus, der nach Shendi fahren wird. Die-se Stadt liegt zwei, drei Stunden nördlich von Khartum am Nil. Dort zweigt der Weg ab in die Wüste und nach Naga.

---

4 — In der Al-Mashtal-Straße im Viertel Al-Riyadh steht das ehemalige Haus von Osa-ma bin Laden, der dort bis 1996 wohnte, bevor er Amerika den Krieg erklärte.

Im Bus sind die Scheiben mit schweren Teppichen verhangen, damit die Sahara-Sonne das Fahrzeug nicht aufheizt wie einen Ofen. Verschleierte Frauen und Männer in luftigen Gewändern nehmen kaum Notiz von mir. Das Fahrzeug setzt sich in Bewegung, rasch lässt es Khartum hinter sich. Hinter den Vorhängen blendet die Wüste. Noch vor dem Mittag erreichen wir Shendi. Der Bus stoppt auf einem großen Platz. Mein Sitznachbar steigt aus mit der beiläufigen Routine eines Menschen, auf den Alltagsgeschäfte warten. Ich kann das nicht. Von Shendi kenne ich nicht mehr als den Namen. Ich trete hinaus in die Hitze, und mein Puls geht schneller. Als ich mich noch im Schutzraum des Busses befand, habe ich die Frage verdrängt, doch nun zwingt sie mich zu einer Handlung: Was soll ich tun? Wohin laufen? Wie mich bewegen? Ich bin so auffällig wie ein Clown auf einer Beerdigung. Kein mobiles Internet, nicht einmal Empfang. Das Telefon funktioniert nicht.

Ohne darüber weiter nachzudenken, halte ich ein motorisiertes Dreirad an und springe auf. Der Sudanese am Steuer kann kein Wort Englisch. Vom Rücksitz aus brülle ich immer wieder das Wort »Hotel« in die staubige Luft. Doch der Mann versteht mich nicht. Wir fahren einfach durch die Straßen. »Ho-tel? Ho-teeeel?« Einstöckige, sandfarbene Häuser ziehen an mir vorbei. Wo fährt er mich nur hin? Kurz bevor ich in Panik ausbreche, dreht der Mann seinen Kopf zu mir um und lächelt triumphierend. Der Ausländer will irgendwo übernachten. Wir halten an einem unscheinbaren Gebäude. Ein *lokanda,* ein Guesthouse für einheimische Reisende. Mein Fahrer führt mich in ein schmuckloses Zimmer, in dem lediglich ein Schreibtisch steht. Dahinter sitzt ein Mann, der sich als Essan vorstellt. Sein Blick wirkt erst etwas verschlagen auf mich, aber das interpretiere ich falsch. Essan schaut eigentlich recht gutmütig. Er führt mich durch einen Innenhof zu einer Holztür, dahinter ein Raum: Bett, Schrank, kein Strom, kein Fensterglas, kein Waschbecken. Die Toilette liegt in einem anderen Zimmer im Hof. Die Tür lässt sich mit einem umgebogenen Nagel verschließen. Die Nacht kostet umgerechnet fünf Euro.

Ich will nun ein wenig zur Ruhe kommen, da sagt Essan, ich müsse zur Polizei. Ich verstehe nicht, wieso. Was wird hier gespielt? Will jemand aus meiner Ahnungslosigkeit Kapital schlagen? Der Dreiradfahrer, der vorne an der Straße gewartet hat, spricht mit Essan auf Arabisch. Man weist mich an, noch einmal aufzusitzen. Schon hocke ich wieder auf dem Gefährt, und wir brettern durch den Staub. Wenige Minuten dauert die Fahrt, dann halten wir vor einem ebenfalls vollkommen unscheinbaren Haus. Darin sitzt ein Mann in Uniform und verlangt meinen Reisepass. Was bleibt mir anderes übrig? Der Uniformierte schreibt meine Personendaten auf. Dann glaube ich, zu verstehen: Jeder Ausländer muss sich in der Stadt registrieren, eine bürokratische Formalie.

Zurück ins Guesthouse. Essan kann etwas Englisch. Ich erkläre ihm, dass ich zum Tempel von Naga will, in die Wüste. Der Sudanese legt die Stirn in Falten und schweigt eine Weile. Dann tätigt er einen Anruf, und ein anderer Mann erscheint. Sein Name ist Ahmed. Er wird mich mit seinem Auto nach Naga fahren. Wir feilschen noch um den Preis, ich bin bereit, 350 sudanesische Pfund auszugeben, irgendwas zwischen 15 und 20 Euro. Wir werden uns einig. Ahmed, der wiederum überhaupt kein Englisch spricht, nutzt das unverhoffte

Nebeneinkommen, um für seine Familie auf dem Markt ein-
zukaufen. Zur Feier dieses Tages gibt es Fleisch, dazu Gemüse. Wir fahren zu seinem Haus, das mich ein wenig an die
Wüstenbehausungen auf dem Star-Wars-Planeten Tatooine
erinnert. Danach steuern wir auf die Hauptstraße, die am
Nil entlangführt. An einer bestimmten Stelle biegt Ahmed ab,
nach Osten. Mitten hinein in die Wüste.

Ahmeds Kleinwagen hat keine Fensterscheiben. Der Tacho
steht konstant auf null. Die Wagentür ist ohne Griff und lässt
sich nur mit einem Schraubenzieher öffnen, den Ahmed bei
sich führt. Wir rutschen durch den Sand, am Horizont eine röt-
liche Wand aus Staub. Ich sehe Nomaden mit Kamelen und
frage mich, ob die Tiere uns wohl zurück zur Straße bringen
würden, wenn das Auto hier irgendwo im Sand stecken bleiben würde. Wie lange bräuchten wir zu Fuß zurück? Acht Stunden? In der Hitze? Mit einer Flasche Wasser? Ahmeds Wagen
hält durch. Irgendwann tauchen die Tempel von Naga in einer Senke auf.

Ich besichtige die antike Stätte, als einziger Tourist. Nach
zwei Stunden fahren wir durch die Wüste zurück nach Shendi. Ahmed bringt mich zum Guesthouse. Ich gehe gleich wieder vor die Tür und setze mich in den ersten Imbiss, an dem
ich vorbeikomme. Mit dem Anbruch der Dunkelheit füllen sich
die Straßen. Später drehe den Nagel zur Seite und lege mich auf
meine Pritsche. So karg das Zimmer ist, so angefüllt mit Eindrücken bin ich. Es kommt mir alles unwirklich vor, was heute passiert ist. Ich kann es nicht glauben, doch es ist geschehen. Meine Welt ist größer geworden, an einem Tag. Was für
ein Abenteuer!

Ich fahre weiter zu den Pyramiden von Meroe, trampe nach Ad-Damir, kreuze mit dem Bus die Wüste, schlafe in weiteren *lokandas* und werde von ein paar Jungs in Karima zum Essen eingeladen. Auf dem Markt von Omdurman will ein Polizist meine Kamera konfiszieren, doch die Händler bedrängen den Mann, bis er von mir ablässt und ich in der Menge verschwinden kann. Es gibt kein Drehbuch für die Reise durch den Sudan. Ich frage mich überall durch. Ich komme voran, weil ich mich Fremden anvertraue. Ich liefere mich dem Land aus und werde dafür mit der wertvollsten Gabe beschenkt: Gastfreundschaft. Anders als in Kamerun gibt es nicht einmal einen Plan, den ich verwerfen muss. Ich bin auf mich gestellt, muss jede Entscheidung allein treffen, auf meine Intuition vertrauen. Ich muss die Dinge geschehen lassen. Es gibt keine Möglichkeit auszusteigen, abzubrechen. Also immer weiter. So unterwegs zu sein, schärft meine Sinne, macht mich aufmerksam und reizoffen. Meine Augen lesen jede Straßenecke, jede Geste und jedes Gesicht, denn alles könnte wichtig sein für den weiteren Verlauf der Reise, für das Gelingen des Tages. Ich merke auch, dass es nicht immer leicht ist, das Unbehagen, die Unsicherheit über das, was kommt, als etwas Genussvolles zu betrachten. Es ist verdammt schwierig. Aber immer, wenn es mir gelingt, ist es berauschend.

Der Sudan wäre sicher auch als organisierte Reise mit einem deutschen Veranstalter ein spannendes Erlebnis gewesen. Aber das Reisen auf eigene Faust machte ein Abenteuer daraus, weil ich für mich selbst verantwortlich war in diesem unbekannten Land, angewiesen auf das Wohlwollen anderer, mir scheinbar so fremder Menschen.

Wir nehmen ein Reiseziel viel intensiver wahr, wenn wir uns selbst orientieren müssen, auch wenn das manchmal unangenehm ist. Wir müssen auch nicht nach Kamerun oder in den Sudan, um ein Abenteuer zu erleben. In diesen Ländern wird es uns nur leicht gemacht, weil es dort kaum touristische Infrastruktur gibt. Das Abenteuer drängt sich auf, sobald wir den Flughafen verlassen. Aber das Abenteuer wartet auf der ganzen Welt. Sich dem Ungeplanten hinzugeben, ohne »Vollkasko-Schutz« und Touranbieter, muss auch nicht gefährlich sein. Es geht nicht darum, waghalsige und riskante Dinge zu unternehmen. Sondern darum, sich auf das Unbekannte einzulassen. Wir erleben dann möglicherweise etwas ganz anderes als erwartet. Aber genau das ist das Geheimnis – etwas finden, mit dem wir nicht gerechnet haben und das deshalb unseren Horizont erweitert.

Das Abenteuer lässt sich fein dosieren, für den Anfang. Ich kann drei Nächte im Strandhotel verbringen, mich einer organisierten Wanderung anschließen, einer Stadtführung, einem Bootsausflug und dann – zack, ein kleines Abenteuer! Warum nicht? Manche Unternehmungen sind sicherer oder günstiger, wenn ich mich einer organisierten Tour anschließe. Ich brauche nicht ständig ein Abenteuer, aber wenn ich will, kann ich es an jedem Ort finden. Ich kann im ICE durch Deutschland fahren oder von Sylt nach Garmisch-Patenkirchen trampen, von Aachen in die Lausitz, vom Bodensee nach Rügen, vom Spreewald ins Elsass. Ich kann mit einem Reiseveranstalter den Balkan bereisen oder im eigenen Wagen aufbrechen und nur den Empfehlungen von Einheimischen folgen. Ich kann mich nach der Ankunft in einem Hotel zwei Stunden in mein Handy vertiefen oder gleich die Umgebung erkunden, mich durch die Straßen treiben lassen. Ein Hoch aufs Flanieren! Das Abenteuer beginnt mit der inneren Einstellung: Nichts erwarten und auf alles gefasst sein, der Welt zugewandt.

Doch das Abenteuer ist in Bedrängnis geraten. Nicht, weil es selten geworden ist. Sondern weil wir es meiden, aus Zeitdruck, Bequemlichkeit, manchmal aus Furcht. Die weltweite touristische Infrastruktur und das Smartphone haben das Reisen stark vereinfacht. Zugleich muss in kürzerer Zeit immer mehr Spektakuläres stattfinden, denn die Timeline verlangt stetig neues Material. Der Tourismus hat darauf reagiert: Buchen Sie Ihren Trip mit Adventure Tours! Das Abenteuer ist eine aussterbende Spezies, weil die Alternativen so verführerisch sind. Ich sehe das in erster Linie an mir selbst und an der Art, wie ich heute unterwegs bin. In einer Welt, in der alles *convenient* sein soll, muss man sich manchmal wehren gegen die Vereinnahmung durch Tour Operator.

Nochmal Afrika, von Uganda nach Ruanda. Für die Fahrt von Kampala in den Westen Ugandas habe ich eine Safari-Agentur angeheuert. Ein Fahrer kutschiert mich im privaten Geländewagen durch Uganda, ich muss mich um nichts kümmern. Das gleiche Angebot bekomme ich für die Weiterfahrt vom Queen-Elizabeth-Park über die Grenze nach Kigali in Ruanda. 250 Dollar soll das kosten. Teure Spesen. Ich entscheide mich für öffentliche Verkehrsmittel. Der erste Minibus bringt mich für zwei Euro nach Mbarara. Dort nenne ich irgendwem mein Reiseziel und werde an einen weiteren Van verwiesen. Wir tuckern von Dorf zu Dorf. Wann und wo ich an diesem Tag ankommen werde, weiß ich nicht. Als ich in Kabale kurz vor der ruandischen Grenze aussteige, ist es schon Nacht. Eine Trucker-Stadt, Durchgangsstation. In der Dunkelheit sehe ich an einer Straßenecke ein Schild mit dem Wort Hotel und laufe hin. Im Erdgeschoss sitzen Männer, die schon einige Biere getrunken haben. Ein Mann zeigt mir ein Zimmer, für acht Euro. Bett, Waschbecken, Toilette, Fenster zum Innenhof – es sieht aus wie ein Gefängnishof. Vor der Tür ein großes Schloss. Ich schlafe unbehelligt. Am nächsten Morgen lasse ich mich von einem Mann auf der Straße ansprechen, der mich zur Grenze fährt. Meine letzten Uganda-Schilling gebe ich einer Bettlerin. Ich hole mir den Ausreisestempel im Büro der ugandischen Behörden und bekomme von den ruandischen Beamten mein *Visa on arrival.* Dann steige ich in den nächsten Bus nach Kigali. Neben mir sitzt ein Mann aus Kenia, ein ehemaliger Gangster, der nun als Pastor in Nairobi ein Waisenhaus leitet. Er sagt zu mir: »I used to rob people, now I rob souls for God.« Amen.

Wie lange bin ich nicht mehr so gereist? Zwei, drei Jahre? Ich habe es vermisst. Der Tag war ein Abenteuer. Dabei passierte überhaupt nichts Spektakuläres, und gefährlich war es auch nicht, abgesehen vom Straßenverkehr in Uganda.

Ein Abenteuer entsteht durch schlechte Planung, heißt es. Aber eher ist es doch so: Wenn wir nichts planen, können wir auch nicht fehlplanen. Natürlich gehen auf Reisen auch mal Dinge ärgerlich schief. Doch oft sind wir nur verärgert, weil ein Ereignis von dem Plan abweicht, den wir entworfen haben. Weil das nächste Hostel gebucht ist, der nächste Ausflug reserviert. Nichts planen klingt nervenaufreibend und stressig? Im Gegenteil: Es ist der feste Plan, den es unbedingt einzuhalten gilt, der Stress erzeugt. Denn alles muss funktionieren (wie zu Hause).[5] Das Abenteuer – dieser leichte, durchlässige, vertrauensvolle Schwebezustand – beschert uns die reichsten Erinnerungen. Das steht zwar nicht im Duden, aber ich würde trotzdem darauf wetten.

5 — Richard Ford (III): »Ein literarischer Mensch ist jemand, der es, während er auf einem Flughafen in Chicago festsitzt, genießt, einen Nachmittag lang Menschen zu beobachten, während einer, der sich streng an Tatsachen orientiert, nicht von der Frage loskommt, warum sich wohl sein Flugzeug aus Salt Lake verspätet, und abzuschätzen versucht, ob sie an Bord wohl noch ein warmes Essen oder nur einen Snack servieren werden.«

Grenzen des Reisens

Der Alptraum beginnt, als ich erwache. Ich schaue mich um, der Morgen dämmert schon. Panik steigt in mir auf. Mein Rucksack ist weg. Mit allen Klamotten und Habseligkeiten, mit meiner Kamera. Es braucht eine halbe Minute, bis ich verstehe: Ich bin Kriminellen zum Opfer gefallen. Sie sind mir ganz nahe gewesen, müssen sich über mich gebeugt haben. Mir bleibt nur, was ich am Körper und nachts im Schlafsack um den Hals getragen habe: ein Brustbeutel mit Ausweis, Zugticket und Geld. Ich bin fertig. Ich gebe bei der örtlichen Polizei eine aussichtslose Anzeige auf. Unter Tränen rufe ich meine Eltern an und erzähle, dass »etwas passiert« sei. Ich überlege, abzubrechen und nach Hause zu fahren. Ich tue es nur deshalb nicht, weil meine mitreisenden Freunde mich wieder aufbauen. Trotzdem werde ich immer mit Unbehagen an diesen Ort zurückdenken. Mein schlimmstes Reiseerlebnis.

Abzocke, Diebstahl, Überfall: Die schöne Welt des Reisens ist stets bedroht. Kaum ein Reiseführer kommt ohne Sicherheitshinweise aus, wie man sich korrekt zu verhalten habe, um nicht Opfer von Betrügern, Taschendieben und Räubern zu werden. Ich halte die These, dass 9/11 für das weltweite Reisen ein Wendepunkt war, weil das Flugzeug von einem Symbol der Freiheit zu einer Massenvernichtungswaffe wurde, für etwas unterkomplex. Aber es lässt sich nicht widerlegen, dass viele individuelle Mikrogefahren des Reisens mit der Weltlage zusammenhängen, mit tiefgreifenden Problemen: Not, Armut, Korruption, Staatsversagen, Fanatismus, Terror. Der Straßenräuber ist auch Opfer der Verhältnisse. In dem Moment, in dem das Geld, das der Tourist für allerlei Vergnügungen vorgesehen hat, unter Androhung eines Messerstichs den Besitzer wechselt, verknüpft sich die heile Welt des Urlaubers unheilvoll mit der existenziellen Misere des bereisten Landes, in Form einer Transferleistung, die mit Gewalt erzwungen wird. Nein, zu entschuldigen ist das nicht, aber man sollte es nicht persönlich nehmen.

»Schöne Reisewelt: Krisen, Katastrophen – und dennoch sorglos reisen?«, fragte der Deutsche Reiseverband auf seiner Jahrestagung 2014. Damals war die Branche in Aufruhr. Alles schien aus den Fugen geraten zu sein. Mit dem Ukraine-Konflikt zeigte sich ein längst vergessen geglaubtes Schreckgespenst wieder: Krieg in Europa. Irak und Syrien waren zerfallen, und der Islamische Staat (IS) begann damit, seinen Terror im Nahen Osten und in den Metropolen Europas zu entfesseln. Die großen Anschläge sollten noch folgen: Paris, Brüssel, Istanbul, Nizza, Berlin, London, Stockholm und Barcelona (was sich nicht zufällig liest wie eine Aufzählung der Highlights Europas). Der Nahostkonflikt eskalierte ein weiteres Mal: Raketen auf Israel, Bomben auf Gaza. In Westafrika war Ebola ausgebrochen.

Kriege, Terrorismus, Seuchen, dazu der Klimawandel, Flüchtlingsströme und Verteilungskonflikte. Die Welt als einziger Krisenherd, ein unsicherer Ort.[1] Aber dieser Eindruck war der Wahrnehmungsschwäche der Gegenwartsperspektive geschuldet. Eine schlimme Lage sieht am allerschlimmsten aus, wenn man gerade mittendrin steckt.

Mittlerweile ist die Tourismusbranche wieder in Champagnerlaune. Im Rekordjahr 2017 machte sie so viel Umsatz wie noch nie: Reiseveranstalter, Reisebüros, Produktportale, Airlines, Hotels und Bahnunternehmen verkauften Pauschalreisen, Flüge, Übernachtungen, Zugfahrten, Mietwagen und andere touristische Leistungen im Wert von 64,7 Milliarden Euro; insgesamt gaben die Deutschen etwa 90,9 Milliarden Euro für Reisen aus. Hat jemals einer das Wort Krise gesagt? Die Konflikte – zum Beispiel der Putschversuch in der Türkei und die Flüchtlingskrise – sind nicht weniger geworden oder verschwunden. Doch sie halten die Menschen nicht vom Reisen ab. Die Besucherströme verschieben sich nur. Wenn es irgendwo kracht oder ungemütlich wird, fährt der Urlauber temporär einfach woanders hin. Bulgarien statt Tunesien. Griechenland statt Türkei. In vielen Diskussionen über potenzielle Reiseziele kommt die Frage auf: Kann man da noch oder wieder oder

---

1 — Unter dem Stichwort »Dark Tourism« werden Reisen an düstere und verrufene Orte subsummiert, die von Tod und Zerstörung erzählen. Peter Hohenhaus betreibt eine Webseite (dark-tourism.com) zum Thema und erklärt, es gehe um die düsteren Aspekte der Geschichte. »And these aspects of history und humanity are simply quite interesting.« Beispiele: der Friedhof Père Lachaise in Paris, Ground Zero, die Killing Fields in Kambodscha, Tschernobyl, die Demilitarisierte Zone zwischen Nord- und Südkorea, die kolumbianische Stadt Medellin als Heimat des bekannten Drogenhändlers Pablo Escobar und die Gedenkstätte Auschwitz-Birkenau. Tourismus in Kriegs- und Krisengebieten ist mit »Dark Tourism« nicht gemeint.

grundsätzlich gar nicht hin? Das Können ist allerdings nicht das Problem, es gibt Linienflüge nach Bagdad, Kabul und Mogadischu. Es geht ums Wollen. Terroranschläge in Ägypten, Drogenbanden in Mexiko, Kriminalität in Südafrika. Ist es da nicht viel zu gefährlich?

Für Reiseveranstalter sind das Maß aller Dinge die Reise- und Sicherheitshinweise des Auswärtigen Amtes (AA). Für jedes Land gibt es sie. Welche Einschätzungen in diese Hinweise einfließen (lokale Medienberichte, örtliche Informanten, die Eindrücke der Diplomaten in den Auslandsvertretungen, Geheimdienstkenntnisse), darüber erteilt das Außenministerium naturgemäß keine Auskunft. Wenn das AA für ein Land oder eine Region eine Reisewarnung ausspricht, holen TUI, Thomas Cook und Co. ihre Gäste zurück nach Deutschland, chartern Flugzeuge, koordinieren Evakuierungen. Einzelne Sätze in den Reise- und Sicherheitshinweisen können für politische Verwerfungen zwischen Staaten sorgen: Das AA warnte 2017 zum Beispiel vor willkürlichen Festnahmen auch deutscher Staatsbürger in Erdogans Türkei, worauf die türkische Führung doch sehr gereizt reagierte. Ein Affront! Das AA ist die oberste Autorität der Gefahrenbewertung, *die* Institution, der man zutraut, die Weltlage beurteilen zu können. Die Einschätzungen der Behörde sind zweifellos einflussreich. Dem Reisenden helfen sie aber häufig eher nicht. Das liegt einerseits an ihrer Form und andererseits an ihrem Inhalt. Beginnen wir mit der Form.

Das Bemühen, die Sicherheitslage in einem Land oder einer Region möglichst präzise zu beschreiben, führt paradoxerweise zu einer großen Ratlosigkeit beim Leser. Die Reise- und Sicherheitshinweise enthalten immer Einschätzungen der

Sicherheitslage und praktische Ratschläge. Das AA kann zur Vorsicht mahnen. Oder den Verzicht einer Reise empfehlen. Oder von nicht unbedingt erforderlichen Reisen abraten. Oder von allen Reisen abraten. Oder auch dringend abraten. Das Alarmsystem ist sprachlich fein abgestuft. »Das ist wie Exegese«, sagt der Sicherheitsmanager von Studiosus, Edwin Doldi. Das AA kann zum Beispiel dazu raten, eine Region besser zu meiden oder von dieser Region abraten. Ein semantischer Unterschied. Aber meint es nicht das gleiche? Wer sich fragt, ob die Reise in eine bestimmte Region vertretbar sei, wird in den Sicherheitshinweisen nur selten eine eindeutige Antwort finden. Die Verantwortung liegt beim Veranstalter und den Reisenden, was ich richtig finde. Die Zeiten, in denen der Staat vorgibt, wohin man reisen darf oder nicht, sind in Deutschland glücklicherweise Geschichte. Die Reise- und Sicherheitshinweise des AA sind in geschäftsmäßigem Behördendeutsch verfasst, und leider gilt *form follows function*. Die Einschätzungen sind auch inhaltlich äußerst deprimierend.

Es ist natürlich absolut vernünftig und hilfreich, möglichst transparent auf Risiken und Gefahren dieser Welt aufmerksam zu machen. Doch wer nur die Reise- und Sicherheitshinweise liest, möchte direkt zu Hause bleiben. Die Beschreibungen machen wahrlich keine Lust aufs Reisen, sondern schrecken ab.

Thailand ist das beliebteste Urlaubsziel in Südostasien, aber anscheinend brandgefährlich. »Es wird generell empfohlen, Demonstrationen und Menschenansammlungen zu meiden, da gewaltsame Auseinandersetzungen zwischen Demonstranten und Sicherheitskräften nicht auszuschließen sind«, heißt es in den Hinweisen für das Land. Ebenfalls nicht auszuschließen seien Anschläge in den Urlaubsorten. Vergangene Anschläge werden aufgelistet. Das AA rät Reisenden in Thailand, »besonders wachsam zu sein«, was immer das heißen mag. Von Reisen in die Regionen im Süden nahe der malaysischen Grenze wird dringend abgeraten. Weiter geht es mit den landestypischen Sicherheitsrisiken: »Thailand verzeichnet zunehmende Kriminalität (auch Diebstahl, Vergewaltigung, Raubüberfall, teilweise mit Todesfolge).« Das betreffe insbesondere die Tourismushochburgen Phuket, Koh Samui und Pattaya. Die berüchtigten Full Moon Partys? Tödliche Zwischenfälle, wiederholte Vergewaltigung von Frauen unter Drogeneinfluss. In vielen Touristenhochburgen arbeiteten kriminelle Banden mit korrupten Polizisten zusammen, um Urlauber zu erpressen. Die empfohlene Sicherheitsvorkehrungen: sich nicht von Tuk-Tuk-Fahrern ansprechen lassen, Preise verbindlich aushandeln; Trekking-Touren nur in der Gruppe und unter ortskundiger Führung machen; Vorsicht bei Fähren und Ausflugsbooten. Lässig einen Joint am Strand rauchen? Geringe Mengen Rauschgift können zu mehrjährigen Freiheitsstrafen führen. Eine Beleidigung des Königs? Bis zu 15 Jahre Haft. Abgerundet wird das Ganze mit dem Hinweis auf allerlei tropische Erkrankungen: Dengue, Chikungunya, Zika, Malaria. Ich möchte auf keinen Fall die Verhältnisse in Thailand verharmlosen. Die Hinweise sind nicht aus der Luft gegriffen. Aber ein unbedarfter Leser könnte den Eindruck bekommen, ein Urlaub in Thailand sei so etwas wie eine brisante Peter-Scholl-Latour-Krisenexpedition. Wer hat noch Lust aufs Reisen, wenn er so etwas liest?

Als ich nach Palawan will, rät das AA gerade von Reisen auf die Insel ab, wegen Entführungsgefahr. Ich mache mich trotzdem auf und sitze später in El Nido in einer Bar zwischen Hunderten anderer Backpacker, vom Meer weht ein lauer Tropenwind, und ich bin mir ziemlich sicher, dass es noch ein anderes Palawan auf diesem Planeten geben muss. Der Norden der Insel ist ein einziger Banana Pancake Trail, auf dem sich insbesondere Pärchen bewegen, denen Bali zu *mainstream* ist. Meiner Erfahrung nach gilt für die Reise- und Sicherheitshinweise: Es ist nicht so schlimm, wie es sich vorher anhört.

Die schärfste Bewertung des AA ist eine lupenreine Reisewarnung. In diesem Fall besteht laut Außenministerium »eine akute Gefahr für Leib und Leben«. Solche Warnungen gibt es meist nur für Kriegs- und Krisengebiete, in denen sich Warlords bekämpfen und Gesetzlosigkeit herrscht, für *Failed States*[2] und solche auf dem Weg dorthin: Syrien, Afghanistan, Irak, Jemen, Libyen, der Gaza-Streifen, die von Separatisten kontrollierten Teile der Ukraine, Somalia, Südsudan, Zentralafrikanische Republik, die Mindanaosee im philippinischen Archipel, die Sahararegion von Mauretanien bis Tschad und der Ostkongo.

Eine Reisewarnung bedeutet nicht, dass keine touristischen Reisen in das entsprechende Land unternommen werden. Die Agentur Somaliland Travel bietet Kulturrundreisen durch die zu Somalia gehörende autonome Region am Horn von Afrika an. Das Krisenland kennen manche aus dem Hollywood-Film *Black Hawk Down*.

Der Brite Geoff Hann organisiert seit mehr als 40 Jahren ungewöhnliche Reisen in den Nahen Osten. Zu den Zielen

2 — *Failed States* sind Staaten, in denen die staatliche Ordnung zerfallen ist.

gehören Irak, Afghanistan und Pakistan. Selbst Reiseleiter, ist Hann in diesen Ländern so unauffällig wie möglich und ohne bewaffnete Eskorten unterwegs. Um die Kultur gehe es und das Abenteuer. Im Irak erwarte den Gast die offenherzige arabische Gastfreundschaft. Ich habe keinen Zweifel, dass das stimmt.

Markus Walter ist Geschäftsführer von Diamir Erlebnisreisen aus Dresden. Der Veranstalter hat den Tschad, Pakistan und die Zentralafrikanische Republik im Angebot. Wirtschaftlich spielen Reisen in diese Länder keine Rolle. Aber die Nachfrage wird bedient, aus Leidenschaft für die Sache. »Es geht um die Suche nach den letzten untouristischen Erlebnissen«, sagt Walter. Die Welt ändere sich rasant. »Wir wollen ein Erlebnis bieten, das nicht inszeniert ist. Wir möchten denen, die schon viel gesehen haben, noch etwas mehr bieten.« Und: »Solche Reisen sind kein Spiel mit dem Risiko.« Man kann darüber anders denken, jeder hat ein anderes Risikoempfinden. Ärzte zum Beispiel sind ja der Meinung, es sei hochgefährlich, den ganzen Tag nur zu sitzen und keinen Sport zu treiben.

Krisengebiet. Milizen. Reisewarnung. Das sind Reizworte, die sofort abschreckende Bilder im Kopf erzeugen. Gleichzeitig sind es Begriffe, die der komplizierten Wirklichkeit in keiner Region gerecht werden. Es ist so, als beschreibe man Deutschland mit den Worten Daimler, Neonazis und Lederhosen. Ich bin der Ansicht, beim Reisen geht es (auch) darum, hinter die Reizworte zu schauen, die unseren Blick aus der Ferne prägen.

Im Ostkongo gibt es zwei Naturschauspiele zu sehen, die auf der Welt nahezu einmalig sind: An den Hängen der Virunga-Vulkane lassen sich die letzten Berggorillas beobachten, und das zu deutlich günstigeren Konditionen als in den beiden

Nachbarländern Ruanda und Uganda. Und dort erhebt sich der 3470 Meter hohe Nyiragongo, einer der aktivsten Vulkane der Erde. Vom Kraterrand schaut man auf den größten offenen Lavasee des Planeten wie in das feurige Auge Saurons. Für den Ostkongo hat das AA schon vor einer halben Ewigkeit eine Reisewarnung ausgesprochen. In den notorisch unsicheren Kivu-Provinzen sind schätzungsweise 120 bewaffnete Gruppen aktiv. Die Milizen stehen unter der Führung dubioser Warlords und versuchen ihren Anteil am Geschäft mit den reichen Bodenschätzen herauszuschlagen. Begehrt ist vor allem Coltan, das seltene Erz für die Smartphones dieser Welt. Der unübersichtliche Machtkampf überzieht das Land mit Schrecken: allgemeine Gesetzlosigkeit, Überfälle, Morde, Vergewaltigungen als Kriegswaffe. Außerdem grassiert im Ostkongo die Cholera, und gelegentlich bricht Ebola aus.

Um in die Region zu gelangen, habe ich mich weder an die UNO gewandt noch einem Warlord angedient. Die Agentur Amahoro Tours offeriert den Ausflug von Kigali in Ruanda aus in die kongolesische Grenzstadt Goma und zu den Vulkanen als Reisepaket inklusive Transfer, Übernachtungen, Guide und Visum. »Our primary goal aims at promoting a high-quality tour experience in an environment that benefits an increasing number of local people directly as our partners«, heißt es in einer E-Mail des Anbieters. Diese Worthülsen aus der Sprache des Tourismusmarketings mögen vieles andeuten, aber keinen Ausflug in ein Krisengebiet.

Die Demokratische Republik Kongo ist ein faszinierendes Land, aber nicht in dem Sinne faszinierend wie Botswana, wo man bei einem Sundowner drollige Elefanten am Fluss

beobachten kann, um daraufhin das angeblich ganz besondere Licht der afrikanischen Savanne zu loben. Der Kongo ist riesig, kaputt, erratisch. Weite Teile des Landes sind praktisch
unzugänglich. Der einstige Diktator Mobutu hat das Land zu-
grunde gerichtet.[3] Der Kongo ist ein Land mit fast 80 Millionen sehr jungen Menschen, die das große Potenzial Afrikas re-
präsentieren und gleichzeitig so ziemlich alles, was in Afrika
schief läuft. Ein gescheiterter Staat, der trotzdem irgendwie
weitermacht. »Politikexperten aus dem Westen leiden oft an
Wahl-Fundamentalismus«, schreibt David Van Reybrouck in
seinem Buch *Kongo – Eine Geschichte*. »Sie glauben, es sei damit
getan, die formalen Anforderungen eines Systems zu erfüllen,
damit noch in der ausgedörrtesten Wüstenei tausend Blumen
erblühen.« Dieser Analogie folgend, wäre der Ostkongo besonders vertrocknet, auch wenn die Vegetation am Westlichen Rift
des Großen Afrikanischen Grabenbruchs üppig sprießt.

Die Demokratische Republik Kongo ist einer der letzten weißen Flecken auf der touristischen Landkarte, und wahrscheinlich weckt das meinen Abenteurergeist. Ich kann mich nicht
wehren und mache mich auf den Weg. Der Fahrer, der mich
von Kigali zur ruandisch-kongolesischen Grenze bringt, erzählt
von seinen Erfahrungen in dem Land. Als er einmal eine Gruppe Reisender im Auftrag seiner Agentur nach Kisangani bringen sollte, verhaftete ihn die kongolesische Polizei und warf

3 — Mobutu, der die Demokratische Republik Kongo von 1965 bis 1997 als Präsident
regierte, ließ mehr als hundert Mal seinen flämischen Privatschneider Alfons Mertens
einfliegen, der in Kinshasa stets im Hotel Intercontinental wohnte. Seine Frau besaß
einen begehbaren Kleiderschrank von 50 Metern Länge mit mehr als 1000 französischen Haute-Couture-Stücken. In seinem Heimatdorf ließ der Diktator einen Flug-
platz für den Überschall-Jet Concorde bauen.

ihm vor, ein ruandischer Spion zu sein. Er wurde drei Monate in einer kleinen Zelle festgehalten, 3000 Dollar nahmen sie ihm ab. Die Polizisten, erzählt mir der Mann, hätten immer wieder damit gedroht, ihn in den Kongo zu den Krokodilen zu werfen. Irgendwann ließen sie ihn frei. Aber niemals wieder, sagt er mit ruhiger Stimme, würde er auch nur einen Fuß in dieses Land setzen. So setzt er mich an der Grenzstation Grand Barrière ab.

Eine willkürliche Festnahme habe ich dank meiner Privilegien (weiße Haut, deutsche Staatsangehörigkeit, nach Landesverhältnissen immenser Reichtum) nicht zu befürchten. Das ist mir schon klar. Ich erwarte nicht die versprochene »high quality tourism experience«. Aber ist es einigermaßen sicher?

An der Grenze nimmt mich David in Empfang, mein Guide und Ansprechpartner in den kommenden Tagen. Er verströmt die typische Zuversicht aller Touristenführer dieser Welt, leidet jedoch unter schlimmen Rückenschmerzen. Ich schenke ihm meine Ibuprofen-Tabletten. David bringt mich ins Hotel der Caritas direkt am Lake Kivu in Goma, wo ich kurz glaube, mich am Lago di Como zu befinden. Sonne, Seeblick, weiß gekleidete Kellner. Aber klar sei es möglich, sich im Zentrum der Stadt tagsüber frei zu bewegen, versichert mir David. Ich laufe also einfach los. Überall sehe ich Häuserwände und Mauern aus schwarzem Gestein. Als der Nyiragongo 2002 ausbrach, walzte die Lava große Teile der Stadt nieder, rund 120 000 Menschen wurden obdachlos. Die Kongolesen bauten ihre Häuser in einem fatalistischen Akt der Selbstbehauptung schnell wieder auf, teils aus erkalteter Lava. Ich laufe an stacheldrahtbewehrten Grundstücken vorbei. Immer wieder brettern weiße UN-Geländewagen vorbei, die in Miniaturformat von Kindern am Straßenrand als Souvenirs verkauft werden. Die größte UN-Friedensmission MONUSCO (Mission de l'Organisation des Nations Unies pour la Stabilisation en République démocratique du Congo) ist im Ostkongo stationiert. Das Hauptquartier der internationalen Eingreiftruppe, die hier den fragilen Frieden sichern soll, befindet sich in Goma, einer Millionenstadt. Hier spaziere ich nun umher, kaufe auf dem Markt ein und trinke Kaffee.

Am nächsten Tag holt mich David morgens im Hotel ab. Unsere bewaffnete Eskorte für die Fahrt zu den Gorilla-Gebieten im südlichen Teil des Virunga-Nationalparks besteht aus einem Mann auf einem Motorrad mit einer Kalaschnikow. Drei Stunden dauert die Fahrt auf der unbefestigten Straße nach Norden raus aus der Stadt. David weiß, wie viele kongolesische Francs die Straßensperre am Stadtausgang verlangt. Wir fahren durch Dörfer, in denen Bretterbuden die Behausungen der Menschen sind. Irgendwann biegen wir ab, es geht nun die niederen Hänge eines Vulkans hinauf. Dort, wo die Straße in den Hügeln endet, steht der Rangerposten. Hier gibt Jack Humba vom Nationalpark eine Einweisung in das Gorilla-Trekking. Rund 200 Exemplare leben in den Bergwäldern des Ostkongo, knapp ein Viertel des Bestands. Acht Familien und vier Einzelgänger haben die Ranger erfasst, mit Namen und Standorten, insgesamt 124 Tiere. Wir werden an diesem Tag die Humba-Gruppe aufsuchen, zehn Tiere, zwei Silberrücken. Die Gorillas sind habitualisiert, also an Menschen gewöhnt.

Nur eine Stunde dauert unser Marsch zu den Tieren. Man riecht die Gorillas, bevor man sie sieht. Wir ziehen einen Mundschutz auf, flüstern nur noch. Sieben Meter Abstand soll man

A B C D

● Rutshuru

DEMOKRATISCHE
REPUBLIK KONGO

1

● Rumangabo

2

▲ Nyamuragira

● Gorilla-Trekking

Virunga-Nationalpark

▲ Mikeno   ▲ *Visoke*

3

↑ *Nyiragongo*

▲ *Karisimbi*

4

Goma

RUANDA

5

Lake Kivu

5 km

halten, doch die Ranger legen das großzügig aus. Und da hocken die stolzen Menschenaffen plötzlich im Gebüsch. Wir haben eine Stunde, die langsam und schnell zugleich vergeht. Euphorie, wenn die Gorillas sich erheben, Bambus essen, einander streicheln. Ich traumwandele zurück zum Rangerposten, als hätte mich der Wald verzaubert. Was ich an Dollars in der Tasche habe, gebe ich als Trinkgeld, und es scheint mir doch viel zu wenig. In einer Gegend, in der ein Menschenleben wenig zählt und immer wieder Ranger getötet werden, riskieren diese Männer alles für ein paar Gorillas.[4] Eine Hingabe, die mich zu Tränen rührt.

Die Fahrt zurück nach Goma ist ruhig. Im Hotel treffe ich einen deutschen Entwicklungshelfer, der mir später beim Abendessen von seiner Arbeit in der Region erzählt (Angriffe auf Beni im Norden, Cholera, die verfluchten Stromausfälle, die eine vernünftige Tagesplanung ziemlich erschweren).

Am nächsten Tag soll es auf den Nyiragongo gehen. Unsere Gruppe besteht aus amerikanischen NGO-Mitarbeiterinnen, kanadischen UN-Soldaten mit Freizeit und einer Handvoll Touristen. Das Wetter ist zum Wandern optimal: nicht zu heiß, kein Regen. In der Ferne thront der Vulkan Mikeno am Horizont wie ein prähistorischer Berg, erbaut für einen Dinosaurier-Themenpark. Ranger Julien Katembo weist darauf hin, dass das Vulkangestein besonders lose sei, man könne leicht stolpern. Wandertipps vom Guide? Ich habe kurz das Gefühl, in einem deutschen Naherholungsgebiet unterwegs zu sein statt in einem Konfliktgebiet. Frage an einen der UN-Soldaten: Wo sind

---

4 — Die oscarnominierte Netflix-Doku »Virunga« stellt die Arbeit der Ranger vor.

jetzt noch gleich die Rebellen? »Sie hocken in den Bergen rund um Goma«, sagt der Kanadier, was mich etwas beunruhigt. Aber was heiße schon Rebell, fragt er rhetorisch. Der Milizionär von morgen sei heute ein frustrierter Dorfbewohner, ein unterbezahlter Soldat, ein Polizist ohne Soll. Klappernde Wanderstöcke, bald schwitzen alle sehr.

Die Nacht am Kraterrand ist kühl. Obgleich müde von den Strapazen des Tages, bleiben wir alle noch lange wach und starren schweigend hinab in den Schlund des Berges. Was schon bei Tageslicht schwer beeindruckt, wirkt in der Schwärze der Tropennacht endgültig wie ein epochales Naturschauspiel aus einem längst vergangenen Erdzeitalter. Das Lavabecken hat einen Durchmesser von 250 Metern und glüht auf einer Temperatur von rund 1100 Grad Celsius, als schmiede ein hitzköpfiger Kriegsgott darin Waffen für eine apokalyptische Schlacht. Fontänen geschmolzenen Gesteins spritzen meterhoch. Die zerstörerischen Kräfte in den Tiefen des Berges lassen sich nur erahnen. Am nächsten Morgen: Rauch steigt aus dem Krater, es riecht nach Schwefel. Dann bricht die Sonne durch die Wolkendecke und schickt ihre Strahlen über das dunstige Land, das so ruhig zwischen den Vulkanriesen daliegt, als wäre dort nur Frieden möglich.

Die Reise in den Ostkongo hat mich sprachlos gemacht und beschenkt mit Eindrücken aus einer Weltregion, aus der man kaum etwas Gutes hört. Ich hätte für den Trip keine Agentur gebraucht, man konnte sich Ausflüge direkt über den Virunga-Park organisieren. Aber auch so ist die Reise ein Abenteuer gewesen. Dies alles war absolut machbar. Kann ich jetzt sagen, dass der Ostkongo – jedenfalls rund um Goma – gar nicht so gefährlich ist? Dass die Reise- und Sicherheitshinweise des AA maßlos übertrieben sind? Dass letztlich alles halb so schlimm ist, wie es sich anhört? Ja und nein.

Mai 2018, acht Monate nach meinem Besuch: Auf dem Weg zum Gorilla-Tracking wird ein britisches Touristenpaar auf der Straße von Goma nach Rutshuru entführt und eine Rangerin getötet. Nach wenigen Tagen verkündet das britische Außenministerium die Freilassung. Doch der Virunga-Park wird bis Ende des Jahres geschlossen. Es brauche künftig »viel robustere Sicherheitsvorkehrungen«, um den Park besuchen zu können, erklärt der aus Belgien stammende Direktor des Parks, Emmanuel de Merode. Es ist unmöglich zu sagen, ob die Gefahr einer Entführung schon im Jahr zuvor bestand. Eine latente Konfliktregion gilt immer solange als *verhältnismäßig* sicher, bis einmal richtig etwas schiefgeht.

Nach der gleichen Logik gestalten sich die Reise- und Sicherheitshinweise des Auswärtigen Amts: Sobald es irgendwo zu einem Anschlag kommt, werden die Warnungen verschärft. Ein Zyniker könnte einwenden, dass es dann ohnehin zu spät sei und der Ernstfall längst eingetreten. Eine Bedrohungslage hat sich in einer Bluttat manifestiert. Das AA reagiert. Denkbar ist aber auch, dass sich das Sicherheitsrisiko nach einem Anschlag signifikant verringert, weil Geheimdienste und Sicherheitsbehörden nun alarmiert sind und die Regierung um wichtige Einnahmen aus dem Tourismus bangt. Das ließ sich beobachten zum Beispiel nach dem Anschlag im tunesischen Port El-Kantaoui im Sommer 2015 oder dem Abschuss einer russischen Chartermaschine über dem Sinai in Ägypten im Herbst 2015 durch IS-Terroristen. Tunesien und Ägypten – beliebte Urlaubsländer für Deutsche, Briten, Franzosen und Russen – heuerten ausländische Sicherheitsfirmen an, um weitere Anschläge auf Flugzeuge und Hotels zu verhindern. Es war dort möglicherweise nie so sicher wie nach den Anschlägen. Davor waren die Länder unsicher, nur bemerkten die Urlauber das nicht. Dann wird kräftig in die Sicherheit investiert – und die Urlauber bleiben fern. Viele Einheimische, mit denen man sich unterhält, empfinden das als große Ungerechtigkeit.

Es gibt nur sehr wenige Länder und Regionen, die man definitiv nicht bereisen sollte. Viel spricht dafür, dass das Risiko seltener Gewaltverbrechen stark überschätzt wird, während realistische Gefahren unterschätzt werden – vor allem der Straßenverkehr. Der Verkehr ist in den allermeisten Ländern der Welt das mit Abstand größte Risiko für das eigene Leben. Einmal, auf einer Tour durch das bolivianische Hochland, lenkte der übermüdete Fahrer unserer Reisegruppe den Wagen bei 80 Kilometern pro Stunde in den Graben. Die legendäre Erklärung des Mannes werde ich nie vergessen: »The wheel has slipped.« Zum Glück lag neben der Straße nichts außer plattes Land, und es waren kaum andere Autos unterwegs. Abschreckend sind auch die Berichte von tödlichen Verkehrsunfällen in Thailand. Häufig sterben Touristen, die auf Mietrollern im Land unterwegs sind. Ebenfalls unterschätzt werden Magen-Darm-Erkrankungen, die zwar nicht das Leben gefährden, aber den Reisenden häufiger außer Gefecht setzen als K.o.-Tropfen im Drink oder die Blockade des Flughafens bei einem Militärputsch.

Eine Region gilt als halbwegs sicher, bis etwas passiert. Dieses Prinzip lässt sich auf den subjektiven Eindruck des

Reisenden übertragen: Der Tourist fühlt sich an einem bestimmten Ort ziemlich sicher – bis ihm etwas passiert. Wie souverän man sich in einer Stadt oder einem Land bewegt, hängt viel von der persönlichen Erfahrung ab. Ich finde es ganz schwierig, das Risiko eines Ortes objektiv bestimmen zu wollen. Auf der ganzen Welt sollte man im Prinzip die gleichen Ratschläge befolgen: den Einschätzungen vertrauenswürdiger Menschen vor Ort folgen; keine Wertsachen spazieren tragen; am besten nur registrierte Taxis nehmen; sich nicht von dubiosen Geschäftemachern anlabern lassen; immer wissen, wo man gerade ist und wo man hinmöchte. In vielen Ländern sind diese Hinweise mehr Erinnerungsstützen, an die man sich nicht sklavisch halten muss. In manchen Städten sind es unbedingte Handlungsempfehlungen, von der es keine Ausnahmen geben sollte, die die Regel bestätigen.

Über Ecuador schreibt das AA in seinen Reise- und Sicherheitshinweisen: »In größeren Städten, an touristischen Schwerpunkten (z. B. Ausgehviertel Mariscal Sucre in Quito) und in öffentlichen Verkehrsmitteln kommt es in erheblichem und weiter steigendem Umfang zu Diebstählen, Raubüberfällen und Sexualdelikten.« Als ich in Quito bin, übernachte ich am Rand von Mariscal, dem Backpackerviertel, das auch *gringolandia* genannt wird. Ich bin dort zu jeder Tag- und Nachtzeit zu Fuß unterwegs. Umsichtig, aber nicht verunsichert. Im kolonialen Altstadtviertel patrouilliert eine Touristenpolizei. Einmal, nahe des Panecillo-Hügels, in einer etwas halbseidenen Gegend, kurbelt ein Mann die Fensterscheibe seines Autos herunter und ruft erregt »Cuídate!«, pass auf! Er deutet auf die Fotokamera in meiner Hand. Dramatischer wird es jedoch nicht.

Johannesburg galt in den 1990er Jahren als gefährlichste Stadt der Welt, wegen der hohen Mordrate. Seitdem hat sich die Sicherheitslage stetig verbessert, aber Downtown und einschlägige Viertel wie Hillbrow gelten für Touristen immer noch als No-Go-Areas. Die Kriminalitätsrate ist weiterhin hoch. Es kann passieren, dass Fernsehmoderatoren vor laufender Kamera beraubt werden. Wer eine örtliche Zeitung aufschlägt und die Berichte über *home robberies* liest, sieht ein, dass Stacheldraht und Strom auf den Grundstücksmauern der besseren Viertel nicht zur Dekoration angebracht wurden.

Weil ich der Meinung bin, dass man zu Fuß am meisten von einer Stadt sieht, laufe ich tagsüber zehn Kilometer durch Johannesburg: vom Viertel Jeppestown über Newton und Braamfontein bis Melville. Ich nehme keine Wertsachen mit, wähle nur belebte Straßen und versuche den Anschein zu erwecken, dass ich weiß, wohin ich unterwegs bin (was stimmt und wie gesagt stets empfehlenswert ist). Ich glaube, ein durchaus verlässliches Gespür dafür zu haben, wo ich mich bewegen kann. Aber vielleicht ist das anmaßend, und ich habe einfach nur Glück. Man muss nicht durch Johannesburg laufen, es ist möglicherweise einfach ein unnötiges Risiko, aber es ist auch kein Himmelfahrtskommando per se. Abends geht es nach Braamfontein in die Kitchener's Carvey Bar – mit einem Uber. Genauso wie am nächsten Tag zum Apartheid Museum.

Im Grunde gilt, was der Verleger dieses Buches, Johannes Klaus, einmal treffend auf den Punkt brachte: »Die Welt ist ein freundlicher Ort.« Auch oder gerade dort, wo die Lebensumstände schwierig sind. Risikolos und keimarm sind weite Teile des Erdballs nur, wenn man konsequent das All-inclusive-Paket wählt und sich in der Hotelanlage verbarrikadiert. Was natürlich schade ist, weil einem weite Teile der Welt so für immer verschlossen bleiben.

»Da kann man nicht hinfahren!« Wäre es möglich, dass solche Sätze von Menschen kommen, die Risiken und Gefahren beim Reisen am wenigsten einschätzen können? Weil sie keine Erfahrung haben? Hat die Scheu vor bestimmten Ländern wirklich etwas mit der Sicherheit zu tun oder geht es vielmehr darum, die eigenen Vorurteile zu pflegen? Sind Kreuzfahrtschiffe vielleicht auch deshalb so beliebt, weil sie die eigentlichen Reiseziele so weit wie möglich auf Distanz halten und gleichzeitig die Illusion aufrechterhalten, dass der Passagier auf organisierten Landausflügen die Welt entdeckt?

Wir kommen aus Europa, Armut konfrontiert uns mit unserem Wohlstand und unseren Privilegien. Das kann unangenehm sein. Viele wollen davon nichts wissen. Aber Leid, Tragik, Schrecken, himmelschreiende Ungerechtigkeiten gehören dazu beim Reisen: Was in der Welt ist, dazu sollte man eine Haltung finden. Während die Politik endlos darüber debattiert, wie sich Fluchtursachen bekämpfen lassen, hat die Verzweiflung unser schönes Wohlstandsleben längst erreicht. Ein Symbol für diese Entwicklung war ein Foto, das um die Welt ging: Ein lebloses Kind an einem Strand, wo Urlauber ihre Sorgen vergessen wollen, angespült an die türkische Ägäis-Küste wie ein Stück Treibholz. Alan Kurdi, das Gesicht im Sand.

Mein Rucksack wurde mir damals übrigens in San Sebastian gestohlen, an der spanischen Atlantikküste, ein Jahr nach dem Abitur. Leichtsinnigerweise hatten wir im Freien auf einer Wiese vor dem Bahnhof übernachtet. Mein letzter Satz, bevor ich beklaut wurde, ging so: »Wer am Ende wach bleibt, macht Nachtwache.« Für diesen Hochmut muss ich mir heute noch Sprüche anhören.

Dein Feind und Helfer

Bevor der professionelle Tourismus entstand, waren die Schwierigkeiten des Reisens existentieller Natur: Der Gesandte, Entdecker oder Pilger riskierte sein Leben. Die modernen Herausforderungen stellten sich praktischer dar: Wie lassen sich möglichst viele Menschen zu möglichst sonnigen Orten bringen? Charterflüge, Bettenburgen, Pauschalpakete und Computersysteme waren die Antwort. Europa wurde entdeckt, erst zaghaft, dann immer selbstbewusster. Irgendwann kamen Interrail, Reisefreiheit, alternativer Tourismus und die Fernstrecke. Heute gibt es keine praktischen Hindernisse mehr. Mit ein paar Hundert Euro und wenigen Mausklicks sind wir übermorgen in San Francisco, Santiago oder Sydney. Die Hürde liegt nun im Bewusstsein. Reist nur der Körper oder auch der Kopf? Wechseln wir den Ort, aber gehen gar nicht fort? Was schauen wir an und was sehen wir?

Bevor wir diese Fragen beantworten können, reisen wir in die Alpen. Sattgrüne Wiesen, am Horizont funkeln Gletscher. Kein Straßenverkehr lärmt in den Tälern, die sich tief ins Gebirge winden. Auf den Wegen und Steigen jenseits der Baumgrenze folgt der Blick konzentriert jedem Stein und jeder Senke. Das Panorama ist umfassend, falls nicht gerade Wolken aufgezogen sind, es konkurriert mit nichts anderem. Sogar bei Regen ist es schön in den Bergen. Anmutig der Anblick eines von Tannen und Fichten bewachsenen Hangs, dessen tiefdunkles Grün sich langsam aus dem Nebel schält. Wer nur etwas romantisch veranlagt ist, empfindet hinreißende Melancholie. Tropfen prasseln, ein Bach rauscht, der Boden duftet nach Erde und Stein. Das ist alles. Rau und wild können die Berge sein, stürmisch, und ja – auch gefährlich. Wenn der Tag zur Neige geht und Schatten aus dem Tal kriechen, wird das Terrain bedrohlich, der Mensch in der Dunkelheit orientierungslos. Dann gibt es keinen schöneren Ort als eine urige Berghütte mit einer gut beheizten Stube. Heimeligkeit in der Wildnis.

Mit Anfang zwanzig sind meine Freunde und ich jeden Sommer in den Alpen wandern gewesen, mindestens eine Woche. Mit dem Rucksack von Hütte zu Hütte auf einem der markierten Höhenwege der Ostalpen: Zillertal, Stubai, Ötztal. Wir liefen täglich mehrere Stunden, über Almwiesen, Geröllfelder und ausgesetzte Scharten. Wir froren am Morgen und schwitzten am Mittag. Hin und wieder fluchten wir, wenn es stundenlang regnete. Vom Gipfel der Wildspitze überblickten wir um acht Uhr morgens die blassgoldenen Bergkämme in der Ferne. Wir schliefen auf Matratzenlagern in Alpenvereinshütten. Abends saßen wir erschöpft bei Tiroler Gröstl und Radler in der Stube. Manchmal konnten wir kaum die Arme heben, so schmerzten die Schultern von den Rucksäcken. Und dann redeten wir, bis uns die Augen zufielen.

Doch in dem Sommer, als wir in die Ortler Alpen nach Südtirol fuhren, veränderte sich etwas. Das lag an der Telekom, die in einem EU-Land der Wahl ein kostenloses Datenpaket anbot, eine Art Sommerferien-Sonderaktion – ein Türspalt zur Welt hinter den Bergkämmen. Damit kehrte eine Zerstreuung in die Abende auf den Berghütten ein, die es vorher nicht gegeben hatte.

Tagsüber befanden sich die Smartphones im Rucksack oder in der Tasche. Abends im Gastraum der Hütte lagen die Geräte auf dem Tisch. Einer chattete mit seiner Freundin, ein anderer scrollte durch seine Facebook-Timeline, der Dritte verfolgte Twitter,[1] und der Vierte las den Bericht zum letzten Spiel von Borussia Dortmund. Die Gedanken entschwanden aus der Reizarmut der Berghütte, in der ja eine Möglichkeit lag: Zeit haben, zuhören, reden. Doch unsere Gespräche waren kurz. Sie nahmen immer wieder neue Anläufe, nur um rasch zu versanden. So blieben die Abende statisch. Mir fiel das erst auf, als ich schon wieder zu Hause war.

Christoph Scheuermann schrieb einmal über die Auswirkungen von Facebook und den Effizienzgewinn der Online-Kommunikation: »Die Zwischentöne aber, die Selbstironie, die Zweifel, diese schöne, alberne Melancholie nach drei, vier Stunden Plaudern, all das, auf dem Vertrauen wächst und später vielleicht Freundschaft, wurde seltener.« Wie selten ist das geworden: an einem Tisch sitzen und reden. Heiter, manchmal

---

1 — Manche sehen in Twitter ein »tribalisierendes Affektmedium«, das einmal den Dritten Weltkrieg auslösen wird und durch das Menschen verlernen, mit sich selbst zu sprechen (was eine großartige Tätigkeit ist). Andere sehen darin eine »Druckbetankung mit Welt« und den fortwährenden Appell, dass die Verunsicherung über das eigene Weltbild nie aufhören darf.

ernst, stundenlang. Dieses scheinbar ziellose Hin und Her der
Gedanken bis zu einer bestimmten Stimmung, die plötzlich etwas verändert, nach der man sich anders begegnet, weil man
den anderen mit neuen Augen sieht und diesen ozeantiefen
Graben, der zwischen den individuellen Erfahrungswelten
zweier Menschen liegt, ein kleines bisschen zuschütten konnte. Stattdessen: unpräzise, abgekämpfte Sätze.

Was ist zu sagen zum Smartphone auf Reisen? Flugsuchma-
schinen vergleichen Routen, Airlines und Preise. Booking.com
und Airbnb listen Hunderte Unterkünfte, sortiert nach Preisen und persönlichen Vorlieben. Mit Google Maps tragen wir
eine Karte für die ganze Welt in der Hosentasche. Es gibt genug
Webseiten, über die wir unterwegs Kontakte knüpfen können,
vom Sprachtandem bis zum Date. Die Empfehlungen anderer
Reisender auf Tripadvisor helfen, an einem fremden Ort zielsicher ein gutes Restaurant zu finden, wogegen in den meisten
Fällen nichts zu sagen ist. Apps organisieren die Packliste, finden öffentliche Toiletten, reservieren Tische in Lokalen, stellen
Anti-Jetlag-Pläne auf, ermitteln den GPS-Standort eines soeben
aufgenommenen Fotos, übersetzen chinesische Schriftzeichen
in Speisekarten und liefern Sprüche für den Gesprächsauftakt
in 44 Sprachen von Hindi bis Afrikaans. Zu fast jedem Flecken
Erde finden wir im Internet mehr Informationen, als wir jemals lesen können. Jeden Tag kommt neuer Content hinzu. Die
Erfindung der Eisenbahn und das Postsystem haben die Menschen dazu gebracht, Postkarten zu schreiben, und heute haben die Leute im Urlaub eben ihre Handys dabei. Das Smartphone ist einfach verflucht hilfreich. Unscheinbar liegt es
neben dem Teller beim Frühstück und auf dem Nachttisch im

Hotelzimmer, dieses kleine Gerät. Doch es hat die Macht, die Erfahrung des Reisens zu zerstören. Aus vier Gründen.

Erstens: Der permanente Zugriff auf Social Media füttert eine kaum zu bezwingende Selbstbezüglichkeit, die im Selfie ihren sichtbarsten Ausdruck findet. Was sagt das Foto von mir vor der Golden Gate Bridge? Doch nicht: Wie beeindruckend diese Brücke ist! Sondern: Ich bin San Francisco, du bist Sankt Peter-Ording. Nicht: Schau dir diese ingenieurstechnische Meisterleistung an. Sondern: Schau mich an! Mein glorreiches Leben! Social Media verändert den Wahrnehmungsmodus, es schaltet dem Erleben stets eine Ebene vor: Ist das interessant genug, um es zu posten? Taugt dieser Ort dazu, mich in Szene zu setzen? Zusätzlich teilen wir uns ständig über Whatsapp mit, weil die Leute zu Hause glauben, wenn man drei Tage nichts schreibt oder postet, sei man verschollen oder tot.

Zweitens: Die Bewertungskultur des Netzes verunmöglicht zunehmend die Überraschung, das Abenteuer. Fast alles lässt sich vorher recherchieren, überprüfen, kontrollieren. »Und wäre es möglich, dass der Zwang, alles sofort zu bewerten und zu rezensieren, einfach sehr schlechte Laune macht?«, fragte sich der Journalist Dirk Gieselmann, als er Paris anhand der besten und schlechtesten Tripadvisor-Empfehlungen erkundete. Immer gibt es eine andere, womöglich bessere Option, die vielleicht übersehen wurde. Haben wir nicht gründlich genug gesucht?

Drittens: Das Smartphone verführt zur ständigen Rückkehr in die Heimat. Wir sitzen vielleicht auf einer Piazza in Pisa oder Palermo, aber schauen kurz beim Kaffeetrinken in Tante Ulrikes Wohnung vorbei oder auf der Party des besten

Kumpels, obwohl die ja schon längst vorbei ist – Moment, warum war ich eigentlich nicht da? Ach ja, ich befinde mich auf einer Reise. Der permanente Einfall des Vertrauten verhindert die Verortung in der Fremde. Das Gefühl des Entrücktseins, des Sichentziehens, des Verschwindens, nicht nur räumlich, sondern als spirituelles Programm, um dadurch einen neuen Blick auf die Dinge zu gewinnen – es kann sich nicht mehr einstellen.

Viertens: Die Beschäftigung mit dem Smartphone beschädigt gezielt die Fähigkeit, uns einer Sache ausgiebig und ohne Ablenkung zu widmen. Das betrifft sogar einstmals harmlose Tätigkeiten wie das Essen und Laufen. »Don't let your mobile device end your life«, warnt die Denver Railroad in ihren Zügen. Es ist eine Feststellung, die so banal klingt, dass man sie als stumpfen Fortschrittspessimismus abtun könnte, käme sie nicht mittlerweile aus dem Inneren des Maschinenraums: Das Smartphone zerstört unsere Aufmerksamkeit. Das ist keine Begleiterscheinung der Technik, sondern Ziel der Technologiekonzerne.

Alphabet (Google), Apple, Amazon und Facebook, deren Börsenwert das Bruttoinlandsprodukt mancher Staaten übersteigt, predigen das Versprechen auf eine bessere Welt durch Daten und ihre Vernetzung. Doch im Silicon Valley gibt es mittlerweile eine Reihe von Häretikern, die von der reinen Lehre abgewichen sind. Nicht so sehr die Top-Manager, sondern Entwickler aus dem Mittelbau der Unternehmen, Mitte 30 und somit die letzte Generation, deren Alltag irgendwann einmal nicht von Technologie durchdrungen war. Was sie erzählen, klingt wie die Geschichte von Frankensteins Monster.

Da ist Justin Rosenstein, der bei Facebook den Like-Button erfunden hat. Die Benachrichtigungen, die der Nutzer erhält, Dopamin-Trigger in der Alarmfarbe Rot, bezeichnet er als »bright dings of pseudo-pleasure«, hohl und verführerisch. Rosenstein stellt fest: »Everyone is distracted. All the time.« Mit dieser Beobachtung ist er nicht allein.

Da ist James Williams, Ex-Googler. Er sagt, die Tech-Branche sei »the largest, most standardised and most centralised form of attentional control in human history« – die umfassendste Aufmerksamkeitskontrolle in der Geschichte der Menschheit. Tatsächlich ist die Art und Weise, wie Menschen Apps und Social Media nutzen, kein Zufall, sondern das Ergebnis einer hochgradig ausgetüftelten Manipulation. Wir verlieren uns nicht einfach so in sozialen Netzwerken, das ist Absicht. Kurz mal reinschauen, schon ist eine halbe Stunde um, eine volle Stunde, der halbe Tag. Facebook hat ausgeplaudert, dass es erkennen kann, wann ein Nutzer sich traurig, depressiv und wertlos fühlt, und diesen Gemütszustand mit den passenden Content-Snacks füttert. Williams sagt: »The dynamics of the attention economy are structurally set up to undermine the human will.« Die Aufmerksamkeitsökonomie untergräbt den freien Willen. Das ist keine Verschwörung, sondern digitaler Kapitalismus.

Einer der bekanntesten Silicon-Valley-Aussteiger ist Tristan Harris. Er hat früher ebenfalls bei Google gearbeitet und schreibt heute Bücher über Social Media und die Auswirkungen auf die Gesellschaft. Er hält Vorträge, die man sich im Internet anhören kann. Darin erzählt er, dass er selbst in den Kontrollräumen gesessen habe, in denen eine Handvoll Leute täglich die Gehirne von Milliarden von Menschen manipulierte. Er erklärt, die Technologie sei nicht neutral, ihre Entwicklung nicht zufällig. Er vergleicht den Pull-to-refresh-Mechanismus von Apps (mit dem Finger runterscrollen, und es wird einem automatisch ein neuer Inhalt angezeigt) mit einer Slotmaschine im Casino, die immer wieder einen neuen Reiz liefert und somit süchtig macht. Er ist der Meinung, dass der Wettkampf um unsere Aufmerksamkeit, die letzte knappe Ressource, das große Problem hinter allen anderen Problemen sei. Es ändere unsere Unterhaltungen, unsere Beziehungen und die Demokratie. Selbst wenn die Situation nur halb so dramatisch ist, wie der Insider sie schildert, wäre das nicht beunruhigend? »At the end of our lives, all we have is our attention and our time«, sagt Harris. Wenn es weniger Pathos sein soll: Das gilt zumindest für eine Reise.

Roger Willemsen beklagte in seiner intellektuellen Klarsicht eine »neue Qualität der Flüchtigkeit« angesichts multipler Aufmerksamkeitsherde und den »›Second-Screen-Menschen‹, dem der eine Bildschirm nicht mehr reicht, der ohne mehrere Parallelhandlungen die Welt nicht erträgt.« Er sah »die Transit-Zonen des reinen Wartens« verschwinden. Der gegenwärtige Mensch sei »voller Information, aber ohne Erkenntnis, randvoll mit Wissen, aber mager an Erfahrung.«

Man sieht sie überall (und in ihnen sich selbst): die Passagiere am Flughafen, zusammengesunken in Geräte starrend, zu müde, um sich dagegen wehren zu können; die Urlauber, die in der Ferne ungeduldig aus dem Flieger steigen, um sogleich die Notifications aus der Heimat zu checken; die Gestrandeten in den Hotel-Lobbys, die nicht wissen, was sie mit dem

Tag anstellen sollen und deshalb dem allereinfachsten Impuls folgen und abtauchen; die Reisenden in den Zügen, die nicht mehr die Landschaft beobachten oder ihre eigenen Gedanken; die Gäste der Brunch-Lokale, die zum Frühstück prüfen, was sie über Nacht verpasst haben; die Besucher der Cafés, die nicht nach Empfehlungen für Speisen oder Ausflugstipps fragen, sondern nach dem WiFi-Passwort. Blick aufs Display, Versenkung in der Innenwelt. Stilles Beobachten würde sie in Unruhe versetzen. Jeder Stillstand, jede Leerstelle der Wahrnehmung wird sofort gefüllt. Gesten, Blicke, Straßenszenen, das amüsante Theater öffentlicher Plätze: Es genügt dem ungeduldigen Geist nicht mehr. Wir merken das erst, wenn der Zugang zum Internet tatsächlich einmal nicht möglich ist. Abschalten ist nicht mehr vorgesehen, das ist die Doktrin der Technologiekonzerne. Auf Reisen funktioniert das – noch. Zum Beispiel in Kolumbien.

Der Tayrona-Nationalpark an der kolumbianischen Karibikküste hat mit der Ästhetik tropischer Traumstrände wenig zu tun. Mannshohe Wellen rollen über die See mit ihren gefährlichen Strömungen. Schilder warnen: In dieser Bucht sind schon mehr als hundert Menschen gestorben. An den diesigen Stränden liegen glatt geschliffene Felsen, tonnenschwere Monolithe aus dem kaum zu durchdringenden Bergdschungel der Sierra Nevada de Santa Marta. In entlegenen Tälern des Gebirges soll Koka angebaut werden. Noch immer leben in den Bergen die Kogi-Indianer, Nachfahren der Tairona, die hier um 200 n. Chr. Fische fingen, Felder bestellten und Gold schmiedeten. Ein schlüpfriger Dschungelpfad führt Touristen zu einem verfallenen Dorf. Der Weg beginnt in Cabo de San Juan de la Guía, dem letzten Zivilisationsposten entlang der Küste, wenn man über die Straße von Zaino aus angereist ist. In Cabo kann man auf einem Campingplatz schlafen oder in einer Hängematte auf einer Landzunge, direkt über der stürmischen See. Der Tayrona-Nationalpark ist kein Geheimtipp mehr. Von Taganga bei Santa Marta, der nächsten größeren Stadt westlich des Parks, fahren regelmäßig Boote, die Tagestouristen nach Cabo bringen. Doch teure Resorts und die Annehmlichkeiten besserer Hotellerie finden sich hier nicht. Auch keine Straßen. Generatoren erzeugen Strom, Trampelpfade verbinden die Buchten. Nirgendwo gibt es ein Schild, das auf »Free WiFi« hinweist.

In Tayrona stellt sich bei mir ein Zustand ein, der mir fremd geworden ist: Es kostet keine Anstrengung mehr, nichts zu tun. Die Unruhe ist gewichen, nach dem dritten Tag. Als der Tag zu Ende geht und die rabenschwarze Nacht aufzieht, ist da kein Bedürfnis mehr, wachzubleiben und mich zu beschäftigen. Noch was anklicken, anschauen, lesen oder kommentieren. Ich gehe einfach schlafen. Der Strom der Aufmerksamkeitsangebote, der keine Tageszeit kennt, ist versiegt. Nachts rauschen die Wellen, Sterne leuchten am Himmel. Ich bin entkoppelt und gedrosselt. Dass ich es zu Hause auch immer so haben könnte, wenn ich mich dazu entscheide, ist eine Illusion.

Der Schriftsteller Benjamin von Stuckrad-Barre berichtete einmal, wie er in seinem »letzten Sommer ohne iPad« mit »archäologischer Zärtlichkeit« zur Zeitung vom Vortag griff. Er erfreute sich an der »Unschuld des Spät-Informierten«. Ich fürchte, diese Zeiten sind vorbei, auch auf Reisen.

Das Bedürfnis, abschalten zu können, wurde längst in ein kommerzielles Happening umgewandelt: digital Detox, digitale

Entgiftung. Wenig überraschend, wurde der Begriff im Silicon Valley selbst geprägt, von ausgebrannten Power-Entwicklern. In Mitteleuropa ist Österreich ein Vorreiter des Digital-Detox-Trends, und ich glaube, das hat viel mit den Bergen zu tun. Im Belle-Epoque-Hotel Rosenlaui im Berner Oberland übernachten Gäste in antiken Betten und können ein Münztelefon nutzen, doch Fernseher, Radio und WiFi fehlen. Das Fünf-Sterne-Hotel Vigilius Mountain Resort in Südtirol ist nur per Seilbahn erreichbar, nachts wird der Router ausgeschaltet. In Balderschwang im Allgäu wirbt das Hotel Hubertus Alpin Lodge & Spa mit einem »Funkstille-Paket«. Aber vielleicht ist das nur ein hipper Lifestyle-Eskapismus.

Ich glaube, das größte Missverständnis ist der Glaube, dass die digitale Durchdringung des Alltags durch allerlei nützliche Helfer und weniger nützliche Aufmerksamkeitsplattformen ein natürlicher Prozess ist, dem sich nur Spinner und Ewiggestrige widersetzen – und keine gezielte Manipulation, keine raffinierte Steuerung unseres Denkens im Dienste von Online-Werbung. Der eigentliche Zweck: Wir sollen möglichst viele Dinge kaufen. Der Griff zum Smartphone ist die Universalhandlung dieser Tage, so automatisiert, dass wir sie oft nicht bemerken.[2] Dieser fragmentierte Rhythmus, durch die Welt zu stolpern, ist der Erfahrung des Reisens besonders abträglich. Die Zwischenräume, in denen wir über das Gesehene und Erlebte reflektieren, verschwinden. Was war das eigentlich genau, was ich beobachtet habe? Was hat es bedeutet, auch für mich persönlich? Was nehme ich daraus mit? Welche Einsicht habe ich gewonnen? Wer

---

2 — Kennst du diesen Moment, wenn du auf eine App starrst und dich fragst, was um alles in der Welt du eigentlich gerade tun wolltest?

sich einen Reim auf die Welt machen will, braucht einen inneren Raum, der nicht permanent mit Informations-Gerümpel vollgestellt wird. Hat sich jemals ein Reisender an die Stunden erinnert, die er mit dem Handy verbracht hat?

An dieser Stelle sollte ich mit einem eventuellen Missverständnis aufräumen: Ich bin kein digitaler Asket, im Gegenteil. Das Internet ist eine Wundermaschine, Treibstoff für das Denken und mein Zugang zur Welt, wenn ich sie mir gerade nicht mit eigenen Augen anschauen kann oder möchte. Ich habe mein Smartphone auf Reisen mittlerweile immer dabei. Die Kunst liegt darin, die nützlichen Informationen in möglichst kurzer Zeit aufzunehmen und dann die Finger vom Gerät zu lassen. Dazu noch ein praktischer Ratschlag: WiFi-Hotspots meiden und, falls nötig, ganz bewusst ansteuern, um ein Problem zu lösen: Muss ich ein Busticket kaufen oder einen Treffpunkt finden? Brauche ich dagegen Social Media, um meine Einsamkeit zu lindern, spreche ich stattdessen am besten jemanden an, ob Einheimischen oder Touristen. Auf Reisen sind die Leute kontaktfreudig, da lässt sich auch ein wortkarger Netzwerkadministrator zu einem zwanglosen Plausch hinreißen. Die höchste Kunst ist so simpel wie schwierig: immer nur eine Sache tun. Ohne Ablenkung. Wenn das gelingt, sind wir wirklich präsent. Im Übrigen klappt es dann sogar mit dem wichtigsten Urlaubsmotiv – der Erholung.

Happiness only real when shared?

Er suchte das Glück außerhalb gesellschaftlicher Konventionen, ein freies und selbstbestimmtes Leben, und ließ sich von seinem Plan nicht abbringen: Christopher McCandless. Jon Krakauer erzählte die Geschichte des jungen Amerikaners, Sean Penn verfilmte den Stoff: *Into The Wild.* Als Zwanzigjähriger verlässt McCandless sein wohlhabendes Elternhaus in Virginia, reist zwei Jahre durch die USA, als Landstreicher, als Hobo, jobbt als Erntehelfer und bei McDonalds, paddelt mit einem Kajak den Colorado River hinunter bis nach Mexiko, doch er verliert nie sein Ziel aus den Augen: Alaska. Von Fairbanks aus macht er sich schließlich auf in die Wildnis, wo er fernab der Zivilisation von dem leben möchte, was die Natur ihm zur Verfügung stellt. In Alaska ist das nicht viel.

Eine leise Ahnung, dass es mit dem jungen, übermütigen Christopher ein böses Ende nehmen könnte, begleitet den Leser die ganze Zeit. Unterwegs trifft McCandless immer wieder ältere Personen, die ihm ins Gewissen reden. Doch er lässt sich nicht von seinem Plan abbringen. Nachdem er in Alaska in einem ausrangierten Schulbus sein Lager bezogen hat, verbringt er den Winter in der Unwirtlichkeit am nördlichen Polarkreis – erfolgreich. Dann will er zurück, geläutert, doch nach der Schneeschmelze im Frühjahr kann er den Fluss, über den er kam, nicht mehr überqueren, und ist abgeschnitten. Irgendwann vergiftet er sich durch den Verzehr von Wildkartoffelsamen. Im Film schreibt er abgemagert und mit letzten Kräften einen Satz nieder: »Happiness only real when shared.« Nachdem die Worte geschrieben sind, kommen McCandless die Tränen. Späte Einsicht, für ihn zu spät.

McCandless war ein Reisender auf der Suche, wenngleich kein Tourist. Seine Ansichten waren extrem, ebenso wie seine Freiheitsliebe. Er entschied sich für einen faszinierenden, aber tödlichen Weg. Und er konfrontierte uns mit der Frage, wie weit die Unabhängigkeit gehen kann. Das verleiht seiner Geschichte eine so große Anziehungskraft. *Happiness only real when shared:* Stimmt das, wenn es ums Reisen geht? Oder gibt es gute Gründe, auch allein aufzubrechen, um sich die Welt anzuschauen?

Der Solo-Trip ist (noch) selten. Nach den Hochrechnungen der Forschungsgemeinschaft Urlaub und Reisen unternehmen jährlich rund vier Millionen Deutsche allein eine Reise. Das klingt nach einer großen Zahl, aber damit sind auch alle Urlauber gemeint, die sich allein einer Gruppenreise anschließen. Der Bundesverband der Alleinreisenden zum Beispiel organisiert Fahrten für zumeist ältere Menschen, die vielleicht gerade ihren Partner verloren haben. Es geht hier nicht darum, alleine klarzukommen, eher ums Gegenteil. Auf der anderen Seite sind da all die Reiseblogs, die das Alleinreisen preisen und dafür allerlei Tipps und Ratschläge parat haben, gerade auch für Frauen. Allein zu reisen, gilt immer noch als besonders. Und es polarisiert.

Der allein reisende Tourist hat im Vergleich zum tragischen Helden Christopher aus *Into the Wild* einen entscheidenden Vorteil: Er muss nicht den Rest seines Lebens in selbst gewählter Einsamkeit verbringen, sondern lediglich eine Reise. Danach kann er in die Gemeinschaft von Familie und Freunden zurückkehren. Allein zu reisen ist keine existenzielle Entscheidung. Aber ein spannendes Experiment. Wir erleben dabei Außergewöhnliches, das unter normalen Umständen selten passiert.

Wer allein reist, muss mutig sein. Er ist mit sich selbst und seinen Ängsten konfrontiert. Kein Reiseleiter, guter Freund oder Partner nimmt uns die Entscheidungen ab. Wir haben keine menschliche Komfortzone dabei, in die wir uns flüchten können. Das stärkt aber das Selbstvertrauen: selbstständig einen Weg von A nach B finden, Pläne schmieden, auf fremde Menschen zugehen, Schlitzohren abschütteln. Psychologen sprechen von Kompetenzerfahrung.

Wer allein reist, ist beispiellos frei. Da ist niemand, der schon ein festes Bild von uns hat. Wir können sein, wie wir wollen. Wir haben Zeit und Muße, wirklich zu beobachten. Der britische Schriftsteller Tom Hodgkinson bemerkt: »Die wohl höchste Form des müßigen Reisens ist eine Wanderung, die man alleine unternimmt.« All die Energie und Aufmerksamkeit, die in Begleitung des Partners oder Freundes in das hochkomplexe *soziale Miteinander* fließen, stehen uns als Alleinreisendem frei zur Verfügung. Wir können ein bisschen asozial immer nur das tun, wonach uns der Sinn steht. Ein kompromissloser Daseinszustand. Wir können uns voll und ganz der Umgebung widmen, ohne die Herausforderung, noch eine Freundschaft oder Beziehung pflegen zu müssen.

Wer allein reist, muss mit sich selbst klarkommen. Sich auszuhalten, auch wenn Langeweile und Zweifel das Gemüt beschleichen, ist ein Stahlbad der Selbstakzeptanz. Und eine beruhigende Erfahrung: Es ist völlig okay, sich auch mal richtig scheiße zu fühlen. So etwas kommt und geht wie die Jahreszeiten. Wenn wir uns gar nicht mehr aushalten und keine Gesellschaft in Aussicht ist, wäre mein Tipp, sich an Persönlichkeiten zu wenden, die für die Verworrenheit der Existenz präzise Worte gefunden haben – an Schriftsteller und ihre Bücher.

Wer allein reist, kann viel erzählen. Worum geht's im Leben? *To tell a great story.* Die bedeutendsten Geschichten sind die, in denen das Leben uns in eine schwierige Situation manövriert, aus der wir wieder herausfinden. Wer auf eigene Faust unterwegs ist, besonders abseits allzu ausgetretener Pfade, erlebt ständig Unwägbarkeiten und Mikrokrisen. Meist klappt aber dann doch alles irgendwie. Das ist berauschend. Und eignet sich hervorragend für eine Geschichte.

Allein zu reisen hört sich in der Theorie ziemlich lässig an. In der Praxis ist es aber oft nicht so leicht. Denn es gibt ein Schreckgespenst, das auf jeder Solo-Reise lauert, in Hotelzimmern und Bahnwaggons, im Restaurant und am Bartresen, zwischen Tempelruinen und am schönsten Strand. Das Gespenst ist nachtaktiv, es spukt vor allem, wenn der Abend dämmert. Es tritt auf allen Kontinenten und in allen Klimazonen auf, vom Polarkreis bis zum Äquator. Irisches Regenwetter verträgt es ebenso wie die feucht-schwüle Hitze Indonesiens. Auch wenn man irgendwann lernt, es zu vertreiben, folgt es einem noch auf der zwanzigsten Reise. Dieses Gespenst heißt Einsamkeit.

Daneben hat das Alleinreisen noch finanzielle Nachteile. Wer allein reist, kann den Zimmerpreis nicht durch zwei teilen. Einzelzimmer sind teuer. Die Alternative heißt Schlafsaal – ohne Privatsphäre. Auf vielen Kreuzfahrtschiffen gibt es zwar ein paar Einzelkabinen, doch falls nicht, wird der volle Kabinenpreis berechnet. Taxifahrten und Ausflüge sind günstiger, umso größer die Gruppe ist. Das Überfallrisiko lässt sich verringern, indem man sich anderen Touristen anschließt, was meist kein Problem ist. Gelegentlich erntet man auch mitleidige Blicke von Einheimischen, die den Alleinreisenden dafür bedauern, dass er offenbar keine Familie oder Freunde hat. Doch das ist gewiss zu verschmerzen. Man kann ein Pfennigfuchser ohne Komfortbedürfnisse sein und ein wagemutiger Globetrotter – nichts schützt zuverlässig gegen Einsamkeit in der Fremde. Wenn die Raftingtour vorbei, das Abendessen beendet und der letzte Travelbuddy im Hostelzimmer verschwunden ist, sitzt man auf der Terrasse und hört es plötzlich aus einer Ecke fauchen: das Gespenst.

Allein zu sein, meint nicht immer den gleichen Zustand. Die selbstgewählte Isolation heißt auf Englisch *solitude*, ein erbauender Zustand. Die quälende Einsamkeit, *loneliness*, saugt dagegen die Energie aus dem Körper. Sie kann auch unter Menschen auftreten, wenn man nur Phrasen austauscht und kein echtes Interesse am Gegenüber vorhanden ist. Es ist mehr ein Gefühl als ein Zustand: das Empfinden, unsichtbar zu sein. Allein unterwegs zu sein ist leichter als allein anzukommen, und den Moment, in dem *solitude* zu *loneliness* wird, bemerken wir manchmal erst, wenn das Unbehagen bereits da ist. Das gilt auch an Flecken auf dieser schönen Erde, die wir mit Gemütlichkeit und Seelenfrieden in Verbindung bringen. Zum Beispiel ein finnisches Sommerhaus am See, ein *mökki*.

Das *mökki* ist ein Ausdruck der finnischen Lebensart. Ab Juni sind die Städte des Landes nahezu apokalyptisch verlassen, weil alle Menschen von Sinn und Verstand in die Natur ziehen, an einen See in ein Sommerhaus. Der Finnland-Kenner Rasso Knoller nannte es »ein Ritual, das einfach nicht wegzudenken ist«. Die sonst eher melancholischen Finnen finden im Haus am See zu ausgelassener Zufriedenheit. »Solange die Biervorräte nicht zur Neige gehen, ist das Glück der Sommerfinnen perfekt«, schreibt Knoller, der weiß, wovon er spricht. Er hat selbst einige Jahre in Finnland gelebt.

Mir erscheint die Idee sehr simpel: nach Finnland reisen, ein Haus am See aufsuchen und der finnischen Seele nachspüren. Ich fliege ins Saimaa-Seengebiet im Osten des Landes nahe der russischen Grenze, nach Savonlinna, um eine Geschichte darüber zu schreiben. Ich bin als Reporter unterwegs, als Alleinreiseprofi also. Was kann da schon schiefgehen?

Ich fahre mit dem Kanu durch den Linansaari-Nationalpark und absolviere ein Sightseeing-Programm in der Region: die mittelalterliche Burg Olavinlinna, das Forstmuseum Lusto, die größte christliche Holzkirche der Welt in Kerimäki. Doch ich will auch ins *mökki*, ein bisschen Finne sein. Die Frau vom örtlichen Tourismusbüro erfüllt mir diesen Wunsch. Sie überlässt mir, sozusagen zu Recherchezwecken, das Haus einer Freundin. So sind die Finnen nun mal.

Die Hütte hat keinen Strom, nur Kerzen. Natürlich gibt es eine Sauna. Abends, als der Wald schon pechschwarz dasteht und der See im Mondlicht schimmert, lege ich Holzscheite in den Ofen und entzünde ein Feuer. Der Saunaraum heizt sich auf. Ich setze mich hinein und schwitze. Dann trete ich aus der Hütte, laufe hinunter zum See und steige ins Wasser. Nach der Abkühlung nehme ich auf einer Bank Platz, um den Augenblick zu genießen, wie man das auf Reisen eben tun soll, und da spüre ich ein leises Schaudern, ein größer werdendes Unbehagen, eine fundamentale Leere, die mich herunterzieht wie ein Kettenhemd: Einsamkeit. Die entscheidende Komponente für das Finnenglück im Sommerhaus habe ich nicht bedacht: Gesellschaft. *Happiness only real when shared?* Für das *mökki* gilt das zwingend. Sonst wird es bitter.

Für einen Tag am See mit guten Freunden wurde der Sommer erfunden. Ein finnisches *mökki* ist aber auch ein romantischer Ort. Sauna, Kamin, Kerzen. Es gibt all diese Refugien auf der Welt, die anscheinend nur für Liebende erdacht wurden: das Schweizer Wellness-Berghotel, die Ferienwohnung am Montmartre in Paris, die Serengeti-Lodge, das Beach Resort auf Bali. Der Single, der dort aus ungeklärten Gründen auftaucht, ist eine bemitleidenswerte Figur.

Zugleich hat das reisende Pärchen nicht den besten Ruf. Die Journalistin Jutta Pilgram, die sich neun Monate frei nahm und um die Welt zog, entwickelte eine kleine Traveler-Typologie. Das Paar tritt demnach gehäuft auf Inseln und an den Stränden auf, wo es ganz viele Bilder mit Selbstauslöser mache, um den Traum unter Palmen an die Nachwelt zu überliefern. Erkennungszeichen: »Logistisch einwandfrei ineinander verschachteltes Gepäck, schweigend eingenommene Mahlzeiten.« In der Tat glaubt man zwischen reisenden Pärchen häufig eine passiv-aggressive Spannung zu spüren, weil der Partner nicht so humorvoll, nervenstark und einfühlsam ist wie zu Hause angenommen. Konflikte, die im Alltag lange ignoriert wurden, treten auf Reisen offen zutage. So geht eine Theorie.

Philipp Mattheis, der Banana-Pancake-Trail-Experte, hat andere Beobachtungen gemacht: »Auf Reisen währt der Burgfriede zwischen den Geschlechtern.« Das Paar erlebe nämlich Flitterwochen und Abenteuerurlaub in einem. Das ist die Theorie, die eher meinen Erfahrungen entspricht.

Meine gescheiterten Beziehungen sind kurz nach gemeinsamen Reisen zu Ende gegangen, aber ich glaube nicht, dass es da einen Zusammenhang gab. Im Gegenteil, die Reisen sind faszinierend gewesen, geprägt von einer wahrscheinlich trügerischen Harmonie, aber deshalb nicht weniger umwerfend. Wenn man ständig herausragende Erlebnisse sammelt, hat man kaum Zeit und sieht auch keine Notwendigkeit darin, sich den Unzulänglichkeiten seiner Beziehung zu widmen. So sind meine letzten prägenden Erinnerungen eigentlich sehr friedvoll: zusammen mit Salz im Haar am Kipepeo Beach in Tansania, vergnügt in einem Café in Buenos Aires, mit Angelruten an einem norwegischen Fjord. Nur wenige Wochen später, je nach Fall: Ohnmacht, Gleichgültigkeit, Erleichterung. *Happiness only real when shared?* Wenn wir als Pärchen an romantische Orte reisen, an denen sich sonst allenfalls andere Paare aufhalten, ist das *Sharen* reiner Pragmatismus: Ohne Begleitung wäre man ein trauriger Kloß. Das heißt nicht, dass die Anwesenheit des anderen noch euphorisiert oder eine Zukunft verspricht.

Wo viel los ist, fallen wir alleine nicht auf. Wichtig ist aber, dass die Menschen nichts erwarten, nicht zusammenkommen, um irgendwelchen, von der Tourismuswerbung herbeihalluzinierten, magischen Momenten wie Sonnenuntergängen beizuwohnen, sondern um ihrem Alltag nachzugehen, in Geschäftigkeit, manche missmutig, andere mit lässiger Genügsamkeit, Pausen auskostend, gedankenlos, gedankenverloren. Kurzum: Die Großstadt ist ein wunderbarer Ort, um allein zu sein. Dort verdichtet sich alles. Anmut, Abgründe, Eintracht, Chaos, die Widersprüche des modernen Menschen, eine irre Komposition.

Allein unterwegs in Manhattan. Drei Nächte im East Village bei der Freundin eines Freundes: Fünfer-WG, 1000 Dollar Miete für zwölf Quadratmeter, der Schimmel kriecht im Bad die Wände hoch, ein *shithole*. Also raus in Straßen und Bahnen. Zuerst ins Meatpacking District zum neuen Whitney Museum of American Art, Kaffee auf der Dachterrasse mit Blick auf die High Line; zu Fuß nach Süden in Richtung Soho mit seinen Boutiquen; perfekte neapolitanische Pizza in Little Italy, zur Stärkung; Chinatown; schließlich ein Wendepunkt amerikanischer Geschichte. 9/11 Memorial und One World Trade Center, unterirdisch erblickt man geborstene Stahlträger, sogleich einen Videoclip mit Aufnahmen heroischer Feuerwehrleute, bevor einen das Museum im Gegenwartsgetümmel weißbesockter Touristen ausspuckt; mit der blauen Metrolinie E hinauf zur 5th Avenue, Spaziergang durch den Central Park und wehe man macht hier den Fehler, noch für zwei, drei Stündchen das Metropolitan Museum of Art aufzusuchen. Es erschlägt einen. Kurz bevor der Abend dämmert, die New Yorker sind auf dem Weg zur ihrem *afterwork drink*, sacke ich in der Saint Thomas

Church, in die ich mich angesichts der Lautstärke der Stadt ge-
flüchtet habe, auf einer Holzbank zusammen und schlafe ein.
Später nach Brooklyn, zum Feiern. New York ist die coolste
Stadt der Welt.

Allein unterwegs in Tiflis. Kaukasische Sommerhitze flim-
mert auf dem Asphalt, über den die Georgier in einer Geschwindigkeit brettern, als könnte es mit der Westbindung gar
nicht schnell genug vorangehen; der August liegt stickig über
der Stadt wie der Dampf der Schwefelbäder im Stadtteil Aban-
tubani über dem Brustkorb; Gotteshäuser an jeder Ecke erzählen von der Macht der Orthodoxen Kirche; ein Gefühl von Prag
in der Schankstube nahe der Zionskirche, ein Gefühl von Paris im hübschen Café in der Irakli-Abashidze-Straße im noblen
Vake-Viertel; abends, es wird nicht kühler, kommt die Jugend
zusammen am Ende des mondänen Rustaweli-Boulevards, wo
ein McDonalds noch ein echter Treffpunkt ist. In der Hitze der
Nacht sitze ich an einem Brunnen, rauche eine Zigarette, sehe
junge Pärchen mit leuchtenden Augen, viel Partyvolk, mittel-
alte Ehepaare, auch ein paar Kaputte, die den Tag nur hinter
sich bringen wollen, und nach drei Gläsern Saperavi[1] empfinde ich sehr deutlich, was hier in der Luft liegt: Zuversicht einer
Jugend, die es nach Europa zieht.

Abends allein in Tokio, in der größten Metropolregion der
Welt, 35 Millionen Menschen. Spaziergang durch das Neon-
Wunderland von Shinjuku mit dem größten Bahnhof der Welt;
Wolkenkratzer in Bonbonfarben, schimmerndes Glas, erleuch-
tete Nacht, Lichter stürzen die Fassaden hinab; Kaufhäuser,

---

1 — Saperavi ist eine georgische Rotweinsorte aus der Region Kachetien.

Monitore, Elektronik, Spielhöllen, Spelunken und überall Menschen; in einem Geschäft zeigen zwanzig Fernseher gleichzeitig Werbung für Fernseher, der Fortschritt, der sich hier durch den permanenten Zugriff auf Konsumangebote definiert, wird ständig rückgekoppelt und versichert sich der eigenen Omnipräsenz; eine Science-Fiction-Stadt, ein Film noir im Neonschein, doch niemand schlägt in der Öffentlichkeit über die Stränge; dafür Frauen in Unterwäsche mit Maschinenpistolen (*tank girls*), Bambi-Augen und Lolita-Fetisch; die mattweißen Scheiben der *Love Hotels*, hinter denen doch wohl eher Liebe gemacht als gekauft wird, so unschuldig sehen die Etablissements jedenfalls aus. Ich bin wie elektrisiert, traue mich aber nirgendwo, einem übermütigen Impuls zu folgen. In einem Motsu-Imbiss versuche ich, Eindrücke zu ordnen, in der Auslage dutzende Fleischspieße, vom Schwein gibt es Herz, Lunge und Leber, aber auch Gebärmutter, Eierstock und Vagina. Eine Japanerin mit geflochtenem Hut und blauem Kleid wartet am Tresen auf ihr Essen, der Rauch ihrer Zigarette mischt sich mit den Dämpfen des Grills. Sie sitzt so mondän da, dass ich sie mir sofort in einem Café auf der Pariser Avenue des Champs-Elysées vorstellen kann statt in diesem verrauchten Lokal, aber das ist die eurozentrische Assoziation einer überforderten Langnase. Tokio ist betörend.

Allein in der Großstadt: Warum kann das so berauschend sein? Alain de Botton schreibt, dort »löst sich das Gefühl der Isolation an einem einsamen Ort in der Öffentlichkeit vielleicht auf und macht der Wiederentdeckung Platz, unverkennbar Teil einer Gemeinschaft zu sein.« Er hatte allerdings nicht die Schauplätze prallen Lebens im Sinn, sondern die

Zwischenräume (Motels, 24/7-Restaurants), eher Szenerien von Edward-Hopper-Gemälden, denen eine spezielle *poésie des station-services* innewohnt, wie man sie etwa auch in amerikanischen Diners finden kann.[2] Schönste Melancholie. Sie findet sich aus meiner Sicht aber auch in jeder Weltmetropole, dort, wo die Lichter nicht so hell strahlen. In der Großstadt kann sich kaum ein müder Gedanke festsetzen. Denn der Impuls ist immer: Aufbruch, Dynamik, Erneuerung. Auf geht's, los! An dieser Stelle eine Warnung: Irgendwann sollte man entweder schlafen gehen oder Gesellschaft finden. Sonst rammt einem das Gespenst auch in der faszinierendsten Metropole einen Dolch in die Brust.

Allein unterwegs in Ljubljana, nichts will gelingen. Das Hotel Lev beim Tivoli-Park ist ein gesichtsloses City-Hotel, das nichts über die Stadt verrät, also eine denkbar schlechte Wahl, was ich hätte wissen müssen. Es könnte so auch in Paderborn, Magdeburg oder Chemnitz stehen. Wenn ein Hotel als Konferenzzentrum wirbt, sollte man stets einen Bogen darum machen. Ich habe mir außerdem eine Entzündung des linken Auges zugezogen, die nicht besser wird, je länger ich sie ignoriere, und sehe mich gezwungen, nachts eine Klinik aufzusuchen, warte also im fahlen Neonlicht steriler Flure, bis ich endlich Tropfen bekomme, die das Problem lösen. Tagsüber laufe ich an der Ljubljanica entlang, wo Touristen sich in die Freilichtmuseum-Kulisse gesetzt haben, die mir in ihrer Austauschbarkeit schnell gehörig auf die Nerven geht. Die jungen Slowenier selbst hat es aufs Land gezogen, Semesterferien. Ich esse

---

2 — Der Film *Fargo* und besonders die erste Staffel der gleichnamigen Serie fangen diese Stimmung besonders gut ein. Allein der Name: Bemidji, Minnesota.

hier was, trinke dort einen Kaffee, aber finde keinen Anschluss. Abends schleppe ich mich trotzdem in eine Disko. Der DJ hat die unverzeihliche Gabe, jedes Lied immer nur 30 Sekunden anzuspielen. Jede Frau, die die Tanzfläche betritt, wird sofort von fünf Typen bedrängt und findet das offenbar nicht einmal schlecht. Ich bin zu müde und zerfahren für irgendeinen ordentlichen Gesprächsauftakt. Drei Stunden stehe ich herum, mal trinkend an der Bar, mal wippend auf der Tanzfläche, und werde langsam besoffen – ein sentimentaler Idiot, der nichts zustande bringt. Irgendwann gehe ich, ohne dass jemand Notiz davon nimmt.

Die Natur ist das beste Kontrastprogramm, wenn man der Stadt überdrüssig geworden ist. Dort kann man gut allein sein. Und manchmal kommt sogar beides zusammen: die Euphorie, auf sich gestellt zu sein, und das Gefühl der Verbundenheit. So erlebe ich es einmal in Russland, im Großen Kaukasus.

Mein Bruder, ein guter Freund und ich wollen den Elbrus besteigen, den höchsten Berg Europas und einen der Seven Summits.[3] Die letzte Etappe hat es in sich: Vom Lager in 3700 Metern Höhe auf den 5642 Meter hohen Westgipfel sind es knapp 2000 Höhenmeter. Schon in den Alpen wäre das zünftig. In der dünnen Luft am Elbrus ist es eine Strecke, die die Kraft vieler Aspiranten übersteigt. So hat sich ein System etabliert,

---

3 — Die Seven Summits sind die jeweils höchsten Gipfel der sieben Kontinente. Aus alpinistischer Sicht ist der Elbrus trotz seiner Höhe ein technisch einfacher Berg. Es gibt keine Kletterpassagen und nur wenig ausgesetzte Stellen. Trotzdem sterben jedes Jahr laut der örtlichen Bergrettung 15 bis 30 Menschen am Berg, weil sie ohne Führer unterwegs sind, ihre Kondition überschätzen, in Schlechtwetter geraten, im Nebel und Sturm von der Route abkommen und in eine Gletscherspalte stürzen. Oder sie sind nicht ausreichend akklimatisiert, ignorieren die Symptome der Höhenkrankheit und brechen zusammen.

das als Aufstiegshilfe für die Touristen und gewinnträchtiges Geschäftsmodell der einheimischen Russen funktioniert: Auf dem unteren Teil des Gletschers fahren Pistenraupen. Die Fahrzeuge bringen die Bergsteiger in der Gipfelnacht bis zum Pastuchov-Felsen auf 4700 Metern Höhe – eine Fahrt kostet 600 Euro. Geteilt durch zwölf Personen, die auf dem Gefährt Platz finden, ist das ein annehmbarer Preis, um die zu überwindenden Höhenmeter zu halbieren. Ich beschließe jedoch, komplett zu Fuß zu gehen.

Vor einer Gipfelbesteigung schläft man schlecht. Oder überhaupt nicht. Wir haben um 18 Uhr zu Abend gegessen und uns gleich hingelegt. Mein Herz pocht schnell und kräftig. Nicht weil ich schlecht akklimatisiert bin, sondern vor Aufregung. Kurz nach 22 Uhr klingelt mein Wecker.

Die anderen brechen erst um 0.45 Uhr auf, um die Pistenraupe zu nehmen. Ich trage meinen Rucksack und die Stiefel möglichst leise aus dem Container, um niemanden zu wecken. Die Nacht ist mild, fünf Grad, vielleicht mehr. Die Wolken vom Vorabend haben sich verzogen.

Drüben in der Lagerküche hat schon jemand Porridge gemacht, das Frühstück. Müdigkeit klebt noch unter den Lidern. Heißer Tee in den Becher und in die Trinkflasche. Dann kommt mein persönlicher Bergführer Sascha in die Stube. Er musste gestern hoch zur Hütte kommen, weil es eben doch einen Idioten gibt, der nicht die Raupe nimmt und stattdessen von der Hütte aufbricht. Sascha ist mein Vertrauter am Berg, der Profi, doch er weicht meinem Blick aus. Er sagt nichts und geht wieder vor die Tür. Wir wollen um 23 Uhr aufbrechen. Kurz vor der verabredeten Zeit schaue ich aus der Stube, niemand zu sehen.

Als ich dann rauskomme, steht Sascha da und sagt: »I am waiting for you five minutes.« Patzige Minimalkommunikation. Er hat keinen Bock, das ist gleich klar.

Wir laufen los, betont langsam. Ich kann durch die Nase atmen. Zwei langärmelige Funktionsshirts und die Hardshell-Jacke reichen hier noch. Es geht auf den Gletscher. Steigeisen und Fleecehandschuhe anlegen.

Der Weg wird nun mehrere Stunden der Gletscherpiste folgen, die ich schon von den Akklimatisierungstouren kenne. Bis auf 4900 Meter geht es hinauf, dort ist eine Pistenraupe verreckt und versinkt langsam im Schnee. Ich habe mir den Weg bis dorthin in vier Abschnitte eingeteilt. Der erste ist nur ein kurzer Aufschwung hinauf zur Diesel Hut auf 4100 Metern. Dann über mehrere Wellen im Gletscher hinauf zum ersten Felsriemen, 4400 Meter. Die dritte Wegmarke sind die Pastuchov-Felsen auf 4700 Metern. Abschnitt vier führt zur Raupe. Das ist der Weg für die nächsten Stunden.

Sascha hustet in die Nacht. Wir halten nur zweimal kurz, um zu trinken. Wir reden nicht. In der Ferne zucken Blitze durch die Dunkelheit. Zu oft musste ich an hohen Bergen schon umkehren, um mir der Sache jetzt sicher zu sein. Auch wenn über uns Sterne sind. Sascha bittet auf Rampe zwei um eine weitere Pause. Bald darauf wieder. Wenn wir anhalten, beginne ich schnell zu frieren. Sascha ist zu langsam für mein Tempo. Und der Weg ist eindeutig. Immer mehr Stirnlampen in der Nacht: Bergsteiger, die von anderen Stützpunkten aufgebrochen sind. Die Spur ist breit und ausgetreten, der Mond scheint hell. Ich beschließe, mein Tempo zu gehen. Sascha fällt zurück. Kurz vor Rampe drei überholt mich die Pistenraupe, auf der mein Bruder und unsere Truppe zum Pastuchov-Felsen fahren. Ein lautes Ungetüm in der stillen Nacht. Sie sehen mich, ich winke. Mir wird warm ums Herz.

Auf den steileren Passagen des Gletschers laufe ich Serpentinen, das kostet weniger Kraft. Ich steige mit solidem Tempo, der Atem geht ruhig. Hinter dem Pastuchov-Felsen lege ich ein drittes Funktionsshirt an. Nach der verreckten Raupe geht es noch einige Höhenmeter steil bergauf, lotrecht zum Hang. Der Morgen dämmert langsam. Es wird kein Gewitter mehr von Norden herbeiziehen. Zum ersten Mal bin ich sicher, dass der Gipfeltag stabiles Wetter bereithält. Diese Erkenntnis lässt mich innerlich jubeln, treibt mich an. Und es ist noch etwas anderes: Ich weiß, ich werde bald meinen Bruder einholen.

Nach dem steilen Aufschwung quert die Route nach links unterhalb des ausladenden Ostgipfels vorbei. Der Weg ist nun weniger steil. Ich mache schnelle und konzentrierte Schritte. Mein Bruder, ich will ihn einholen und in den Arm nehmen. Adrenalin steigt auf, ein Höhenrausch setzt ein. Ich spüre, wie gut ich akklimatisiert bin, könnte jubeln und jauchzen. Mein Bruder vor mir, mein guter, lieber Bruder. Ich bin so unerklärlich bewegt von all dem, dass mir Tränen in die Augen schießen. Ich weine, und in meinem Rücken touchiert die Morgensonne die ersten Bergspitzen am Horizont.

Kurz vor dem Sattel zwischen Ost- und Westgipfel hole ich unsere Gruppe ein, es ist kurz nach fünf Uhr. Mein Bruder und mein Freund sehen ganz schön fertig aus. Ich spreche ihnen Mut zu, laufe mit ihnen. Doch im Sattel merke ich, wie mein Kreislauf runterfährt, wie es mich schüttelt. Die Jungs sind in

A   B   C   D

1

Elbrus
5674 Meter

Elbrus Sattel
5370 Meter

Pastuchov-Felsen
4700 Meter

2

Diesel Hut
4100 Meter

**Containerlager
Garabashi**
3700 Meter

RUSSLAND

**2. Station
Gondelbahn**

3

**1. Station
Gondelbahn**

**Talstation
Gondelbahn**

Terskol ●

4

GEORGIEN

5

2 km

guten Händen, ihr Bergführer Viktor ist bei ihnen. Ich muss mein Tempo machen, sonst klappe ich hier zusammen. Zeit für die Daunenjacke.

Vom Sattel aus folgt die Route einem steilen Aufschwung auf das Gipfelplateau, es sind noch dreihundert Höhenmeter, keine Kleinigkeit hier oben. Ich kämpfe gegen die Steigung, Schritt für Schritt, es ist mühsam. Doch endlich laufe ich in die Morgensonne hinein, vom Schatten ins Licht. Auf dem Plateau sind schon einige Bergsteiger. Die Sonne strahlt so unschuldig, dass man sich kaum vorstellen kann, dass an diesem Berg regelmäßig Menschen den Tod finden. Breit und wenig steil führt der Weg nun die letzten Meter hinauf zur höchsten Firnspitze. Auf dem Gipfel werden Fahnen ausgerollt, auch ich muss Bilder schießen, für zwei fröhliche Kasachen. Den Gipfel bezwungen, für Ruhm und Ehre und das Vaterland, so muss es wohl sein. Ich lasse meine Blicke von diesem riesigen Vulkankegel umher wandern. Schokolade, Tee, Kräfte sammeln. Es ist halb acht, ich bin achteinhalb Stunden aufgestiegen.

Zwei Teilnehmer aus unserer Gruppe erreichen den Gipfel. Wir gratulieren uns gegenseitig und machen Fotos. Die beiden erzählen, dass mein Bruder und mein Freund weiter unten am Berg umgekehrt seien. Schade, ich hätte es ihnen so gegönnt. Dann beginne ich mit dem Abstieg. Kurz bevor das Gipfelplateau endet, tauchen auf einmal zwei Gestalten vor mir auf – es sind mein Bruder und mein Freund! Sie sind offenbar doch weitergegangen. Und nunmehr völlig erschöpft. Aber sie haben es geschafft. Ich verteile Schokolade und Tee, drehe noch einmal um. Wir gehen die letzten Meter zusammen. Hier oben hat eine Umarmung eine größere Bedeutung als im Tal.

Zwei Tage nach der Besteigung des Elbrus sitzen wir in Moskau in einem Café, Sonne, 28 Grad, und reden über die Tage im Kaukasus: über die Russen, die zu unserem Entsetzen Säcke voller Plastikmüll neben unserem Wohncontainer verbrannten; über unseren lakonischen Bergführer Viktor, eine Intellektuellen-Erscheinung, Schnurrbart, feiner Humor um die Mundwinkel, der auf die Frage, ob wir den Sturztest mit den Eispickeln bestanden hätten, ungerührt mit »It's your life« geantwortet hat, worauf wir alle in schallendes Gelächter ausbrachen; über die drei Amerikanerinnen, die auch in unserem Lager wohnten – eine Veteranin, die lange in Afghanistan war und Paschtunisch sprach, eine Jüdin aus den Bergen Colorados, die im israelischen Militär als Scharfschützin gedient hatte, ein Fitness-Model aus New York; über den Aufstieg in der Nacht, das Schwinden der Kräfte und ihre letzte Mobilisierung; über die Erschöpfung und das Glück, auf dem Gipfel gestanden zu haben. *Happiness only real when shared?* Wer allein reist, kann spektakuläre Geschichten erzählen. Aber die schönsten Anekdoten teilen wir mit Freunden, die dabei waren.

Allein reisen oder besser nicht? Es kommt auf das Ziel an. Auf der romantischen Insel wird der Solo-Backpacker schnell etwas depressiv verstimmt sein. »Allein unter Pärchen zu sein ist entwürdigend«, stellte Mattheis auf der Bananenpfannkuchen-Route fest. Er kam zu dem Schluss: Je zivilisierter und erschlossener ein Land ist, desto weniger Spaß macht es, allein dorthin zu fahren. Andersherum: Je untouristischer und abenteuerlicher das Reiseziel, umso intensiver die Erfahrung, allein dort zu sein. Man trifft dann höchstens Touristen, die im gleichen Modus unterwegs sind wie man selbst: neugierig, reflektiert, scharfsinnig und mit einem feinen Gespür für den Unterschied zwischen dem, was ernstzunehmen ist und was nicht. Eine Gruppe ist anstrengend, wenn Sicherheitsempfinden, Komfortbedürfnis und Zahlungsbereitschaft stark auseinander gehen. Das größte Problem an dem Happiness-Spruch ist aus meiner Sicht aber die unklare Definition von Happiness. Glück ist höchst subjektiv. Der eine ist glücklich, wenn er das Steak im Restaurant und die vorteilhafte Geoarbitrage mit einem Rotwein begießt, der andere will lieber einen Salat in der Hostel-Küche zubereiten. Der eine ist glücklich, wenn er mit den ersten Sonnenstrahlen draußen ist, der andere will gemütlich in den Tag kommen. Dem einen wird warm ums Herz, wenn am Strand plötzlich jemand zur Gitarre greift und »No Woman No Cry« intoniert, der andere hasst Hippie-Nostalgie. Dass zwei Menschen in der gleichen Situation einen besonderen Glücksmoment empfinden, ist bei genauerer Überlegung fast ein kleines Wunder.

Das allein ist noch kein Problem, man kann sich mit den Happiness-Häppchen abwechseln, mal du, mal ich. Ungünstig wird es nur, wenn die Herangehensweise des anderen dem eigenen Reisemodus zuwiderläuft. Was den einen begeistert und anrührt, provoziert beim anderen vielleicht nur betontes Desinteresse oder zynische Sprüche. Der eine will Leute kennenlernen, der andere findet alle anderen grundsätzlich bescheuert und albern. Der gute Freund, den man sonst so selten sieht, will am anderen Ende der Welt vielleicht jeden Abend beim Bier über das Leben zu Hause reden statt das Reiseland kennenzulernen. So kommt auch der eigene Kopf nicht am Ziel an. Eigentlich sollte man vor jeder Reise offen die Erwartungshaltung klären, aber das passiert meist nicht. Unterwegs sind wir dann nicht konsequent und sagen nicht: Hier trennen sich unsere Wege. Man rauft sich zusammen und tut das, was zivilisierte Menschen eben tun: einen Kompromiss finden. Das ist anständig, aber manchmal auch unbefriedigend – weil das Reisen als Daseinszustand umso intensiver ist, je kompromissloser wir uns ihm hingeben. Ich denke, es ist heilsam, hin und wieder ganz allein zu reisen. Es muss ja nicht Alaska im Winter sein.

Gipfelsturm

Jeder Reiseprofi verpasst irgendwann einen Flieger, ohne dafür eine brauchbare Ausrede oder eine gute Geschichte parat zu haben. Es kommt einfach nicht häufig vor, dass man zu Midsommar in Schweden mit einer blonden Schönheit mit Blumenkranz im Haar durch die silbrig-warme Nacht tanzt und sofort den Rest seines Lebens mit ihr verbringen möchte, sodass man den Rückflug nach Hause ohne jede Reue verstreichen lässt. Oder dass man in Marrakesch einen jungen Prinzen kennenlernt, der einen gegen die Sitten zu einer ausschweifenden Feier in einen Palast einlädt, sodass die Heimreise am nächsten Morgen aus körperlichen Gründen schlechterdings unmöglich ist. Die Wirklichkeit ist meist profan. Als ich vor einigen Jahren von Berlin über Brüssel nach Freetown in Sierra Leone fliegen wollte, habe ich nachts im Halbschlaf den Handywecker ausgestellt. Ich habe verschlafen wie ein Narr. Als eine Katastrophe kam mir das damals vor. Ich musste den Flug neu buchen, für 600 Euro. Das schmerzte sehr. Mit Abstand kann ich sagen: Einen Flug zu verpassen, ist höchst ärgerlich, aber nicht das Ende der Welt. Und wenn doch, dann sitzt man dort nicht mehr als ein paar Tage fest.

Was kann schon schiefgehen auf Reisen? Eigentlich nicht viel. Fast jedes vermeintliche Desaster erscheint mit Abstand eher als Kataströphchen. Natürlich gibt es auch Extremsituationen, die ihren Schrecken auch nach Jahren nicht verlieren. Bei einer Malaria tropica, einem schweren Verkehrsunfall, Inhaftierung oder dem Verlust jeglicher Ausweisdokumente und Geldmittel gehen auch humorvollen Abenteurern die Scherze aus.[1] In Härtefällen kann der deutsche Staat helfen, durch seine Botschaften und Konsulate rund um den Globus. Die Deutschen Auslandsvertretungen können zum Beispiel bei Passverlust ein Ersatzdokument ausstellen, nach einer Festnahme den Kontakt zu Anwälten und Übersetzern vermitteln, inhaftierte Reisende besuchen, bei Naturkatastrophen und Unruhen Evakuierungen organisieren und im Fall einer Entführung mit den Geiselnehmern verhandeln. 2017 wurde in rund 65 000 bis 70 000 Fällen konsularische Hilfe geleistet, ist beim Auswärtigen Amt zu erfahren. Angesichts der Millionen von Reisenden eine niedrige Zahl. Endstation deutsche Botschaft? Die meisten Reisen scheitern anders, zum Beispiel durch vorzeitige Abreise wegen eines Hotels, das noch eine Baustelle ist, durch Norovirus auf einem Kreuzfahrtschiff. Oder sie scheitern emotional, durch einen Eklat in der Reisegruppe, im dröhnenden Schweigen beim Abendessen mit dem Partner.

Was kann schon schiefgehen? Bei einer bestimmten Reiseart stellt sich diese Frage sehr grundsätzlich: Auf Bergreisen und

---

1 — Bitte immer eine Auslandskrankenversicherung abschließen, die den medizinisch sinnvollen Rücktransport nach Deutschland bezahlt.

Expeditionen kommt man im schlimmsten Fall um, was vielleicht unnötig dramatisch klingt. In aller Regel lässt sich das verhindern, wenn man bestimmte Regeln einhält.[2] Ich musste auf Reisen zu und auf Berge häufig umkehren, gegen meinen Willen, aus verschiedenen Gründen. Einmal wurde es brenzlig. Wieder ein anderes Mal gelangte ich ans Ziel und musste einsehen, dass dort nichts gewonnen war, sondern der Weg und die Mühen umsonst gewesen sind – davon später.

Zunächst eine Offenlegung: Ich bin kein Strandmensch. Man könnte physische Gründe vermuten: heller Hauttyp, keine ausdefinierten Muskeln. Eine beneidenswerte Strandfigur kostet wahnsinnig viel Zeit. Mein Körper ist eher dafür gebaut, zwölf Stunden ohne Mühen zu marschieren als in Badehose eine beeindruckende Figur zu machen. Griechische Buchten mit kristallklarem Wasser und feinsandige Tropenlagunen sind reizvolle Orte, doch diese Bilder haben in mir nie große Reisesehnsucht ausgelöst, den Drang aufzubrechen. Ich finde sie ein bisschen kitschig. Urlaubsforscher Christoph Hennig betrachtet den Strand nicht als einen Ort für »den bloßen Zeitvertreib blöder Massen, die nichts Besseres zu tun wissen, als sich dumpf in die Sonne zu legen«, sondern als Sehnsuchtsraum, in dem sich Wünsche verwirklichen »nach anderen Formen der Körpererfahrung, des Kontakts mit der Natur, des sozialen Umgangs«. Diese herrlich soziologische Erklärung erscheint mir fragwürdig. Kann man Konventionen ablegen wie Kleidung?

---

2 — Die Katastrophe am Mount Everest von 1996 zum Beispiel entwickelte sich deshalb so dramatisch, weil viele Bergsteiger die vorgeschriebene Umkehrzeit am Gipfeltag nicht einhielten. Von einem heraufziehenden Sturm wurden sie daher umso heftiger erfasst. Das Drama hat Jon Krakauer in seinem Buch *In eisige Höhen* beschrieben.

Am Strand kommt die Freude ja nicht plötzlich angeflattert wie eine drollige Möwe, allerdings reagiert der Körper auf die Sonne, und wenn es so leicht ist, die Hautfarbe zu wechseln, kann es mit dem Gemüt wirklich so schwer sein? Ich glaube schon. Der Schriftsteller Leif Randt schreibt über den Bondi Beach in Sydney, an sonnigen Orten seien positive Vibes wichtiger als Inhalte, und dass er das eigentlich gut finde. Aber wahrscheinlich beschreibt das mein Problem mit dem Strand: Ich misstraue seinem Glücksimperativ. Am Strand sind die Leute immer super gelaunt, weil sie verinnerlicht haben, dass das am Strand so sein sollte. Dabei glaube ich, dass sowohl Freude als auch so etwas wie Erkenntnis durch Aktivität entsteht: im Denken, im Gespräch, im Sport, von mir aus auch in der Kalligrafie und im Schwertkampf. Per J. Andersson zitiert den amerikanischen Schriftsteller Henry David Thoreau, der im 19. Jahrhundert in seinen Wanderessays schrieb: »Ich glaube, ich kann meine Gesundheit und mein ausgeglichenes Gemüt nicht bewahren, wenn ich nicht mindestens vier Stunden am Tag, gern mehr, damit verbringe, völlig frei von weltlichen Banden durch die Wälder und über Berg und Feld zu stromern.« Körper und Geist stehen in Wechselwirkung zueinander: »In dem Moment, in dem meine Beine anfangen, sich zu bewegen, beginnen meine Gedanken zu fließen.« Auch ich habe viele wichtige Gedanken laufend gefunden. Auch im Gebirge ist man unterwegs zu erhabenen Orten und wertvollen Einsichten. Der Körper muss aufbrechen, damit der Geist ankommen kann.

Reisende hat es schon immer in die Natur gezogen, besonders die empfindsamen Seelen mit dem romantischen Blick auf die Welt. Diesen Menschen geht es um Abgeschiedenheit und

eine privat-persönliche Beziehung zu der Landschaft, der sie
sich aussetzen – anders als die kollektive Begeisterung etwa
für einen Freizeitpark wie Disneyland. Ein Gebirge durch-
schreiten, seine Scharten und Pässe überqueren oder auf seine Gipfel steigen: Das ist eine besonders intensive, manchmal
extreme Auseinandersetzung mit dieser Natur. Natürlich kann
man auf einer Rundreise durch den amerikanischen Westen
die weltberühmten Nationalparks mit dem Auto durchfahren,
von View Point zu View Point. Yosemite, Grand Canyon, Grand
Teton, die Rocky Mountains. Aber es ist ein völlig anderes Erlebnis, sich mit eigener Muskelkraft durch die Landschaft zu
bewegen. Wer zu Fuß durch die Natur läuft und das Terrain
zudem mit Grizzlys und Pumas teilt, nimmt mit allen Sinnen
wahr. Zur eigenen Sicherheit, zur Orientierung, aber auch zur
Erbauung. Wir werden wach und aufmerksam, nicht nur für
die Umgebung, sondern auch für das, was sich in uns auftut.
Ausgedehnte Wanderungen und Bergtouren sind Reisen nach
innen, eine Ergründung jenes schwer zugänglichen Raums, in
dem alles stattfindet. Manche sagen Seele dazu, aber ich fürchte, die sitzt im Gehirn.

Die Tourismusbranche hat das Bedürfnis nach Bewegung in
der Natur mit sogenannten Aktivreisen voll erschlossen. Wandern und Trekkingurlaub sind nur zwei Spielarten, die Besinnung und Kontemplation versprechen. Angebote gibt es in allen Schwierigkeitsgraden: vom Schwarzwälder Schluchtensteig
über die Alpenüberquerung bis zu Expeditionen auf die höchsten Berge dieser Erde, die Königsklasse der Bergreisen. Die an-
spruchsvollsten Gipfel liegen in den zentralasiatischen Hoch-
gebirgen, im Pamir, Karakorum und Himalaya. Was bewegt

Menschen dazu, für viele Tausend Euro bei Eiseskälte in Zelten zu schlafen, täglich zehn Stunden zu laufen und sich womöglich noch die Zehen abzufrieren? Und abfrieren bedeutet hier nicht: Hui, ist das kalt. Sondern: Die Zehen werden schwarz und müssen amputiert werden.

Von allen Orten dieser Welt findet sich auf den Bergen vielleicht am ehesten das, was Alain de Botton mit Erhabenheit bezeichnet hat. Das Erhabene als »eine angenehme, ja sogar berauschende Konfrontation mit der eigenen Schwäche im Angesicht von Kraft, Alter und Größe des Universums.« Die Berge zeigen noch dem verbissensten Top-Performer und Egomanen die Grenzen auf. Auf einem Berggipfel sind wir immer nur ein geduldeter Gast, eine ungewohnte Rolle. Darin liegt keine Demütigung, es erfüllt uns mit Ehrfurcht. Wir können dem Berg keinen Vorwurf machen, wenn er ein Unwetter seine Hänge hinabschickt. Wie könnten wir glauben, dass ein Berg, der seit Ewigkeiten in den Himmel ragt, der mit den Wurzeln der Erde verbunden ist und nachts mit den Sternen spricht, uns bewusst mit einer üblen Laune bedenkt, in einer Millisekunde seiner unermesslichen Existenz? Manche Gedanken kommen uns kleinlich und lachhaft vor, wenn wir auf großen Bergen stehen. Die fundamentalste Lektion dieser stillen Lehrmeister lautet: Du bist schwach und vergänglich. De Botton sieht die Lehre darin, dass wir »nicht niedergeschmettert sind, sondern begeistert von dem, was uns übersteigt, uns geehrt fühlen, solch erhabenen Notwendigkeiten unterworfen zu sein.« In Zeiten, in denen sich die Menschen durch das ständige Veröffentlichen ihres Alltags der eigenen Existenz versichern, ist das eine heilsame Erfahrung.

Der französische Schriftsteller René Daumal schrieb über die Kunst des Bergsteigens. Er betonte die simple Tatsache, dass niemand ewig am Gipfel bleiben könne. Der höchste Punkt markiert immer nur die Hälfte des Weges, und der Abstieg ist an den besonders schwierigen Achttausendern tödlicher als der Aufstieg. Daumal beschrieb auch das Erhabene. Er schrieb von der Kunst, in den Niederungen seinen Weg zu finden durch die Erinnerungen an das, was dort oben war. Man könne es zwar nicht mehr sehen, aber sich erinnern. Die Erinnerung an die Anmut über den Wolken erhebe den Bergsteiger über die Zumutungen des Alltags. In den Bergen unterwegs zu sein, an der Grenze der eigenen Kraft, ist außerdem eine tiefe Versenkung im Hier und Jetzt, vollstes, reines Bewusstsein. Der amerikanische Extrembergsteiger Steve House ist davon überzeugt, dass das Bergsteigen die Kraft besitzt, das gesamte Spektrum des Lebens auf eine Spanne von wenigen Tagen oder gar Stunden zu verdichten.

Das bemerkenswerteste an Reinhold Messner ist, dass er noch lebt. »Wir steigen nicht auf Berge, um Gipfel zu erreichen, sondern um heimzukehren in eine Welt, die uns als neue Chance, als ein nochmals geschenktes Leben erscheint«, sagte er einmal.[3] Das ist die Position eines Grenzgängers, der in den Bergen seine Zehen und seinen Bruder verlor. Ich habe im Gebirge noch nie mein Leben riskiert. Aber vielleicht erklärt dies

3 — Reinhold Messner und Hans Kammerlander gelang 1984 die erste und bis heute einzige Doppelüberschreitung von zwei Achttausendern, Gasherbrum I und II. Werner Herzog drehte einen Film über die Tour: *Der Leuchtende Berg*. Als die zwei Bergsteiger nach acht Tagen zurück ins Basislager kommen, sagt der erschöpfte Kammerlander in die Kamera, dass die beiden einfach Glück gehabt hätten. Wer sowas öfter mache, könne sein Testament schreiben.

die Sucht vieler Extrembergsteiger, auf besonders hohe Gipfel zu steigen, an denen sie umkommen können, durch die Höhenkrankheit, eine Lawine oder minimale taktische Fehler: Sie begreifen und verinnerlichen das Leben als einen permanenten Übergang zum Tod, die einzige Gewissheit unserer Existenz, und fühlen sich dadurch in besonderer Weise frei und beschwingt. Aus der Einsicht in die Unwichtigkeit des eigenen Lebens erwächst vielleicht die Zuversicht und der Mut zu großen Taten und einem Dasein, das Bedeutung erlangt. Andere halten das Extrembergsteigen schlicht für lebensmüde.

So erbauend eine Gipfelbesteigung sein kann, so niederschmetternd ist manchmal die Enttäuschung, wenn es nicht funktioniert. Denn dies zeichnet Bergtouren und Expeditionen aus, anders als die meisten Scheinabenteuer: Sie können auch scheitern. Große Bergsteiger sind nicht erfolgreich, weil sie noch bei widrigsten Umständen weitergehen, sondern weil sie immer wieder umkehren. Am interessantesten ist nicht der Grund, warum genau es nicht geklappt hat und was man hätte anders machen sollen, sondern die Reaktion darauf. Ich habe in den vergangenen Jahren an den Bergen dieser Erde Bekanntschaft mit vielen Emotionen gemacht: Einsicht, Demut – und dem gefährlichen Trotz. Aber beginnen wir mit der zweitdümmsten: verzweifelter Wut.

Manchmal muss man abbrechen, weil ein Detail nicht stimmt. Zillertaler Alpen, Gunggltal, vor der Jahrtausendwende: Ich bin noch ein Bub, wie die Tiroler sagen, zwölf Jahre alt. Mein Vater hat mich mitgenommen in dieses Hochtal, seit einer Stunde sind wir auf den Beinen. Die Sonne ist noch nicht über die Kämme gefallen. Als es noch dunkel war, haben wir in der

Stube der Pension Brötchen geschmiert, Äpfel, Bananen und Landjäger eingesteckt, die Wasserflaschen gefüllt, den Wetterbericht gelesen. Ein sonniger Tag ohne Gewitter ist angekündigt. Früh aufstehen, hat mein Vater immer gesagt, sei im Gebirge ganz wichtig. Der Proviant befindet sich nun im Rucksack, wir sind aus den Schatten des Waldes getreten, kurzer Halt an der Maxhütte, 1449 Meter hoch gelegen, die um diese Zeit noch nicht für Tagesgäste geöffnet hat. Ein Schluck aus der Flasche, ein Riegel, aber eigentlich will ich schnell weiter, höher, aus den Wiesen in die Felsen, wo der Blick sich öffnet – hinauf zur Melkerscharte.

Die Melkerscharte ist ein hochalpiner Übergang, der das Gunggltal mit dem Zemmgrund verbindet, ein Einschnitt im Grat, 2814 Meter über dem Meer, zwischen Plattenkopf und Zsigmondyspitze, einer schwindelerregenden Felsnadel. Die Scharte ist der höchste Punkt der Tour. Ich sehe mich schon auf der Berliner Hütte sitzen, im anderen Tal, mit Almdudler und Kaiserschmarrn, stolz und beschwingt nach erfolgreicher Überschreitung. So schwer wird es nicht sein.

Wir steigen durch das Hochtal auf, die Luft erwärmt sich, die Sonne fällt jetzt über den Grat. Ich laufe mit wenig Gewicht und der Unbefangenheit des Kindes. Der Pfad windet sich stetig aufwärts, nimmt Serpentinen, doch die schrecken uns nicht. Wir haben die Kondition für den Aufstieg, und der Weg ist gut markiert, auch in den Geröllfeldern, durch rote Farbkleckse auf den Felsbrocken. Mein Vater geht voran. Wir sind jetzt auf 2000 Metern Höhe, hier wächst nichts mehr, das höher ist als ein Mensch. Bald verschwinden auch die Grasnarben. Dann bleibt mein Vater stehen. Moment. Ich schaue an ihm vorbei auf ein Schneefeld, das den Pfad vor uns überzieht. Wir sehen die Trittspuren. Es ist Altschnee vom Winter, der in der nordseitigen Wand noch nicht geschmolzen ist. Wir treten an das Schneefeld heran: Es ist hart gefroren. Das Gefälle an dieser Stelle beträgt vielleicht 45 Grad, es sieht nicht steil aus. Steigeisen oder Grödeln an den Bergschuhen würden Halt bieten, doch so etwas haben wir nicht dabei.

Wenn man hier ausrutsche, sagt mein Vater und zeigt mit dem Trekkingstock geradeaus auf den Schnee, dann sause man den Hang hinab und schlage dort unten gegen die Steine. Die Spitze des Stocks wandert zum unteren Ende des Schneefelds. Noch begreife ich nicht. An dieser Stelle also, fährt mein Vater fort, bleibe uns nichts anderes übrig als umzukehren. Mein Körper reagiert auf diesen Satz wie auf eine heftige Ohrfeige: Der Kopf wird heiß, die Brust krampft, und dann fange ich hemmungslos an zu weinen. Es ist das letzte, womit ich an diesem Sommertag gerechnet habe. So eine Gemeinheit, dieses blöde, dämliche Schneefeld. Das kann doch nicht wahr sein, denke ich. Aber es ist so. Die ersten Meter auf dem gleichen Weg zurück sind die schwierigsten. Sie fühlen sich so falsch an. Doch die Schritte bergab tragen meine dumme Wut zu Tale, und mit jedem Höhenmeter, den wir absteigen, kühlt sie ein wenig ab.

Viele Jahre später, ich bin erwachsen, erlebe ich eine vergleichbare Situation, in den peruanischen Anden. Mein Bergführer Carlos und ich sind unterwegs in der Cordillera Blanca, dem weißen Gebirge. Stark vergletscherte Eisriesen, höher als 6000 Meter. Wir haben den Nevado Pisco bestiegen, 5752 Meter, jetzt wollen wir auf den Chopicalqui: 6354 Meter hoch. Der Weg vom Moränenlager zum Hochlager führt über einen stark zerklüfteten Hängegletscher. Wir schlagen Haken um Blöcke aus Eis, so groß wie Einfamilienhäuser, zusammengewürfelt wie nach einem Erdbeben. Die Spalten sind bis zu 60 Meter tief, viele überschneit, man sieht dann nur eine leichte Delle im Schnee. Carlos weiß das. Er geht voraus. An einer Stelle schlägt er den Eispickel durch den Boden, ohne Widerstand. Wir bemerken, dass wir auf einer gewaltigen Schneebrücke stehen, darunter eine mächtige Spalte. Wir könnten einbrechen. Carlos sucht eine andere Route durch den Gletscherbruch, eine halbe Stunde laufen wir mal nach links, mal nach rechts. Doch die Brüche sind zu gewaltig, man bräuchte eine Aluminiumleiter. Wir finden keinen Weg. Abstieg. Ich bin enttäuscht, aber ich weine nicht. Keine Wut. Was brächte sie schon? Carlos sagt: »That's the mountains.«

Manchmal muss man umkehren, weil man zur falschen Zeit am falschen Ort ist, weil das Timing nicht stimmt. Bolivien, Huayna Potosí, noch ein Sechstausender. Die dreitägige Besteigung des 6088 Meter hohen Berges kostet ab La Paz umgerechnet nur 120 Euro. Die Agentur unterhält einen Metallcontainer auf einem Felsbalkon am unteren Teil des Gletschers, was die letzte Nacht vor dem Gipfelaufstieg komfortabel macht. Aufbruch ist eine Stunde nach Mitternacht, wie üblich an Bergen dieser Höhe. Der Gipfel sollte möglichst im Morgengrauen erreicht sein, damit man mittags wieder abgestiegen ist. Falls das Wetter umschlägt. Der Huayna Potosí ist kein schwieriger Gipfel, wenn man in den Alpen schon einige Hochtouren gemacht hat. Aber die Höhe ist eine Herausforderung. La Paz liegt auf 3200 bis 4100 Metern. Wer in El Alto aus dem Flugzeug steigt, bewegt sich wie in Slow Motion. Wer einige Tage im Altiplano-Hochland verbracht hat, ist dafür aber gut akklimatisiert. Für den Huayna Potosí sollte man sicher auf Steigeisen gehen können, auch steilere Passagen. Eine Firnrinne auf der Normalroute zum Gipfel lässt sich nur mit Frontalzackentechnik bewältigen.[4] Das weiß ich jedoch noch nicht, als ich im Hochlager liege, mit Bergführer Luis und Adrian, einem französischen Arzt, der schon mal mit dem Fahrrad Zentralasien durchquert hat.

Gipfelnacht, wir sind vier Stunden auf den Beinen. Schneeflocken schießen durch den Lichtkegel unserer Stirnlampen, der Wind wirbelt Eis ins Gesicht. Adrians Bart ist weiß, meine Gesichtshaut taub. Es wird immer schwieriger, die Augen offenzuhalten, so heftig schneit es. Rechts von uns, in den Tiefen des Amazonasbeckens, entlädt ein Gewitter Blitze in die Nacht. Der Höhenmesser zeigt 6000 Meter an. Viel Spanisch kann ich nicht, aber als Luis irgendwas mit »No es bueno« sagt, weiß ich, was los ist. Er dreht sich zu uns um, die Augen für einen Moment weit aufgerissen wie ein panisches Tier. Vor uns führt der Weg über einen Firngrat, ungefähr einen Meter breit, und fällt zu beiden Seiten in die Schwärze ab. Das können wir nicht machen, bei dem Wind. Wir können uns aber auch nicht in den Schnee hocken und abwarten, bei deutlich unter null Grad. Wir würden sofort auskühlen. Also kehren wir um. Fünfzig Höhenmeter vor dem Gipfel. Als wir weiter unten am Berg eine Rast auf dem Gletscher machen, ist es vollständig windstill. Über uns streicht die Morgensonne den Gipfel des Huayna

---

4 — Bei einem Gefälle ab etwa 50 Grad schlägt man die Frontalzacken der Steigeisen abwechselnd und möglichst senkrecht zur Oberfläche ins Eis statt den ganzen Fuß aufzusetzen.

Potosí in zartem Rosa an. Es wird ein freundlicher Tag. Adrian setzt sich in den Schnee, legt seine Ellenbogen auf den Knien ab und schließt erschöpft die Augen. Stünden wir jetzt oben auf dem Grat, könnten wir zum Gipfel weiter. Später treffen wir auch eine andere Gruppe, die oben war, nach uns. Wir aber hätten unsere letzten Kräfte aufbringen können und wären doch nicht gegen den Sturm angekommen, ohne uns in Gefahr zu bringen. Wir kamen einfach eine Stunde zu früh.

War die Situation am Huayna Potosí brenzlig? Nein. Wir sind genau in dem Moment umgekehrt, als es zu riskant wurde, nur eben nicht früher. Das Wetter ließ sich beim Abmarsch nicht erahnen. Wir haben geschaut, was möglich war, und irgendwann die einzige richtige Entscheidung getroffen. Nicht immer besitzt man diese Größe. Es folgt die letzte Episode des Scheiterns, und es ist keine ruhmreiche.

Bergführer sind berufsbedingt wortkarg. Die Bewegung im Gebirge erfordert kurze, präzise Anweisungen – kein Gequatsche. Georgische Bergführer sind offenbar besonders schweigsame Vertreter ihrer Zunft. Levan zum Beispiel ist ein stämmiger Mann, der mit nacktem Oberkörper wandert, Gletscher mit Turnschuhen überquert und die Kundenkommunikation auf existenzielle Fragen herunterbricht: »You have water enough?« Mehr gibt es an diesem Tag offensichtlich nicht zu sagen. Levan und ich sind unterwegs im Großen Kaukasus, am Kasbek nahe der russischen Grenze. Der Sage nach ließ Zeus Prometheus an diesen Berg ketten, weil dieser das Feuer aus dem Himmel gestohlen hatte. Ein Adler sollte ihm zur Strafe jeden Tag die immer wieder nachwachsende Leber aus dem Leib reißen. Dieses Schicksal muss kein Reisender fürchten, der

entlang der Georgischen Heerstraße von Tiflis in den gebirgi-
gen Norden des Landes fährt. Heute sind die Hindernisse zum
Beispiel sprachlicher Natur. Levan und ich reden nicht miteinander, weil der Georgier kaum Englisch spricht und nicht dazu
bereit ist, mehr als zehn Sätze pro Tag zu sagen – jedenfalls mir
gegenüber nicht, seinem Kunden.

In das Bergdorf Stepanzminda kommen die meisten Touristen nicht wegen des Kasbeks, einem 5047 Meter hohen, stark
vergletscherten Vulkan, der gleich daneben in den Himmel
ragt. Sie besuchen die Gergetier Dreifaltigkeitskirche, die viele
Jahrhunderte eine Reliquie der georgisch-orthodoxen Apostel-
kirche barg: das Weinrebenkreuz, ein Symbol der georgischen
Orthodoxie. Man brachte es ins Gebirge, um es vor Eroberern
zu verstecken. Die Kuppelkirche liegt über dem Dorf, auf einer
Höhe von 2170 Metern. Der Ausblick ist von wilder Schönheit:
sanftes Licht auf ungezähmten Bergkämmen.

Eine gemütliche Stube mit Kamin, gepflegte Matratzenlager,
ein frohsinniger Hüttenwirt: All diese Annehmlichkeiten finden
Bergsteiger im Basislager für die Besteigung des Kasbek leider
nicht. In der ehemaligen meteorologischen Station liegen alle
Räume im Halbschatten, Wind zieht durch den Flur, in den
Schlafräumen liegt Dreck. In der ersten Nacht stürmt es über
dem Vulkan, Gipfelversuch so gut wie unmöglich. Man müsste jedenfalls halbwegs lebensmüde sein. Ein Russe, erzählen
sie später, sei auf allen Vieren auf den Gipfel gekrochen. Aber
der habe auch schon den Mount Everest bestiegen. Anerken-
nendes Nicken. Abends sitze ich im Gemeinschaftsraum unter
Reisenden aus der halben Welt: Zwei junge Norweger sind da,
ein ungarischer Vater mit seiner Tochter, russische Bergprofis

mit zerfurchten Gesichtern, zwei israelische Frauen mit ihrem Guide, die Gitarre spielen und hebräische Lieder singen. Zwei Rumänen sind ohne Führer – und fast ohne Essen. Sie bitten um Gaben. Die Welt als kleines Dorf im Großen Kaukasus. Levan dagegen hockt mit seinen georgischen Kollegen in einem anderen Zimmer und spielt Karten.

Zwei Tage lang kriechen die Stunden vorwärts. Ich unternehme kurze Wanderungen bis auf 4000 Meter, zum Rand der Gletscherzunge. Natürlich ohne Levan, der hat keine Lust. Das Wetter bleibt unbeständig, nachts stürmt es. In der letzten Nacht überrede ich Levan, es mit dem Aufstieg zu versuchen, es ist die letzte Chance auf den Gipfel. Am nächsten Tag muss ich absteigen, um rechtzeitig wieder in Tiflis zu sein. Der Wetterbericht kündigt erneut Gewitter an. Doch als ich um ein Uhr nachts aus der Hütte trete, sehe ich Sterne. Kein Geräusch dringt durch die Nacht. Levan ist dennoch dagegen, dass wir aufbrechen. Und doch gehen wir los. Über Geröllfelder führt der Weg am Gletscher vorbei, ohne Markierungen. Levan hat die Strecke auf seinem GPS-Gerät. Wir müssen auf den Sattel westlich des Gipfels, um dann quasi von hinten auf den höchsten Punkt aufzusteigen. Hinter dem Bergrücken grollt es. Levan schlägt vor, umzukehren. Ich lehne das ab. Wer weiß, vielleicht zieht der Sturm in eine andere Richtung ab. Ich bin wütend, weil von diesem Bergführer scheinbar gar keine Unterstützung zu erwarten ist. Immer nur »No, no, no« und eine grimmige Visage. Wofür bezahle ich den eigentlich?

Der Himmel über dem Bergrücken flackert jetzt regelmäßig für Sekunden auf. Wir steigen immer noch höher. Plötzlich zerreißt ein Donner die Stille der Nacht, der mich zusammenfahren lässt. Mein Herz beginnt zu rasen. Das war nah. Viel zu nah. In dem Moment, als wir fast den Kamm erreicht haben, schiebt sich das Gewitter über den Bergrücken auf unsere Talseite. Schneefall setzt ein, der Wind dreht auf. Ich schaue in Levans Gesicht, das von einem Blitz erleuchtet wird. »We have to go down!«, ruft er. Zum ersten Mal gibt es in der Tat nicht mehr zu sagen. Wir rennen den Berg hinab. Ich schäme mich.

Viele Gipfel locken Alpinisten, manche sind das Ziel moderner Pilgerfahrten. Der Fuji ist der höchste Berg Japans, 3776 Meter hoch, verewigt auf tausenden Gemälden, ein nationales Heiligtum. Die Japaner verehren den Berg wegen seines symmetrisch-konischen Vulkankegels und weil sie dort Konohanasakuyahime vermuten, die Göttin der aufblühenden Baumblüten. Jedes Jahr im Sommer praktizieren die Japaner den Fuji-Kult, sie wollen einmal auf dem Gipfel des heiligen Berges stehen, wenn die Sonne über dem Land aufsteigt, als gutes Omen, zur Läuterung. Die Prozession auf den Fuji versinnbildlicht so ziemlich alles, was ein Europäer mit fernöstlicher Mystik verbindet. Der große Asienreporter Tiziano Terzani schrieb, der Berg sei ein Ort, an dem ausländische Besucher die Seele Japans erkunden wollten, und sprach von der »Symbolik des leeren Raums«. Die Japaner hätten in ihrer Geschichte der Form stets größere Bedeutung beigemessen als der Substanz. Er verwies auf den französischen Philosophen Roland Barthes, der feststellte: »In Japans Mitte liegt die Leere.« Was wäre also auf dem Gipfel des Fuji zu finden, in dem Moment, wenn dort oben die Sonne aufgeht?

Um drei Uhr nachts wird im Hüttenlager das Licht entzündet. Japaner springen aus den Stockbetten, wühlen in ihren

Rucksäcken, legen gelbe, rote und pinke Funktionsjacken an, manche Gamaschen. Draußen vor der Hütte peitscht der Wind so kalt durch die Nacht, dass man sich gleich wieder hinlegen möchte. Das Frühstück ist ein Schokoriegel. Dann setzt sich die Menschenmenge in Bewegung, die Lichtkegel der Stirnlampen flackern in alle Richtungen. Wie eine Lichterkette in der Nacht sehen die Frauen und Männer aus, die den Pfad hinaufsteigen. Wenn einer anhält, um sich kurz die Schuhe zu richten, stoppen alle hinter ihm. Eine knappe Stunde schleichen wir so vorwärts, dann ist der Kraterrand erreicht. Noch etwas weiter ist es bis zum höchsten Punkt des Fuji. Die Wanderer treten in der Kälte auf der Stelle, bald wird es dämmern. Der Horizont färbt sich blau, und langsam schiebt sich ein roter Schimmer zwischen Himmel und Erde. Es ist zugleich das Signal, die Kameras und Handys aufzurichten. Andere wenden der Lichtkugel den Rücken zu, um sich vor dem Horizont fotografieren zu lassen. Vor dem Gipfelstein hat sich eine Schlange gebildet. Unten am Krater gibt es eine Poststube mit Ansichtskarten, die Verwandte und Bekannte von der erfolgreichen Besteigung des Fuji unterrichten sollen. In der Hütte nebenan werden heiße Nudeln im Plastikbecher ausgeschenkt.

Es ist immer ein besonderer Augenblick, einen Sonnenaufgang im Gebirge zu erleben. Im Japanischen gibt es für diesen Moment den Begriff *mono no aware*, häufig übersetzt als »Pathos der Dinge«. Er umschreibt ein plötzlich auftretendes, tiefes Empfinden, eine Empfänglichkeit für die vergängliche Schönheit, die gleichzeitig Ergriffenheit und melancholisches Bedauern auslöst. Die Japaner haben damit einen perfekten Begriff für das Gefühl, auf einem Berggipfel zu stehen. Auf dem

Fuji habe ich davon nichts gespürt. Die Besteigung des Berges ist kein spirituelles Erlebnis, nicht einmal eine ästhetisch wertvolle Erfahrung, sondern ein sinnentleertes Freizeit-Happening. Es geht darum, sich möglichst mühelos den Gipfel abzuholen. Manchmal kommt man an, und es ist trotzdem nichts erreicht.

Wir betrachten eine Reise gerne von hinten, vom Ziel aus. Haken setzen auf der Bucket List. Die Aussicht auf die Ankunft bereitet uns größere Freude als der Weg dorthin, jedenfalls glauben wir das. Ich bin überzeugt, dass es eigentlich andersherum sein sollte. Der Weg auf den Berg ist die eigentliche Erfahrung, der Gipfel ist leer. Wenn wir uns in einer Leidenschaft verlieren, ist das Resultat zweitrangig und deshalb oft besonders gelungen. Die Lektion der Berge ist simpel: Genießen wir es, etwas zu tun – nicht etwas zu erreichen.

Das Dilemma des Fliegens

Iberia-Flug IB3551 von Berlin-Tegel nach Madrid-Barajas, in einer fernen Vergangenheit, die 2011 heißt. Check-in, Drängeln am Schalter, Verzögerungen, die Leute murren – »Das kann jetzt aber echt nicht wahr sein!« – und doch haben sie verinnerlicht, dass es genau so ist: das Fliegen.

Die Maschine hebt ab, Mittagsflug, drei Stunden bis Madrid, das Wasser an Bord kostet 2,50 Euro, die Flugbegleiter beschränken sich darauf, mürrisch zollfreie Zigaretten zu verkaufen. Übergewichtige Passagiere, die immer dann aufstehen, wenn das Anschnallzeichen leuchtet, schieben sich durch den Gang und reagieren auf ein »excuse me«, als hätte ein wilder Affe sie angesprungen. Das Fliegen, denke ich in meinem Sitz, hat nichts Besonderes mehr. Hier oben auf 10 000 Metern besteht die Welt aus graumelierten Oberflächen. »Please fasten your seatbelts.« Aufgesetztes Lächeln begleitet die Abfolge klar definierter Handlungen. Die Flugzeuge sehen von innen alle gleich aus, wie die Anzüge der Geschäftsreisenden, das muss die sogenannte Globalisierung sein, eine freudlose Angelegenheit.

Madrid-Barajas ist ein Flughafen wie eine Stadt, von hier will ich nach Dakar. Fabrikartige Hallen, scheinbar nicht endende unterirdische Gänge, elektronische Werbetafeln laufen von der Decke zum Boden wie gefärbtes Wasser. S4 ist das Terminal für die internationalen Abflüge. Ein halber Liter Wasser und ein akzeptabler Cappuccino kosten bei *Ibéricos y Vinos* 3,70 Euro. In Tegel wollen sie für den Kaffee 3,80 Euro, er schmeckt wie Brackwasser. Ich beobachte die Leute und stelle Vermutungen an. Er: massig, weiß, Glatze, schlecht geschnittenes Polohemd, eine Goldkette baumelt hervor. Sie: schlank und hochgewachsen, schwarz, eine Schönheit. Er, wahrscheinlich Diamanthändler, streckt die Brust raus. Sie, vermutlich Miss Angola oder Miss Liberia, redet kein Wort. Geliftete Society-Damen aus Frankreich am Nebentisch. Ein Senegalese breitet vor den Sitzreihen des Abfluggates ein großes, blaues Tuch aus und betet.

Beim Besteigen der Maschine nach Dakar, Aéroport International Léopold-Sédar-Senghor,[1] Iberia-Flug IB3722, setzt dieser Flash ein, diese Euphorie, wie die verspätete Wirkung einer Droge: Es geht in die Ferne, nicht allein geografisch, eher vom Gefühl her. An Bord keine Sommer-Sonne-Strand-Dödel, die am Ende der Welt nur das Bekannte suchen, auch keine Erasmus-Studenten, keine hedonistischen City-Jetter, dafür senegalesische Geschäftsleute in Satin-Hemden, andere in weiten Gewändern. Man bringt die Getränke, ich schaue aus dem Fenster, irgendwie bewegt. Die Sonne versinkt im Westen als feuerroter Strich über der Sahara.

---

1 — Das erste Concorde-Flugzeug der Air France landete 1976 auf dem Weg von Paris nach Rio de Janeiro in Dakar-Léopold Sédar Senghor zwischen. Der Flughafen wurde Ende 2017 geschlossen und vom neuen Aéroport International Blaise Diagne abgelöst.

Das Flugzeug schwebt – beseelt von einem friedvollen Welt-
geist, so scheint es mir – hinein in diese Nacht über Westafrika,
die einen ganzen Kontinent voller geheimnisvoller Erzählungen unter sich verbirgt. Ich sitze nur da und bin doch vollständig im Fluss, im Transit, ein entrückter Zuschauer jenseits der
Landmassen, zwischen Himmel und Erde, Verschwinden und
Ankommen, Auflösung und Wiedergeburt. Was sich verschiebt,
sind die inneren Koordinaten, der Gedanke: Meine Welt im
Kopf, die ich ach-so-gescheit und souverän herumtrage, könnte
eine ganz andere sein, weil diese Welt dort unten eine andere
sein wird, wenn ich aus dem Flugzeug steige, in Dakar, wo die
Hitze sofort unter das Hemd kriecht und schummrig-schwer
über der Stadt liegt, wie ein leichter Tinnitus, aber das sind nur
die Zikaden in den Bäumen.

Wie war das noch gleich? Das Netz der internationalen
Flugverbindungen als ein sphärischer Äther, der die Welt um-
spannt und elektrisiert. Fliegen als quasi-transzendentes Erlebnis, als ultimative Freiheit und Versprechen, an einem anderen
Ort der Welt ein anderes Leben führen zu können. Das Flugzeug
als Symbol des Fortschritts, als Verbindung zu einer kosmopo-
litischen Zukunft, die Welt wächst zusammen, alle Menschen
werden Schwestern und Brüder. Damit ist es vorbei. Die Magie
ist verflogen, im wörtlichen Sinne. Vier Gründe fallen mir ein.

Der erste ist psychologischer Natur. Je häufiger wir etwas
tun, umso weniger erregt sind wir. Jedes besondere Erlebnis wird durch Wiederholung zu einer Routine, der jeder Gla-
mour abgeht. Der wache Blick trübt sich ein unter schweren
Lidern. Vielflieger: mit Aktenkoffer in der Premium Economy
sitzen und absolut keinen Bock auf nichts haben. Als Kind ist

das Fliegen elektrisierend. Je älter man wird, umso normaler kommt es einem vor. Das gilt natürlich gerade für Menschen, die viel und gerne reisen.

Der zweite Grund ist politischer Natur: der Sicherheitswahn nach 9/11. Nach den Anschlägen auf das World Trade Center in New York durch zwei Boeing 767 griff die fundamentale Angst um sich, in einem Flugzeug seien wir unumstößlich dem Tod ausgeliefert. Also wurden die Kontrollen verschärft, und die Wartezeiten verlängerten sich. Die Flughäfen wurden zu Orten der Beklemmung. Der Fluggast geriet in die Rolle des Verdächtigen.[2] In dieser neuen Ära des Fliegens berichten Menschen davon, wie sie bei der Sicherheitskontrolle ihre Zahnpasta aus der Tube drücken mussten.

Der dritte Grund ist ökonomischer Natur, wenngleich erst die Politik aktiv werden musste. Vom Jahr 1987 an wurde der Luftverkehrsmarkt in Europa geöffnet und am 1. April 1997 vollständig liberalisiert. Nun durften die Airlines in der EU frei zwischen allen Mitgliedstaaten fliegen. Dies machte den Aufstieg von Ryanair zu einer der größten Fluggesellschaften des Kontinents möglich. Das Zeitalter der Billigflieger begann, in der Branche Low-Cost Carrier genannt. Den Passagieren brachte diese neue Ära des Fliegens beispiellos niedrige Ticketpreise. Plötzlich kostete ein Flug nach London weniger als die Taxifahrt zum Flughafen. Um die Kosten zu drücken, strichen die Billigflieger Schritt für Schritt die meisten kostenlosen Services und Dienstleistungen. Anfangs rief das jedes Mal einen Aufschrei hervor, doch die Reisenden gewöhnten sich daran. Irgendwann

---

2 — Als Fluggast sollte man auf Flughäfen und in Flugzeugen niemals Witze über Bomben machen, man wird schneller festgenommen, als eine Bordkarte gescannt ist.

war Billigfliegen einfach zeitgemäß.[3] Ich bin der Letzte, der sich darüber beschwert, dass er an Bord kein labberiges, kostenloses Sandwich mehr gereicht bekommt, wenn das Ticket dafür günstiger ist. Albern auch das Geschimpfe, man werde von den Airlines heute »wie Vieh« behandelt.[4] Trotzdem lässt sich eines nicht leugnen: Mit dem Siegeszug der Billigflieger ging der Glanz des Fliegens endgültig verloren, dieser allein schon wegen des Preises etwas elitäre Touch; der ausgenommen zuvorkommende Service, der eher an ein feines Hotel als an einen Taxistand erinnert hat; das kosmopolitische Gebaren der Passagiere. Im Jahr 2019 von Berlin-Schönefeld zu fliegen, ist so weit von Eleganz und Erhabenheit entfernt wie ein angetrunkener Fußball-Hooligan vom Wiener Opernball.

Der wichtigste Grund, warum das Fliegen nicht mehr zur Weltbürger-Pose taugt, hat jedoch nichts mit Status und Befindlichkeiten zu tun – er ist ökologischer Natur. Reiseveranstalter tun viel für die Umwelt, sie sparen Wasser in Hotels, fördern soziale Projekte, bilden Mitarbeiter vor Ort aus, und man sollte eine kleine gute Tat nicht unterlassen, nur weil man zu einer großen nicht bereit ist. Aber die Tourismusunternehmen ignorieren den Elefanten im Raum: das Fliegen. Rund acht Prozent der globalen Treibhausgasemissionen gehen laut einer Studie der University of Sydney auf den Tourismus zurück. Auf diesen Wert kamen die Forscher, als sie den gesamten

---

3 — Auch die meisten sogenannten *Premium Carrier* wie Lufthansa haben mittlerweile günstige Basic- oder Light-Tarife im Angebot. Aufgabegepäck und Umbuchungen kosten extra, dafür sind die Tickets verhältnismäßig günstig.

4 — Ryanair bietet in der Economy Class einen Sitzabstand von 78,74 Zentimetern. Das ist im Vergleich zu vielen anderen Airlines auf der Kurz- und Mittelstrecke gar nicht schlecht.

Kohlendioxid-Fußabdruck berücksichtigt haben. Flugreisen sind die größte Klimasünde jedes einzelnen Menschen.

Im Klimaabkommen von Paris wurde 2015 beschlossen, die Erderwärmung möglichst auf 1,5 Grad zu begrenzen. Der Weltklimarat (IPCC) erklärte im Oktober 2018: Die globale Erwärmung auf 1,5 Grad zu begrenzen, erfordere rasche, weitreichende und beispiellose Veränderungen in sämtlichen Bereichen der Gesellschaft. Für ein treibhausgasneutrales Deutschland im Jahr 2050 dürfte jeder Mensch noch maximal eine Tonne CO_2-Äquivalente jährlich ausstoßen, hat das Umweltbundesamt vorgerechnet – 2016 waren es in Deutschland 10,9 Tonnen pro Kopf. Für einen Flug von Düsseldorf nach New York und zurück fallen bereits ungefähr 3,65 Tonnen CO_2 an. Man kann diese Zahlenspiele sicher hinterfragen und im Detail kritisieren, aber die Tendenz ist eindeutig: Um den Planeten zu retten, müssen wir uns von fossilen Brennstoffen weitgehend verabschieden. Der Potsdamer Klimaforscher Hans Joachim Schnellnhuber, eine Ikone seines Fachgebiets, bezeichnet den derzeitigen, menschengemachten Epochenbruch als »kollektiven Suizidversuch«. Der Mensch sei bereits zu einer geologischen Kraft geworden, die beispielsweise den Beginn der nächsten Eiszeit unterdrücken werde. Die Dekarbonisierung der Weltwirtschaft müsse unverzüglich geschehen. Sonst sei es zu spät. Die unbequeme Wahrheit ist: Wer es mit dem Umweltschutz ernst meint, sollte auf das Fliegen möglichst verzichten.

Diese Erkenntnis stellt den Reisenden vor ein Dilemma. Zum einen bedient das Umweltproblem des Flugverkehrs das Klischee vom Tourist als Zerstörer. Das ist natürlich sehr einseitig. In vielen Ländern verhindern Urlauber durch ihr Interesse an Land und Leuten die Entvölkerung ganzer Landstriche. Sie tragen häufig sowohl zu einer Modernisierung als auch zu einer Bewahrung und Belebung kunsthandwerklicher Traditionen bei. Sie bringen verdammt viel Geld in Regionen, in denen es sonst nur Ackerbau und Viehzucht gäbe. Aber sie befeuern eben auch den Klimawandel, der wiederum gerade jene armen Menschen bedroht, die den weltgewandten Travelern doch so am Herzen liegen. Es ist ein Paradoxon, dem man praktisch nicht entkommen kann.

Zwar können Reisende den CO_2-Ausstoß ihrer Flugreise durch einen Beitrag in Klimaschutzprojekte kompensieren,[5] doch Experten sind sich einig: Das ist nur eine Notlösung. Verzicht sollte immer die erste Wahl sein.

»Privat bin ich immer viel geflogen in meinem Leben, aber ich habe das wahnsinnig reduziert. Innerhalb Deutschlands kann ich nicht mehr guten Gewissens fliegen«, sagt zum Beispiel Odette Deuber von der gemeinnützigen Gesellschaft Klim-Aktiv. Auch für ein langes Wochenende durch Europa zu fliegen, sei für sie nur schwer moralisch vertretbar. Die Expertin weiß um das Dilemma: »Ich kann und will niemandem etwas verbieten.« Die Globalisierung und Vernetzung der Menschen habe etwas absolut Positives. »Man reist in andere Länder, blickt über den Tellerrand. Jetzt zu sagen, Fliegen geht nicht mehr, das halte ich auch nicht für sinnvoll.« Das sehen die meisten Globetrotter wohl ähnlich.

Fliegen ist oft der blinde Fleck von Leuten, die von sich

---

5 — Man zahlt einen Beitrag an eine Organisation wie zum Beispiel Atmosfair, die das Geld in zertifizierte, treibhausgasmindernde Investitionen vor allem in Entwicklungsländern steckt. Was der Verbraucher ausstößt, wird anderswo eingespart.

selbst behaupten, sie würden besonders nachhaltig durchs Leben gehen. »Viele umweltbewusste Menschen schränken sich im Alltag ein, aber beim Fliegen wird ein Auge zugedrückt«, sagt Deuber. Für den Verzicht auf Fleisch und andere Tierprodukte gibt es gewichtige ethische und ökologische Gründe, aber es ist eben häufig auch eine Lifestyle-Entscheidung, die viel mit der Gesundheit und dem eigenen Wohlbefinden zu tun hat. Mit den negativen Folgen des Fliegens kommt der einzelne Reisende aber erst einmal nicht in Berührung. Und Ausflüchte fallen uns sofort ein. Die Flugzeuge heben ja sowieso ab! Als Verbraucher hat man, anders als im Supermarkt, keine Wahl: Die Emissionen lassen sich nicht vermeiden. Die Technologie ist einfach furchtbar praktisch. Wer hat schon Zeit, auf einem Schiff den Atlantik zu überqueren? Langsam zu reisen ist ein Genuss, aber auch eine Zeitfrage. Die meisten Touristen wollen eben einmal in ihrem Leben in die USA. Mindestens.

Ich glaube nicht an freiwilligen Verzicht. Eher versinkt das letzte Atoll im Indischen Ozean, als dass die Menschen kollektiv auf touristische Flugreisen verzichten. Die Politik müsste regulierend eingreifen. Sie könnte die externen Kosten[6] des Fliegens in Form einer Öko-Steuer auf den Ticketpreis aufschlagen. Das Fliegen würde dadurch teurer, Flugreisen könnten sich wieder eher nur die Wohlhabenden leisten. Das wäre ungerecht und schwer vermittelbar. Aber vielleicht geht es nicht anders. Die Wissenschaft forscht zwar am emissionsfreien Fliegen mit Biomasse, Wasserstoff und Sonnenenergie, doch das ist noch

6 — In der Volkswirtschaftslehre bezeichnet man die unkompensierten Auswirkungen ökonomischer Entscheidungen auf Unbeteiligte als externen Effekt.

Zukunftsmusik. Und bis die Hyperloop-Röhren[7] von Elon Musk die Billigflieger in Europa überflüssig machen, dürfte noch Zeit vergehen – falls so etwas überhaupt je möglich sein wird.

Also doch weniger fliegen? Das wäre besser. Viele Metropolen Europas lassen sich mit Bus und Bahn erreichen. Warum nicht mit dem Nachtzug nach Rom und gleich eine Woche bleiben? Klimaschützer raten dazu, maximal einmal im Jahr eine lange Fernreise zu unternehmen – und nicht drei kurze. Für zehn Tage nach Thailand? Besser für mindestens drei Wochen. Wenig hilfreich ist, dass auch Billigflieger zunehmend auf die Langstrecke setzen. Zum Spottpreis nach Nordamerika oder Asien, das wird immer einfacher.

Die Eroberung des Raums durch Flugzeuge hat die Geschwindigkeit des Reisens extrem erhöht. Vielleicht ist die Debatte um das Fliegen ein Impuls, sich wieder mehr Zeit für ein Land oder eine Region zu nehmen, langsamer unterwegs zu sein. Wir spüren eigentlich intuitiv, dass diese Entschleunigung uns guttun würde. Trotzdem stopfen wir möglichst viele Bucket-List-Erlebnisse in zwei Wochen. Ich halte die Theorie, dass man ein Land nach einer Woche auf keinen Fall, nach einem Monat aber definitiv verstanden hat, für gewagt. Es ist eine ermüdende Diskussion unter Travelern: Wann haben wir eine Stadt, eine Region oder ein Land wirklich gesehen? Was

---

7 — Die Idee: Menschen sollen in der Zukunft nahezu mit Schallgeschwindigkeit in Magnetbahnen durch Vakuumtunnel befördert werden – wie eine Art Rohrpost. Bis zu 1200 Kilometer pro Stunde schnell sollen die aerodynamischen Kapseln werden. Die erste Trasse könnte zwischen San Francisco und Los Angeles in Kalifornien entstehen, die Reisezeit läge mit der neuen Technologie bei nur rund 35 Minuten. *Hyperloop* soll den Verkehr revolutionieren. Viele Experten halten die Technologie jedoch für technisch nicht umsetzbar.

soll das überhaupt heißen? Geht es darum, ein Pad Thai in einer Sekunde von einem Som Tam unterscheiden zu können? Alle Highlights gesehen zu haben, die der *Lonely Planet* empfiehlt? Von Einheimischen nach Hause eingeladen zu werden, als eine Art Initiationsritus, der uns in die Gemeinschaft der wahren Reisenden aufsteigen lässt (und praktisch fast schon zu einem *local* macht)? Oft geht es hier um Status. Dabei kann jemand am ersten Tag seiner Reise ein Erweckungserlebnis haben, ein anderer bleibt einen Monat blind. Wir entkommen unseren Wahrnehmungsdefiziten nur mühsam. Nein, die Diskussion kann man sich sparen.

Langsam und mit mehr Zeit unterwegs zu sein, schafft aber den nötigen Raum für etwas, das jenseits von Canoping, White-Water-Rafting und anderen adrenalinreichen Ausflugsangeboten zu finden ist: die Anpassung des eigenen Rhythmus an den Takt der Fremde, das neugierige Erkunden ohne höheren Zweck und sich darin verlieren, Zufallsbegegnungen, überhaupt Austausch mit Menschen, der über Floskeln und Formalitäten hinausgeht, mit sich und seinen Gedanken ohne alltägliche, triviale Ablenkungen allein sein. Letzteres zum Beispiel versuche ich immer auf Flughäfen, aber es gelingt mir zunehmend seltener.

Anders bei Zugreisen. Hier hat der Kopf die Zeit, sich auf das Reiseziel einzustellen, den Ortswechsel mit allen Sinnen nachzuvollziehen. Architektur und Landschaft hinter dem Wagenfenster verändern sich nur langsam. Der Plausch mit dem Sitznachbarn hat nichts gehetztes. Erstaunlicherweise dauern Flugreisen innerhalb Europas von Tür zu Tür ja oft kaum kürzer als Bahnreisen, jedenfalls, wenn man nicht bereits zu Hause eincheckt, nur mit Handgepäck fliegt und Priority Boarding bucht. Das gilt zum Beispiel für London, Amsterdam, Paris, Wien, Kopenhagen und Norditalien. Und dennoch kommt der Flugpassagier nicht zur Ruhe, er hat – anders als im Zug – keine Zeit zur Besinnung, weil er sich immer in einer Schlange anstellen, ein Dokument vorlegen, seine Tasche auspacken und irgendwelche Anweisungen befolgen muss. Es ist so viel entspannter, von Berlin nach Prag mit der Bahn zu fahren als zu fliegen, nicht nur, weil man sich einen guten Wein mit ins Abteil nehmen kann und dann in einem angemessenen Maße amüsiert mitten im Zentrum der tschechischen Hauptstadt ankommt. Sind der heitere Gentleman und die vergnügte Lady nicht viel eher in einem Zug vorstellbar, ja sogar in einem abgeranzten Waggon, als in einem seelenlosen Flugzeug?

Erinnern wir uns kurz an die Zeit, als Leute merkwürdige Buchstabenkombinationen in sozialen Netzwerken posteten, wenn sie zu einer Reise aufbrachen. Sie schrieben nicht »Endlich geht's nach Thailand!« oder »Barcelona, das wird toll!« oder »Miami, wir kommen!«. Sondern FRA-BKK, TXL-BCN, DUS-MIA. Sie droppten kommentarlos die IATA-Codes[8] ihrer Flugverbindung. Das sollte Understatement signalisieren, Weltläufigkeit. Doch die Flugreise hat ihre Aura und Eleganz verloren. Das Flugzeug ist nur noch ein Transportmittel zum Zweck, das den Planeten verschmutzt.

Weil wir auch in Zukunft ferne Länder sehen wollen, werden wir weiter fliegen, manche unverändert häufig, andere bewusst seltener. Aber es ist nicht mehr cool. Dafür ist es zu schädlich. Wenn ich heute einen Langstrecken-Jet besteige, der

---

8 — IATA ist die International Air Transport Association. Jeder Flughafen ist mit einem eindeutigen Code gekennzeichnet, etwa zur Abwicklung des Gepäcks.

mich auf einen fernen Kontinent bringen wird, spüre ich immer auch ein wenig Scham. Nur manchmal, wenn die Anzeigetafel am Flughafen die Namen verheißungsvoller Orte abspielt (Bogotá, Nairobi, Kuala Lumpur), dann blitzt noch einmal das alte Gefühl auf: Ein Flugzeug zu besteigen, ist etwas ganz Besonderes, der Akt des Sich-Erhebens über die Welt, im räumlichen wie im geistigen Sinne, erzeugt ein leichtes, beschwingtes Gefühl um die Brust, das über den Tag und die Reise hinaus wirkt, einen tatkräftigen Optimismus voller Möglichkeiten. Die Fremde wirkt auf faszinierende Weise tatsächlich fremd und hat damit die Kraft, uns zu entführen und zu verzaubern. Wie damals auf dem Weg nach Dakar – als das Fliegen noch geholfen hat.

Wie man Kulturen weder verklärt noch abwertet

»Wir wollen nur entspannen, die Sonne und das Meer genießen«, erklärt mir eine Rentnerin aus der Nähe von Salzburg. Sie hat sich auf einer Liege unter einem der hundert Sonnenschirme ausgestreckt, hier in Makadi Bay, nahe der ägyptischen Touristenhochburg Hurghada. Es ist Dezember 2014. Die Deutschen reisen nach unruhigen Revolutionsjahren in Ägypten langsam wieder ans Rote Meer, weil es dort warm ist, niemand Sprengsätze zündet und eine Woche in einem Fünf-Sterne-Resort inklusive Flüge 399 Euro kostet (oder nur ein wenig mehr). Der Kulturtourismus liegt aber noch brach. »Eine Nilkreuzfahrt können wir uns beim nächsten Mal vorstellen«, sagt die Österreicherin. »Früher war das ja quasi Tradition.«

Früher, das war vor dem sogenannten Arabischen Frühling 2011. Die Revolution fegte Langzeitherrscher Hosni Mubarak aus dem Amt. Das Auswärtige Amt riet zeitweilig von Reisen nach Ägypten ab, Reiseveranstalter brachten ihre Gäste außer Landes. Bei der ersten demokratischen Wahl wurde 2012 der Muslimbruder Mohammed Mursi an die Spitze des Staates gewählt. Er nutzte diese einmalige Gelegenheit, um die Gewaltenteilung auszuhebeln. Das Militär putschte ihn brutal aus dem Amt. Bei Kämpfen zwischen Armee und Islamisten starben Hunderte Menschen, Menschenrechtsorganisationen wie Human Rights Watch sprachen von Massakern der Armee. Die Konterrevolution des Militärchefs Abdel Fattah al-Sisi, heute autokratischer Präsident Ägyptens, siegte. Das Land blieb gespalten zurück, der Terror hielt an. Die Bilder der Gewalt schockierten die Weltöffentlichkeit.

All dies scheint seltsam fern in jenem Dezember 2014. Makadi Bay ist ein Retortenort, abgeschirmt vom Rest des Landes. Ein Hotel reiht sich an das nächste, eine künstliche Wohlfühl-Welt aus Wohnblöcken, Restaurants und Poollandschaften. »Red Sea Riviera« lautet der internationale Werbeclaim. Klingt nach azurblauem Wasser, Sorglosigkeit und Jetset-Atmosphäre.[1] So will sich Ägypten der Welt präsentieren, einerseits. Und da sind ja noch die Kulturschätze.

Nicht nur das Rentnerpaar aus Österreich hat damals Vorbehalte, was eine Kulturrundreise in Ägypten angeht. Selten besuchten weniger Touristen die Schätze des Altertums: Theben-West, den Hatschepsut-Tempel, das Tal der Könige, den Karnak-Tempel (Luxor), den Horus-Tempel (Edfu), den Isis-Tempel (Assuan), Abu Simbel nahe der sudanesischen Grenze. Das Geschäft mit Nilkreuzfahrten existiert seit der Revolution praktisch nicht mehr. Von etwa 255 Nilschiffen sind noch gut 30 im Einsatz. Direktflüge nach Luxor wurden gestrichen, und

---

1 — Die Retortenstadt El-Gouna nördlich von Hurghada veranstaltet jährlich ein internationales Filmfestival. Für die Premiere 2017 ließ man viel Geld springen, Oscar-Preisträger Forest Whitaker und Starregisseur Oliver Stone waren dabei.

Urlauber sind bequem, sie wollen nicht unbedingt in Kairo das Flugzeug wechseln. Der Reiseleiter auf einem Nilschiff erklärt mir: »Dein Land ist wie deine Mutter, wenn sie krank ist, sorgt man sich.«

Der Mann, der den Nil zurück auf die touristische Landkarte setzen möchte, heißt Hisham Zaazou. Er ist 2014 der Tourismusminister Ägyptens, ein Mann mit Leidenschaft und komödiantischem Talent. Auf einer Pressekonferenz brüllt er angesichts der Sicherheitsbedenken vieler Urlauber zum Beispiel den Satz: »We will take from our food what it needs for security!« Dabei führt er seine Hand energisch zum Mund. Für ein Interview lädt er mich einmal spontan zu einer Fahrt in seiner Limousine ein, was seine Leibwächter doch ziemlich irritiert. Zaazou ist ein herzlicher, nahbarer Mann, anders als so viele andere Funktionäre fragwürdiger Regime, die mit kühler Arroganz auftreten, weil sie sich im Lauf ihrer Karriere daran gewöhnt haben, dass ihre Untergebenen nie Widerworte geben und jeder ihnen zuhört; bezeichnenderweise handelt es sich meiner Erfahrung nach immer um Männer. Der Nil sei, anders als das Rote Meer, kein »einfaches Produkt«, erklärt mir Zaazou. Doch er ist optimistisch, 2015 werde ein starkes Jahr. »Ich wette darauf«, sagt er. Was keine Floskel sein soll. »Ich habe wirklich schon einige Wetten laufen.«

Zaazou glaubt, das größte Problem für den Nil ist die Wahrnehmung der Urlauber. »Wenn wir die verändern, werden sich die Touristen wieder dafür entscheiden herzukommen«, sagt er. Ich glaube, das ist richtig und trotzdem nur die halbe Wahrheit. Die Tourismuswerbung lebt von der Prämisse, dass in einem Land alles wunderbar ist. Das ist nie so. In Ägypten schon gar nicht. Die Frage lautet stets, ob die Probleme[2] eine Reise beeinträchtigen oder nicht. Badeurlaub in Hurghada? Kein Problem. Flusskreuzfahrt auf dem Nil? Eigentlich ja auch nicht. Zaazou muss diese Botschaft nur verbreiten, leichter gesagt als getan. Image ist alles, weiß der Ägypter, das gilt für alle Reiseziele.

Ein besonders erfolgreiches Beispiel ist Dubai. Die nationale Fluggesellschaft Emirates wirbt mit dem Spruch »Hello Tomorrow«. Das Emirat Dubai vermarktet sich als schillernde Zukunftsoase für jene, die sie sich leisten können. Als orientalische Traumfabrik für die internationale Gewinnerkaste des Kapitalismus, die beim Blick auf die Welt stets in *business opportunities* denkt. Sicherheit und Konsum, das sei die Siegerformel des 21. Jahrhunderts, »und wer das autoritär nennt, kommt im Zweifel aus dem Westen«, schreibt Georg Diez. Ein pakistanischer Taxifahrer formulierte es mir gegenüber so: »With money you can have five star life in Dubai.« Nichts anderes gilt für Reisende in dem Emirat.[3]

Bei einer Bootsfahrt durch die Dubai Marina sehe ich am Ufer einmal ein großformatiges Werbeplakat des spanischen Luxusschuhlabels Manolo Blahnik: »The greatest luxury is being free.« Das wäre schon zynisch, wenn das Plakat am Times Square hinge, aber in Dubai ist es noch deplatzierter. Die Stadt gibt sich liberal, doch es gelten restriktive Gesetze. Der *Dubai Code of Conduct* vergisst nicht, den »tolerant outlook« sowie »style and

2 — Im Ägypten der Gegenwart sind dies: Terroranschläge gegen Militär und Polizei, ein autokratischer Herrscher, Willkür der Geheimdienste, die Inhaftierung von Oppositionellen und Journalisten, Folter in Gefängnissen, eine Wirtschaftskrise, weit verbreitete Armut und Perspektivlosigkeit in der Bevölkerung, konservative Sitten, die die Freiheit besonders der Frauen einschränken.

3 — 2018 kamen knapp 16 Millionen Besucher nach Dubai.

charisma« der Stadt zu erwähnen, aber am Ende sind die Strafen aufgelistet. Für »public display of affection«, das öffentliche Zurschaustellen von Zärtlichkeiten, sind mindestens eine Verwarnung oder ein Bußgeld vorgesehen. Das klingt einigermaßen harmlos. Aber dabei muss es nicht bleiben. Ein britisches Pärchen sorgte 2010 für Schlagzeilen, als es wegen eines Kusses in einem Restaurant nach Alkoholkonsum einen Monat ins Gefängnis kam. Die Vereinigten Arabischen Emirate sind ein Land, in dem ausländischen Frauen, die eine Vergewaltigung anzeigen, wegen unehelichen Geschlechtsverkehrs Gefängnis droht. Wenn das die versprochene Zukunft sein soll, will man am liebsten die Zeit anhalten.

In der Welt unterwegs zu sein, nicht nur in Ägypten und Dubai, konfrontiert einen Mitteleuropäer mit einer grundsätzlichen Frage: Wie kritisch kann und darf man über die gesellschaftlichen Verhältnisse in einem Land urteilen? Wie finde ich eine angemessene Haltung gegenüber der anderen Kultur?[4] Die Antworten sind aus vielen Gründen problematisch. Zum einen ist unsere Meinung fraglos von einer europäischen Norm an Werten und Verhaltensweisen beeinflusst. Zum anderen haben die europäischen Mächte in der Zeit des Kolonialismus nicht-weiße Völker rund um den Erdball ermordet, vertrieben, verschleppt, versklavt, gefoltert und entwürdigt. Dieses globale Verbrechen hatte einen tiefen, zerstörerischen Einfluss auf die Kultur und das Selbstverständnis dieser Menschen. Die Welt

---

4 — Der Begriff Kultur ist wahnsinnig vielschichtig. Es können die unterschiedlichsten Dinge damit gemeint sein, nicht bloß Religion, Tradition und Moral. Im weitesten Sinne umfasst er alles, was der Mensch in einer Gesellschaft erschaffen hat, etwa auch Recht und Wissenschaft.

von heute ist – auch – ein Produkt westlicher Unterdrückung. Nach den südamerikanischen Unabhängigkeitskriegen und der Entkolonisierung Asiens und Afrikas nahmen europäische Regierungen und vor allem die USA weiter Einfluss. In vielen Ländern führten Kriege, von Geheimdiensten unterstützte Umstürze und Sanktionen erst zu den katastrophalen Verhältnissen, die später beklagt wurden.[5] Wie können wir angesichts dessen die Missstände in anderen Ländern bewerten? Müssten wir nicht höflich die Schnauze halten?

Bei der Beantwortung dieser Frage stößt man auf zwei Weltanschauungen und damit verbundene Menschenbilder: Universalismus und Kulturrelativismus. Die universalistische Perspektive geht davon aus, dass alle Menschen dieser Erde eine allgemeingültige Ethik teilen. Demnach existiert ein überkulturelles Verständnis von dem, was gut und böse ist, und wir alle streben letztlich nach ähnlichen Dingen im Leben: Sicherheit, Gemeinschaft, Sinn. Somit gibt es auch universelle Kategorien bei der Beurteilung einer Kultur. Die kulturrelativistische Position nimmt dagegen an, dass eine andere Kultur nicht unter dem Blickwinkel der eigenen Kultur betrachtet werden kann. Jede Kultur habe ihre eigenen Normen und Werte, die zu akzeptieren seien. Unter dem Mantel der Kulturkritik stecke oft nur nackter Rassismus. Wer hat Recht? Der Streit um diese

5 — Die ehemalige US-amerikanische Außenministerin Madeleine Albright wurde 1996 – damals war sie noch US-Botschafterin bei den Vereinten Nationen – in einem Fernsehinterview zu den Folgen des Handelsembargos gegen Saddam Hussein nach dem Ersten Golfkrieg befragt. Durch die Sanktionen gegen den Irak kam es zu Engpässen bei medizinischer Ausrüstung und Medikamenten. Rund eine halbe Million Kinder sollen gestorben sein. Die Journalistin nannte diese Zahl und fragte Albright: »Is the price worth it?« Albright antwortete: »I think this is a very hard choice. But the price – we think the price is worth it.« Sie bereute diesen Satz später.

Frage hat – vorsichtig formuliert – einiges an Fahrt aufgenommen, seit die Debatte um Flüchtlinge und Migration Europa beschäftigt.

Universalismus oder Kulturrelativismus? Bestimmt allein meine Perspektive, was und wie ich sehe? Dann stünde mir als weißem Europäer in letzter Konsequenz keine Meinung etwa zu den Problemen Afrikas zu. Ich kann dazu nichts sagen, mein Blick ist verstellt, ich sollte still sein. Mancher Traveler scheint diese Perspektive verinnerlicht zu haben, auch ohne Theoriestudium. Die Behandlung der Frau in Indien ist dann zwar schon irgendwie schlimm, aber schau mal, die Saris, das Lächeln und diese bewundernswerten Sadhus, die mit nichts leben! Ist Indien nicht das tollste Land der Welt? Ein Wort, das mir dazu einfällt, wäre naiv. Das andere Extrem ist jener Reisende, der sich theatralisch aufregt, wenn mal der Bus nicht pünktlich abfährt.[6] Sein Universalismus reduziert sich auf die krude Erwartung, überall auf der Welt deutsche Akkuratesse vorzufinden. »So ein Fahrzeug käme nie durch den TÜV...«

Wer hat nun Recht – Universalisten oder Relativierer? Und warum sollte das einen Reisenden überhaupt interessieren? Kann er sich nicht einfach die Welt anschauen, ohne zu werten? Natürlich. Er kann sich bequem einrichten in der Rolle des unpolitischen Globetrotters. Aber ich finde diese Haltung mindestens bequem, wenn nicht sogar feige. Ist es nicht gerade der Reisende, der gesellschaftliche Verhältnisse auch außerhalb

6 — Dieser Reisende war einmal ich selbst, aber ich habe eine Ausrede dafür: Ich musste an dem Tag einen Inlandsflug erwischen. Aber eigentlich stimmt das nicht, der Flug war 80 Euro wert, ein Verlust wäre zu verkraften, und ich hätte ja auch am nächsten Tag fliegen können. Ich habe mich gegenüber dem hilflosen Busvermittler ziemlich idiotisch aufgeführt (»Departure at 12, my friend!!!«).

seiner sonstigen Lebenswelt zu Gesicht bekommt und mit den drängenden Fragen seiner Zeit konfrontiert wird? Eine vernünftige Position zu finden ist nicht leicht. Aber es ist keine Lösung, darüber nicht nachdenken zu wollen. Daher ein kleiner Exkurs zu einer gesamtgesellschaftlichen Debatte.

Es geht scheinbar um den Islam, viele wollen also die ganz dicken Bretter bohren, doch das ist schon der erste Denkfehler: Es gibt nicht den Islam. Der Begriff ist zu allgemein und daher als Ausgangspunkt jeder Analyse relativ wertlos. Bei diesem Thema zeigt sich besonders anschaulich, wie unerbittlich die Positionen sind. Westeuropäische Gesellschaften sind freier als arabische Länder, und hat das auch etwas mit dem politischen Islam zu tun, mit fundamentalistischen Herrschern also, die ihren Bürgern strenge religiöse Regeln vorschreiben?[7] Ein Weißer darf so etwas nicht sagen, oder er ist ein Rassist, rufen die Vertreter der sogenannten Identitätspolitik.[8] Kritiker argumentieren, einen solchen Umstand nicht mehr benennen zu können, setze das Erbe von Vernunft und Aufklärung aufs Spiel – und mache die Ursachenforschung unmöglich. Muslime sind nicht gewaltbereiter als andere Menschen? Linksgrün-versiffter Gutmensch!, schreien die Rassisten. Eine Selbstverständlichkeit!,

---

[7] — Navid Kermani sagte in seiner Rede zum Erhalt des Friedenspreises des Deutschen Buchhandels: »Vielleicht ist das Problem des Islams weniger die Tradition, als vielmehr der fast schon vollständige Bruch mit dieser Tradition.« Ein Schicksalsjahr für die arabische Welt war das Jahr 1979. Der Iran wird durch die islamische Revolution zu einem Gottesstaat, in Saudi-Arabien markiert der Angriff radikaler Glaubenskrieger auf Pilger in der Großen Moschee in Mekka den Beginn des islamistischen Terrors, und die Rote Armee marschiert in Afghanistan ein, was zur Bildung der Mudschahedin führt.

[8] — Identitätspolitik benennt politisches Handeln, bei dem die Bedürfnisse einer bestimmten Gruppe von Menschen im Mittelpunkt stehen, zum Beispiel von Frauen oder Migranten. Der Begriff kommt aus den USA (»identity politics«).

erwidern ihre Gegner. Es tobt ein Kampf um die Deutungshoheit. Spätestens an dieser Stelle darf man aber unter keinen Umständen den Kardinalfehler machen, beide Extrempositionen auf eine Stufe zu stellen.

Vertreter der Identitätspolitik fordern dazu auf, die eigenen Privilegien zu checken. Das ist sinnvoll und wichtig. Einen Menschen, die Komplexität seiner Identität und den Gehalt seiner Beiträge zur Beschreibung der Wirklichkeit in allererster Linie und jeder Situation auf Merkmale wie Geschlecht oder Hautfarbe zu reduzieren, halte ich trotzdem für wenig erträglich. Gerade innerhalb der Linken wird über diese Sichtweise erbittert gestritten.[9] Es steht aber derzeit nicht zu befürchten, dass ein solcher Disput die Gesellschaft spalten wird. Anders sieht das aus mit der großen Erzählung der antiliberalen, autoritären Rechten, die gerade weltweit auf dem Vormarsch ist.

Diese Erzählung versucht oft, die Wirklichkeit ins Gegenteil zu verkehren. Mahner werden zu Denunzianten, gewählte Politiker zu Volksverrätern, unabhängige Medien zur Lügenpresse. Der Anspruch an zivilisierte Mindeststandards wird zur Meinungsdiktatur, Kritik zu Zensur, der Mensch mit guten Absichten zum Bösen. Wer so argumentiert, legitimiert den

9 — Einen der klügsten Debattenbeiträge hat die Journalistin Catherine Newmark in der ZEIT geschrieben. Ein Kernsatz: »Aber genauso wie keine Identität abendfüllend ist, wie uns schon Rosa von Praunheim gelehrt hat, so wenig kann persönliche Verletzung und Betroffenheit zum Maß aller Dinge werden. Es gibt immer mindestens zwei Perspektiven: die eigene Verletzlichkeit und die Unsicherheit des anderen.« Und: »Ja, der Mensch ist verletzlich, und viele Menschen sind privilegierter als sehr viele andere. Empörung mag darauf punktuell und strategisch eine richtige Reaktion sein. Als dauerhafte gesellschaftliche Haltung allerdings ist sie korrosiv und deformiert den öffentlichen Diskurs. Rücksichtnahme, Großzügigkeit und ein stetiger Einsatz für Gerechtigkeit wären da adäquatere Haltungen.«

Aufstand und letztlich Gewalt. Dabei ist jenes, was angeblich nicht mehr gesagt werden darf, jeden Tag auf allen medialen Kanälen zu hören. Tabus können das nicht sein. Es geht der autoritären Rechten gar nicht darum, vermeintliche Denkverbote zu überwinden, sondern ihrer Agenda zur Durchsetzung zu verhelfen. Sie sagen: Wir sind das Volk. Doch sie meinen: Nur wir sind das Volk. Ein feiner Unterschied. Sie setzen sich mit dem Volk gleich, so kommt der Volkswille erst durch sie zur Entfaltung. Wer anders denkt (oder aussieht), ist nicht Teil des Volkes. Diese Haltung ist antipluralistisch und antidemokratisch. Wer so redet, ist ein Feind der Freiheit. Und das Ziel der Autokraten ist genau dies: die Freiheit abzuwickeln – ob von Muslimen, Homosexuellen, Medien, Oppositionellen aller Art. Die Kritik an einer angeblich rückschrittigen Kultur habe nichts mit Rassismus zu tun, wenden Menschen ein, die sich mit großer Beharrlichkeit am Thema Islam abarbeiten. Hinter dem Argument steckt aber der gleiche Determinismus. Ein irakischer Araber zum Beispiel kann sich nur so und so verhalten, weil er ein irakischer Araber ist. Als wären Gesellschaften nicht in zig Milieus zersplittert und darüber hinaus stets im Wandel begriffen. Als wäre die kulturelle Prägung eines Menschen etwas, das so eindeutig anzugeben ist wie die Haarfarbe. Und als wäre menschliches Handeln allein Ausdruck einer abstrakten Kollektividentität. Diese Argumentation läuft immer darauf hinaus, Menschen auszugrenzen und zu entrechten.

All dies ist doch selbstverständlich, könnte man jetzt sagen, doch der Diskurs hat sich verschoben. Die Parolen der Scharfmacher entfalten Wirkung. Die Folgen reichen von gereizter Empörung bis zu hysterischer Paranoia. Ein Weltenbummler kann nicht so tun, als sei er von diesem gesellschaftlichen Klima vollkommen abgeschirmt. Oder gegen jegliches Ressentiment immun.

Kein Reisender – egal welcher Herkunft – bricht ohne Vorurteile auf, das liegt in der menschlichen Natur. Nur selten steckt Böswilligkeit dahinter. Im besten Fall entdeckt man unterwegs, wie beschränkt die eigene Sichtweise ist. Eine Binsenweisheit lautet: Der Mensch hat Angst vor dem, was er nicht kennt. Der Kontakt mit dem Unbekannten hilft meist, diese Ängste abzubauen. Dabei denken die wenigsten ernsthaft, frauenverachtende Muslime wollen Europa unterwerfen und die Scharia einführen, so wie es rechtsradikale Scharfmacher die Menschen glauben lassen wollen. Kulturelle Vorbehalte sind in der Regel subtiler, und jeder Reisende trägt sie mit sich herum, mal ausgeprägter, mal schwächer. Doch wer sich entschieden hat, ein unbekanntes Land zu besuchen, geht schon dagegen an: Nichts fördert differenziertes Denken und ein Gefühl für die Verhältnismäßigkeiten so wie das Reisen. Warum?

Vom deutschen Übervater der Soziologie, Niklas Luhmann, stammt der Satz: »Was wir über unsere Gesellschaft, ja über die Welt, in der wir leben, wissen, wissen wir durch die Medien.«[10] So pauschal ist das sicher nicht richtig. Aber unser Bild von einem fremden Land, das wir noch nicht selbst besucht

10 — Beim Verhältnis zwischen Medien und Wirklichkeit gibt es zwei Paradigmen: die ptolemäische und die kopernikanische Sicht. Die ptolemäische Auffassung betrachtet Medien als Spiegel einer objektiven Wirklichkeit. Nach kopernikanischer Auffassung vermitteln Medien dagegen keine Wirklichkeit, sondern erzeugen diese. Bei den Ptolemäern ist die Realität also der Ausgangspunkt von Kommunikation, bei den Kopernikanern deren Ergebnis. Wer hat Recht? Der Kommunikationswissenschaftler Hans Mathias Kepplinger schreibt zu dieser Frage: »Aus der Einsicht, daß die volle Wahrheit nicht erkennbar ist, folgt nicht, daß alle Aussagen gleich unwahr sind.«

haben, besteht zu einem wesentlichen Teil aus medial vermittelten Informationen: aus Fernsehen, Büchern, Zeitungen, Filmen. Es sind wertvolle Quellen, um zu lernen, sich zu bilden und auf eine Reise vorzubereiten. Wenn ich etwas über das politische System der USA erfahren möchte, ist es hilfreicher, ein kenntnisreiches Buch zu dem Thema zu lesen, als in Los Angeles willkürlich hundert Amerikaner auf der Straße zu befragen. Ein anderer, ganz wesentlicher Ausschnitt der Wirklichkeit lebt dagegen von der eigenen Anschauung: der Alltag der Menschen, die Normalität des täglichen Lebens. Kaum etwas liefert ein besseres Bild davon als der Bericht des Augenzeugen. Das macht das Reisen so wertvoll. Es ist auch der Grund dafür, warum die Begegnungen mit Menschen unterwegs so eindrücklich in Erinnerung bleiben. An ihnen relativiert sich oft unsere notwendigerweise verzerrte Wahrnehmung.

Die Betrachtung des Alltags, mit etwas Glück die teilnehmende Beobachtung, vermittelt das tiefe Verständnis, dass die menschlichen Grundbedürfnisse überall gleich sind. Die meisten Menschen auf dieser Welt wollen in Frieden und Sicherheit leben, genug verdienen, um ihre Familie versorgen zu können, und die kleinen und großen Freuden des Lebens genießen: eine köstlich zubereitete Mahlzeit, den Plausch mit Nachbarn und Freundinnen, eine Geburtstagsfeier, eine Hochzeit. Da bin ich Universalist. Was nicht heißt, dass diese Bedürfnisse nicht kulturell unterschiedlich grundiert sind.

Von Saigon über Johannesburg bis Lima herrscht zweifellos auch ein riesiger Hunger nach Moderne. Claudius Seidl schrieb in der *Frankfurter Allgemeinen Sonntagszeitung* von einer globalisierten Kultur, die nach universeller Verständlichkeit strebe.

Er nannte sie »den kapitalistischen Realismus«, das »Streben nach Glück durch Konsum« oder auch einfach: Pop. Seidl wirft die Frage auf, ob zum Beispiel das Volk im Nahen Osten tatsächlich die Teilhabe an dieser Kultur verweigert oder es die Alten sind, die klerikalen Machthaber, »die schon ahnen, dass ihre Herrschaftsformen im globalen Wettbewerb nicht konkurrenzfähig sind«. Ich glaube, die liberale, säkulare Gesellschaft ist zu verlockend, als dass sich die Jugend zwischen Tanger und Teheran nicht längst danach sehnen würde. Die Anschlussfähigkeit muss man jedenfalls nicht lange suchen. Wer unüberbrückbare kulturelle Differenzen propagiert, der sollte sich ins Nachtleben von Istanbul stürzen oder sich in Marrakesch zum Date mit einer Marokkanerin treffen, die sich bei einem Drink in der Neustadt über die europäischen Touristen amüsiert, die in der alten Medina vom folkloristischen Schauspiel eines exotischen Orients mit Schlangenbeschwörern und kunstvoll aufgeschichteten, bunten Gewürzen im Souk ganz ergriffen sind. Andersherum sind Dünkel, Vorurteile und Fremdenhass auf der ganzen Welt verbreitet. Skepsis ist angebracht bei Leuten, die einfache Lösungen verkünden, und das sind natürlich nicht nur fundamentalistische Muslime.

Natürlich kann man der Meinung sein, dass Religion Opium des Volkes sei. Oder die aggressive Homophobie einer Gesellschaft anprangern. In der politischen und sozialen Kultur verwurzelte Praktiken und Überzeugungen, die Menschen verletzten (Beschneidung), Hass säen (Antisemitismus) und die Freiheit einschränken (Patriarchat), muss man kritisieren. Wenn wir das aus falscher Rücksicht und aus Scham des privilegierten Europäers nicht mehr tun, helfen wir keinem. Dann kommt die Welt nicht voran. Niemand sollte sich aber mit einem Schild mit der Aufschrift »God is dead« auf den Tahrir-Platz in Kairo stellen. Das wäre nicht mutig, sondern dumm und gefährlich. Mit verbissenem Moralisieren kommt man als Deutscher im Ausland nicht weit. Die eigenen kulturellen Gepflogenheiten übertragen zu wollen, führt zu nichts. Der Reisejournalist Helge Timmerberg erklärt, dass zum Beispiel Klartext im Orient kein Ausdruck von Wahrheitsliebe, Mut und Geradlinigkeit sei, sondern als unmenschlich gelte. Gespräche seien eher ein Spiel. Auch nach drei Jahren in Marrakesch hätten seine Freunde immer noch nichts von seinen Problemen hören wollen. Viele Deutsche sind deshalb so unwahrscheinlich schlecht im Small-Talk, weil sie gerne ergebnisorientierte Gespräche führen. Ausschweifendes, scheinbar zielloses Palaver ist ihnen suspekt. Sie verstehen nicht, dass es dazu dient, Vertrauen zwischen Fremden herzustellen. Wenn ihnen etwas überhaupt nicht passt, sagen sie das »mal ganz offen« – und sorgen dafür, dass das Gegenüber sein Gesicht verliert. Das gilt in Marokko wie in Japan.

Der Weltreisende Mark Manson hat die These aufgestellt, dass das, was wir an einer Kultur besonders schätzen, gleichzeitig das ist, was diese am unangenehmsten macht. Pünktlichkeit, Genauigkeit und Effizienz sind Merkmale *made in Germany,* die Menschen auf der ganzen Welt bewundern. Aber bedingen sie nicht oft auch eine latente Kühle und Bitterkeit im Umgang miteinander? Wer hat daheim in Deutschland schon mal einen Fremden zu sich nach Hause zum Essen eingeladen? In Tansania sagen die Menschen bei jeder zweiten Gelegenheit *hakuna matata* (»alles kein Problem«). Das bringt eine wohltuende Entspanntheit in den Tag, kann aber gewaltig nerven, wenn man schnell ein Problem lösen muss. Die meisten kulturellen Eigenarten haben Licht und Schatten. Das macht Vergleiche aber nicht völlig überflüssig. Wenn ich mich für einen Indikator entscheiden müsste, an dem sich eine kulturelle Praxis zu messen hat, dann wäre es dieser: Wie sehr wird die Würde des Menschen respektiert und geachtet?

Am Flughafen in Kairo sehe ich 2014 die Werbung der ägyptischen Commercial International Bank: »With one voice Egyptians have said ›Yes‹ to democracy, paving the way to a new Egypt with endless opportunities.« Auf der Fahrt auf der Sinai-Halbinsel von Dahab nach Sharm el Sheik erklärt mir ein Ägypter: »Demokratie und Freiheit kann man nur sehen im Traum. Demokratie und Freiheit bringen nur etwas für die reichen Leute. Was bringen mir Demokratie und Freiheit, wenn ich morgen nichts zu essen habe?« Mein Tourguide auf dem Nil sagt: »Freiheit und Chaos, das ist ein dünner Faden.« Demokratie und Freiheit bringen Unruhe, das hat die Revolution 2011 gezeigt, und Unruhe können sie in Ägypten nicht gebrauchen. Sie schreckt auch die Urlauber ab. Al-Sisi sei da der richtige Mann. Er sorgt für Friedhofsruhe.[11] Heute läuft der Tourismus in Ägypten wieder rund. Wir wollen nur entspannen, die Sonne und das Meer genießen.

---

11 — Die Menschenrechtsorganisation Amnesty International schreibt im Jahresbericht 2017/18 zu Ägypten: »Folter und andere Misshandlungen blieben in den offiziellen Hafteinrichtungen an der Tagesordnung und wurden in den Haftzentren des nationalen Geheimdienstes systematisch praktiziert.« Und: »Im Zuge ihrer unerbittlichen Anstrengungen, alle kritischen Stimmen zum Schweigen zu bringen, schränkten die Behörden die Arbeit von Menschenrechtsverteidigern weiterhin drastisch ein.«

Nach Hause, hinaus in die Welt

Der Blick in die Vergangenheit ist wie der Blick in die Zukunft: Je größer der Abstand, umso verschwommener erscheinen Orte, Szenen und Ereignisse vor meinem inneren Auge. Liegt eine Reise mehr als zehn Jahre zurück, kann ich aus einer Zeitspanne von drei Wochen vielleicht noch zwei Dutzend Momente bewusst abrufen. Das Gehirn löscht, was ich einmal so klar sah wie die Hand vor meinem Gesicht, und schafft wieder Platz für Neues. Die Erinnerung besteht irgendwann nur noch aus einem diffusen Gefühl. Das war eine gute Zeit, sagen wir, ohne dieses Empfinden noch an bestimmten Umständen festmachen zu können. Während die Gegenwart ein gestochen scharfes Bild ist, sehen wir in der Retrospektive eher ein Aquarell, in den Farben unserer damaligen Gemütsverfassung. Fotos bringen die Sinneswahrnehmung von früher manchmal für ein paar Sekunden zurück, oder ein bestimmtes Lied, ein Geruch, ein altes Kleidungsstück. Für einen kurzen Augenblick fühlt sich alles exakt so an wie damals. Dann verflüchtigt sich der Eindruck.

Was bleibt vom Reisen? Man könnte annehmen, es seien vor allem Erinnerungen, die irgendwann verblassen. Wir wollen etwas mitnehmen, das bleibt. Deshalb machen wir allerlei Fotos. Und kaufen Souvenirs. Das Wort kommt aus dem Französischen. *Le souvenir* ist die Erinnerung, *se souvenir* bedeutet sich erinnern. Im Deutschen sagen wir auch Andenken. Das Souvenir ist gewissermaßen eine Denkstütze, mit der wir Erinnerungen abrufen, auf die wir andernfalls keinen Zugriff mehr hätten.[1] Wenn es denn gelingt. Ich fürchte, was genau uns einmal an die Gegenwart von heute erinnern wird, ist unmöglich zu sagen. Wir erkennen das immer erst im Rückblick, genauso wie die Bedeutung bestimmter Ereignisse in unserem Leben. Wir glauben, es sei die Buddha-Figur aus Bronze, aber tatsächlich ist es ein bestimmter Song auf dem MP3-Player, der Geruch von Sonnencreme auf der Haut, eine abgegriffene Bordkarte, ein löchriges Paar Schuhe – sofern wir es nicht weggeworfen haben.

Souvenirs sagen oft mehr über uns selbst als über das Land, in dem wir gewesen sind. Sie zeigen, wer wir sind. Es gibt kitschige Souvenirs, ironische Souvenirs (der Eiffelturm in einer Glaskugel), illegale Souvenirs[2] und exklusive Souvenirs, die wir nach Hause tragen wie Abzeichen. Ich habe aus dem Kongo ein Stück erkaltete Lava von den Hängen des Nyiragongo mitgebracht. Der Stein ist der Beweis, dass ich einmal dort war. Und eine Erinnerung an das Abenteuer: Ich will nicht vergessen, dass es dort draußen in der Welt zu erleben ist.

---

1 — Der deutsch-amerikanische Schlagersänger Bill Ramsey trällerte fröhlich: »Souvenirs, Souvenirs / einer großen Zeit / sind die bunten Träume / unsrer Einsamkeit.«

2 — Elfenbein, Jagdtrophäen, Korallen, Krokodilleder, Steine bedeutender Tempel.

Souvenirs sind immer auch Symbole für das, was wir gesucht haben. Die Olivenholzschale aus Andalusien als Erinnerung an einen nachhaltigen Lebensentwurf, als Absage an die Wegwerfgesellschaft. Der Sombrero aus Mexiko als Ausdruck eines zwanglosen Lebens unter einer Sonne, die alle Sorgen halb so schlimm aussehen lässt. Die afrikanische Maske als Allegorie eines Kontinents voller Geheimnisse und Mythen, die sich unserem rationalen Zugriff entziehen. »Everyday life is composed by souvenirs of life elsewhere«, schreibt Dean Mac-Cannell. Ich glaube, dass jeder Mensch ideelle Gegenstände braucht, die keinen praktischen Nutzen haben, weil wir unterbewusst spüren, wie flüchtig die Momente noch unseres größten Glücks sind. Daher das Bedürfnis, diese Erlebnisse mögen sich in etwas manifestieren, das wir in den Händen halten können. Wir stellen Souvenirs ins Regal, um die Erinnerung wachzuhalten.

Gleichzeitig bleiben die wichtigsten Veränderungen in unserem Leben lange Zeit unsichtbar, wir erkennen sie erst im Rückblick. Die Verschiebungen in unserem inneren Verhältnis zur Welt – im Denken, in der Wahrnehmung – zeigen sich irgendwann in Worten, Gewohnheiten und Entscheidungen, die sich nur noch schwer auf bestimmte Ereignisse zurückführen lassen. Wir können meist nicht sagen, was nun genau den Ausschlag gegeben hat, eine bestimmte Entscheidung so und nicht anders getroffen zu haben. Aber ich glaube, dass uns das Reisen dabei hilft, aus einer anderen Perspektive auf die Wegweiser zu schauen. Was nehmen wir mit – abseits von Fotos, Souvenirs und schönen Erinnerungen? Wir müssen die Frage zunächst andersherum stellen: Was lassen wir los?

Als ich noch jünger war, wollte ich besonders viele Länder sehen. Als wäre das ein Ausweis für – was eigentlich? Mut, Weltgewandtheit, Erfahrung, kulturelles Kapital? Mit der Zeit habe ich verstanden, dass es nicht darum geht, möglichst viele Orte von einer Bucket List streichen zu können nach dem Motto: *Been there, done that.* Die Erfahrung des Reisens ist nichts, das sich quantifizieren lässt. Wer viel reist, merkt irgendwann, dass er nichts gewinnt, indem er Dinge abhakt und Sehenswürdigkeiten sammelt. Wenn wir diesen Glauben ziehen lassen, ist Raum, um uns Unternehmungen zu widmen aus ehrlichem Antrieb, glühendem Interesse, spielerischem Genuss. Die Fülle des Erlebens auf Reisen führt uns irgendwann zu der Einsicht, wie begrenzt unser Leben ist. Die Welt ist voller unendlicher Möglichkeiten. Wir müssen herausfinden, was uns wirklich angeht, berührt und begeistert – und es vertiefen.

Auf der Strecke bleibt hoffentlich auch der heilige Ernst, mit dem wir unseren Standpunkt zum Mittelpunkt des Universums machen, diese Überzeugung, dass alles nur passiert, um uns persönlich zufriedenzustellen. Wer kennt nicht jene Mitmenschen, die jede Petitesse »völlig unzumutbar« und für eine »absolute Katastrophe« halten, ohne auch nur einmal darüber nachzudenken, warum andere Leute die gleichen Dinge anders angehen als sie selbst. So sollte man niemals werden. Wenn auf Reisen wieder einmal nichts funktioniert, bringt uns Empörung nicht weiter. Es ist eine Lektion in Demut. Wir sollten das – wie viele andere alltägliche Ungerechtigkeiten im Leben – nicht persönlich nehmen. Bleiben wir heiter. Erleichtern wir unser Ego um einige Gewichtsklassen. So können wir unsere Aufmerksamkeit und unseren Fokus neu ausrichten.

Auf Reisen trennen wir uns im besten Fall auch von ein paar Glaubenssätzen über das Glück: die Einbildung, dass vor allem zählt, ob andere unser Leben für schillernd und aufregend halten; die Annahme, dass eine möglichst enge Taktung krasser Erlebnisse wichtiger ist als die Art und Weise, wie wir den Tag beginnen, Gespräche führen und unsere Arbeit verrichten; die Überzeugung, das Glück warte am Ende eines langen Weges in einem prunkvoll eingerichteten Haus, in dem wir es für immer einsperren können; dass die Frage, wer wir sind und sein wollen, entscheidender ist als die Frage, wofür wir morgens gerne aufstehen; dass wir erst uns selbst finden müssen. Mir scheint die ganze Suche nach Glück eine ergebnislose Beschäftigung zu sein. »In American culture, we are so fixated on feeling good all of the time, it seems we sometimes forget that there are more important things in the world than being happy or entertained«, schreibt Mark Manson, und das gilt sicher nicht nur für die US-amerikanische Kultur mit ihrem *pursuit of happiness.* Wenn wir aufhören uns darüber Gedanken zu machen, wie wir glücklich werden, können wir uns Sinnvollerem hingeben als uns selbst: Menschen, einer kreativen Aufgabe, einem erfüllenden Schaffensprozess – und manchmal einfach einer Verzückung.

Das Reisen hilft uns dabei. Wir schärfen unsere Neugier. Wir erleben, dass Anstrengung und Überwindung uns beflügeln können. Wir sammeln Mut und Zuversicht mit jeder Entscheidung, die wir treffen. Wir trainieren uns die natürliche Furcht davor ab, nicht zu wissen, was die Zukunft für uns bereithält (oder auch nur der nächste Tag). Wir sehen, dass es für fast jedes Problem eine Lösung gibt, dass Dinge möglich sind, die uns immer undenkbar vorkamen. Wir schulen uns in Menschenkenntnis, in dem Gespür, ob jemand uns wohlgesonnen ist oder nicht, ob er uns etwas andrehen will – sei es einen Teppich oder eine idiotische Idee – oder echtes Interesse an uns hat. Uns wird bewusst, dass wir den meisten Menschen auf der Welt völlig egal sind, was die Grenzen dessen, was wir tun oder lassen können, deutlich verschiebt. Wir bekommen eine Ahnung davon, wie privilegiert wir sind, weil wir reisen können. Wir lernen unsere Institutionen zu schätzen, die Selbstverständlichkeit, kein Bestechungsgeld für eine Dienstleistung bezahlen zu müssen. All dies passiert nicht zwangsläufig auf Reisen und möglicherweise ebenso zu Hause. Aber die Heimat zu verlassen hilft enorm.

Und dann gibt es eine Erfahrung, die exklusiv dem Reisenden vorbehalten ist. Sie speist sich daraus, physisch in die Welt einzutauchen und nicht bloß intellektuell, sie aus erster Hand zu erleben statt durch Bücher und das Internet. John Shotter nennt es »ontologisches Wissen«, im Gegensatz zu angelesenem Expertenwissen. Er spricht vom »feeling of doing«: das Spüren der eigenen Anwesenheit in der Welt, ganz körperlich. Die Welle, die mich umwirft. Die Luft auf 2600 Metern Höhe. Die Hitze am 12. Breitengrad. Der Duft der Gewürze auf dem Markt, der Ruf des Muezzins, der Singsang der arabischen Händler. Nicht die Erkenntnis über etwas, sondern durch etwas. Ich kann diesen Bewusstseinszustand am ehesten mit diesem Wort beschreiben: Weltverbundenheit.

Was heißt das? Es ist ein unscharfes Gefühl. Ich spüre es meist eher unterbewusst. Es ist das Empfinden, mich mit der Welt in Verbindung zu setzen, aber es geht auch darüber hinaus.

Die Welt kehrt auch in mich ein. Ich begreife mich als winzigen Teil von allem, was mich umgibt. Als Sandkorn im Universum. Welchen Orten, Menschen und Situationen ich mich aussetze, was zu mir durchdringt, was ich in mich hineinlasse, bestimmt darüber, wie ich denke, was ich sage, wer ich bin. Der Mensch ist ja gewissermaßen eine fortwährende Input-Output-Maschine, und das Reisen versorgt sie mit dem besonders hochwertigen Material. Wenn ich mit der Welt in Kontakt trete, meine Sensoren ausgerichtet habe, dann wirkt die Welt in mir und durch mich. Wenn ich das Ego loslasse und meine Existenz als Puzzleteil akzeptiere, kann ich meine Wirklichkeit und die Wirklichkeit der Welt zusammen denken. Dann gibt es keine Trennung mehr und ich gehe ganz in den Dingen auf. Das Leben wird zu einem poetischen Daseinszustand, der an Schwere verliert.

Für das Gefühl der Weltverbundenheit müssen wir nicht ohne einen Cent in der Tasche nach Rumänien trampen, den Amazonas mit Kajaks hinabpaddeln oder einen Monat unter Aborigines leben. Ja, es reicht manchmal ganz normales Sightseeing. Beim Betrachten alter Bauwerke kann der Reisende das Glück empfinden, »sich nicht ganz willkürlich und zufällig zu wissen, sondern aus seiner Vergangenheit als Erbe, Blüte und Frucht herauszuwachsen und dadurch in seiner Existenz entschuldigt, ja gerechtfertigt zu werden«, wie Friedrich Nietzsche es beschrieb. Ein erbauendes Gefühl, das die Seele erleichtert.

Es gibt so vieles, das wir nicht wissen. Aber das ist kein brauchbarer Ansatz, um sich praktisch dem Leben zu stellen. Was wir also mitnehmen vom Reisen, ist immer auch ein Stück Welterkenntnis, eine kleine Einsicht darin, warum Menschen sich so oder anders verhalten, wie die Dinge zusammenhängen und wie wir sie zusammenbringen können in einer schlüssigen Theorie, mit der wir die Wirklichkeit bewältigen. Und vielleicht bringen wir dann, in dem Wissen, immer nur unsere eigenen Grenzen zu verschieben, auch so etwas wie – Achtung, großes Wort! – eine Haltung mit nach Hause. Denn die Welt ist zwar höllisch komplex, aber nicht alles ist relativ oder Ansichtssache. Um es an einem Beispiel deutlich zu machen: Man wird zu einer anderen Bewertung des Nahost-Konflikts kommen, wenn man einmal selbst in Israel war und das Leben der Menschen dort gesehen, vielleicht sogar daran teilgenommen hat, für einen kurzen Augenblick. Man kann dann die israelische Regierung kritisieren, aber wird sich wundern, was das sein soll: Israelkritik? »Politisches Denken und Urteilen bewegt sich zwischen der Gefahr, Tatsächliches für notwendig und daher für unabänderbar zu halten, und der anderen, es zu leugnen und zu versuchen, es aus der Welt zu lügen«, schrieb Hannah Arendt. Ich befasse mich mit der Wirklichkeit und frage: Muss das so sein? Und was lässt sich einfach nicht abstreiten? Reisen hilft, ein politischer Mensch zu werden.

Reisen konfrontiert uns mit der Fremde. Und vermittelt die Einsicht, dass diese nur halb so furchteinflößend ist wie befürchtet. Wenn überhaupt. Wir sehen plötzlich mehr das Verbindende als das Trennende. Dabei besteht stets die Gefahr, zu tolerant zu sein.[3] Der Tourist kehrt heim und will die Ferne, die er sich angeeignet hat, in den Alltag integrieren, zum Beispiel

---

3 — Mit dem Toleranz-Paradoxon beschrieb Karl Popper den Umstand, dass Toleranz gegenüber Intoleranten dazu führen kann, dass diese die Toleranz irgendwann beseitigen.

durch den Besuch eines libanesischen Restaurants. Mag sein, dass es so leicht nicht ist. Trotzdem bin ich davon überzeugt, dass das Reisen uns zu Kosmopoliten macht. Und der Kosmopolit ist ein Humanist. Was wir mitbringen von unterwegs, ist also hoffentlich ein zuverlässiger Bullshit-Filter für die Parolen der Intoleranten.

Ich bin in mehr als 70 Ländern gewesen – wohlwissend, dass diese Aussage keinen Wert an sich hat und dass sie so daherformuliert allein zum Angeben taugt –, ich war auf allen Kontinenten bis auf die Antarktis, ich bin gereist unter den Armen und den Reichen, ob in einem schrottreifen Bus im Senegal oder auf einem Kreuzfahrtschiff in der Südsee. Die Welt zu sehen, ist Teil meines Berufs geworden. Doch irgendwann ist da, wie wohl bei jedem reisebegeisterten Menschen, die Einsicht: Der Welthunger ist niemals gestillt. Ich kann den Dingen nie ganz auf den Grund gehen, meine Neugier bleibt unbefriedigt, eine umfassende Bewertung unmöglich, der Zweifel wird immer größer sein als die Wahrhaftigkeit. Niemals werde ich sagen können: Ich klappe das Buch zu, ich habe genug gesehen. Wie damit umgehen?

Ich bin der Ansicht, dass es nicht das Ziel ist, anzukommen, sondern in Bewegung zu bleiben. Das klingt so, als wollte ich mich praktisch auf nichts festlegen, aber so ist es nicht gemeint. Es geht mehr um die Beweglichkeit des Denkens, die Lust an der fortwährenden Entdeckung, um die Erweiterung des Bewusstseins. Reisen als ein spiritueller Akt. Was bewirkt die Welterkundung, wenn wir wieder zu Hause sind? Was bleibt übrig, wenn der Alltag uns zurück hat? Da ist zunächst einmal dieses wunderliche Gefühl: Die Welt ist größer geworden, vor allem im Kopf. Man schaut zum Beispiel in eine Straße hinein, die man seit Jahr und Tag kennt, und sieht sie zum ersten Mal mit anderen Augen. Vielleicht wahrhaftiger als je zuvor. »And the end of all our exploring will be to arrive where we started and know the place for the first time«, so die berühmte Feststellung von T. S. Eliot. Was uns zuvor langweilig vorkam, keiner Beachtung würdig, weckt nun wieder Neugier und Aufmerksamkeit, regt Assoziationen und frische Gedanken an. Der Blick für das Schöne ist schärfer geworden, aber auch für das Tragische. Vormals Selbstverständliches verlangt plötzlich nach Begründungen, die wir bislang nicht versucht haben zu finden. Unbekannte Orte zu sehen, erneuert unsere Empfänglichkeit, macht uns wieder durchlässiger. Nicht nur unsere Wahrnehmung richtet sich neu aus, auch unsere Handlungen. Nicht immer, aber doch viele Male bin ich von einer Reise zurückgekehrt und konnte intensiver, tiefergehender und aufrichtiger am Leben teilhaben und es zugleich klarer von außen betrachten. Das ist die große Dialektik des Reisens.

Das Reisen ist die beste Medizin gegen das Ressentiment, die Bequemlichkeit der eigenen Position, die sich im Lauf der Jahre und Jahrzehnte in das eigene Leben schleicht. Reisen befreit uns von der Enge des eigenen Denkens, beschränkter Urteile und schlechter Gefühle, die wir immer wieder abschütteln müssen, um nicht bitter und traurig zu werden – eine ernstzunehmende Gefahr des Älterwerdens, wie ich fürchte. Viele glauben, dagegen helfe das Anhäufen wertiger Gegenstände, als Schmuck unseres Egos, dabei werden doch gerade die Wohlhabenden mit zunehmendem Alter ernst und humorlos. Das Reisen erleichtert uns. Wir sind Teil eines großen, faszinierenden, tragikomischen Weltenspiels, was vielleicht etwas albern klingt, aber diese Perspektive ist manchmal hilfreich, wenn wir in Schwermut und Beklemmung zu ersticken drohen. Ich habe die Erfahrung gemacht, dass mich nichts so sehr in dieser Betrachtungsweise bestärkt wie das Reisen. Und das tut verdammt gut, es hält mich wach und frisch.

Es gibt die populäre These: Lebe wie ein Reisender! Aber ich glaube, das ist etwas simpel und auch nicht ehrlich. Das Leben als Reise ist eine triviale Metapher, weil die Reise selbst eben ganz unterschiedlich ausfallen kann. Ist das Leben ein Standard-Pauschalpaket oder ein verrückter Ritt ins Unbekannte? Wenn wir auf Reisen gehen, dann meinen wir einen Zustand, in dem wir außergewöhnlich frei sind. Ewig trägt das nicht, weil das Leben nun einmal erfordert, dass wir Rechnungen bezahlen und Beziehungen pflegen, die über »Wir haben eine Woche zusammen in Nicaragua abgehangen« hinausgehen. Wir können mit dem Blick des Reisenden durch den Alltag schreiten, aber immer nur für eine bestimmte Weile. Das ist normal – und überhaupt kein Problem. Wir können ja immer wieder aufbrechen.

Und so empfinde ich, wenn ich eine Weile zu Hause bin, wieder dieses Bedürfnis: mich selbst auflösen, indem ich mich einem Ort zuwende, den ich nicht kenne, abgestandene Gedanken ausmisten, meinen Horizont erfassen und mich fragen, was dahinter liegt und welcher Weg dorthin führt, mich berauschen lassen von flirrender Gegenwart, durchlässig werden, empfänglich, wach.

Auf nach Hause, hinaus in die Welt!

Literaturhinweise

ANDREAS ALTMANN: *Gebrauchsanweisung für die Welt*, München 2012

PER J. ANDERSSON: *Vom Schweden, der die Welt einfing und in seinem Rucksack nach Hause brachte: Reisen in die Ferne und zu sich selbst*, München 2018

HANNAH ARENDT: *Wahrheit und Lüge in der Politik*, München 2013

ALAIN DE BOTTON: *Kunst des Reisens*, Frankfurt 2009

SIMON COLEMAN, MIKE CRANG: *Tourism: Between Place and Performance*, New York 2004

RENÉ DAUMAL: *Mount Analogue*, New York 2004

DENIS DIDEROT: *Ästhetische Schriften*, hrsg. von Friedrich Bassenge und Theodor Lücke, Bd. 2, Frankfurt 1968

ROLF EICKELPASCH, CLAUDIA RADEMACHER: *Identität*, Bielefeld 2004

HANS MAGNUS ENZENSBERGER: *Vergebliche Brandung der Ferne. Eine Theorie des Tourismus*, Merkur, Nr. 126, August 1958

Marco d'Eramo: *Die Welt im Selfie. Eine Besichtigung des touristischen Zeitalters*, Berlin 2018

Maxine Feifer: Going Places: *The Ways of the Tourist from Imperial Rome to the Present Day*, London 1985

Richard Ford: *Der Sportreporter*, München 2013

Walter Freyer: Tourismus: *Einführung in die Fremdenverkehrsökonomie*, München 2009

Erich Fromm: *Die Furcht vor der Freiheit*, München 2008

Daniel Gilbert: *Stumbling on Happiness*, New York 2007

Rainald Goetz: *Dekonspiratione*, Frankfurt 2002

Bartholomäus Grill: *Ach, Afrika. Berichte aus dem Inneren eines Kontinents*, München 2005

Christoph Hennig: *Reiselust. Touristen, Tourismus und Urlaubskultur*, Frankfurt 1999

Bruce Hood: *The Self-Illusion. Who do you think you are?*, London 2011

Steve House: *Beyond the Mountain*, Ventura 2009

Eva Illouz: *Der Konsum der Romantik. Liebe und die kulturellen Widersprüche des Kapitalismus*, Berlin 2007

Dean Karnazes: *Ultramarathon Man*, New York 2006

Dan Kieran: *Slow Travel. Die Kunst des Reisens*, München 2014

Christian Kracht, Eckhart Nickel: *Ferien für immer. Die angenehmsten Orte der Welt*, München 2007

John Krakauer: *In die Wildnis. Allein nach Alaska*, München 2007

John Krakauer: *In eisige Höhen. Das Drama am Mount Everest*, München 1998

Dean MacCannell: *The Tourist*, New York 1976

PHILIPP MATTHEIS: *Banana Pancake Trail: Unterwegs auf dem vollsten Trampelpfad der Welt*, Hamburg 2015

JAN-WERNER MÜLLER: *Was ist Populismus?*, Berlin 2016

DAVID VAN REYBROUCK: *Kongo. Eine Geschichte*, Berlin 2012

ELEANOR ROOSEVELT: *You Learn by Living*, New York 2011

KARL SCHLECHTA (HRSG), FRIEDRICH NIETZSCHE: *Werke I*, Frankfurt – Berlin – Wien 1972. Originalreferenz: *Unzeitgemäße Betrachtungen*, zweites Stück: *Vom Nutzen und Nachteil der Historie für das Leben*. Aus: Friedrich Nietzsche: *Werke I*. Hg. von Karl Schlechta. Frankfurt – Berlin – Wien: Ullstein, 1972, S. 209

SUSAN SONTAG: *On Photography*, New York 2008

TIZIANO TERZANI: *Asien, mein Leben. Die großen Reportagen*, München 2010

PAUL THEROUX: *The Tao of Travel*, London 2012

HELGE TIMMERBERG: *Timmerbergs Reise-ABC*, Münster 2004

JOHN URRY: *The Tourist Gaze: Leisure and Travel in Contemporary Societies (Theory, Culture & Society)*, London 1990

ROGER WILLEMSEN: *Die Enden der Welt*, Frankfurt 2016

ROGER WILLEMSEN: *Wer wir waren*, Frankfurt 2017

STEFAN ZWEIG: *Auf Reisen. Feuilletons und Berichte*, Frankfurt 2012

Die Onlinequellen, aus denen ich zitiert habe, sind hier aufgelistet: reisedepeschen.de/laage-literaturhinweise

Danke!

Ich danke allen, die dieses Buch möglich gemacht haben, für ihren Mut zum Wagnis und den nötigen Enthusiasmus, für ihre Geduld und die vielen Stunden Arbeit, für die zahlreichen Verbesserungen und kritischen Anmerkungen, für ihre Unterstützung und ihren Zuspruch, für ihr Verständnis und ihre Nachsicht. Ich danke meinen Eltern und all den lieben Menschen, die es gut mit mir meinen.

Philipp Laage, geboren 1987 in Hagen, lebt als Journalist und Autor in Berlin. Seine Reisereportagen erscheinen in Zeitungen in ganz Deutschland. Er ist Autor der Sammelbände The Travel Episodes, erschienen bei Malik National Geographic. Auf Reisen sucht er grandiose Natur, faszinierende Menschen, die Grenzen des eigenen Horizonts und gute Geschichten. Er liebt schneebedeckte Gipfel und skandinavische Süßigkeiten, ist aber davon überzeugt, dass sich das Glück verflüchtigt, sobald wir es zu inszenieren versuchen.

philipplaage.de